/ 当代世界农业丛书 /

东盟农业

刘毅群　主编

中国农业出版社

北　京

当代世界农业丛书编委会

东　盟　农　业

当代世界农业丛书

本书编写组

主　　编：刘毅群

编写人员（按姓氏笔画排序）：

刘华健　孙　艳　孙乐天　杨密莹　沈宏婷

林招明　徐丹璐　郭子寒　梅梦佳　韩琦丹

谢　婷

序

| Preface |

2018 年 6 月，习近平总书记在中央外事工作会议上提出"当前中国处于近代以来最好的发展时期，世界处于百年未有之大变局"的重大战略论断，对包括农业在内的各领域以创新的精神、开放的视野，认识新阶段、坚持新理念、谋划新格局具有重要指导意义。农业是衣食之源、民生之基。中国农业现代化取得举世瞩目的巨大成就，不仅为中国经济社会发展奠定了坚实基础，而且为当代世界农业发展提供了新经验、注入了新动力。与此同时，中国农业现代化的巨大进步，与中国不断学习借鉴世界农业现代化的先进技术和成功经验，与不断融入世界农业现代化的进程是分不开的。今天，在世界处于百年未有之大变局、世界经济全球化进程深入发展、中国农业现代化进入新阶段的重要历史时刻，更加深入、系统、全面地研究和了解世界农业变化及发展规律，同时从当代世界农业发展的角度，诠释中国农业现代化的成就及其经验，是当前我国农业工作重要而紧迫的任务。为贯彻国务院领导同志的要求，2019 年 7 月农业农村部决定组织编著出版"当代世界农业丛书"，专门成立了由部领导牵头的丛书编辑委员会，从全国遴选了相关部门（单位）负责人、对世界农业研究有造诣的权威专家学者和中国驻外使馆工作人员，参与丛书的编著工作。丛书共设 25 卷，包含 1 本总论卷（《当代世界农业》）和 24 本国别卷，国别卷涵盖了除中国外的所有 G20 成员，还有五大洲的其他一些农业重要国家和地区，尤其是发展中国家和地区。

在编写过程中，大家感到，丛书的编写，是一次对国内关于世界农业研究力量的总动员，业界很受鼓舞。编委会以及所有参与者表示一定要尽心尽责，把它编纂成高质量权威读物，使之对于促进中国与世界农业国际交流与合作，推动世界农业科研教学等有重要参考价值。但同时，大家也切实感到，至今我国对世界农业的研究基础薄弱，对发达国家（地区）与发展中国家（地区）的农业研究很不平衡，有关研究国外农业的理论成果少，基础资料少，获取国外资料存在诸多不便。编委会、各卷作者、编审人员本着认真负责、深入研究、质量第一的原则，克服新冠肺炎疫情带来的诸多困难。编委会多次组织召开专家研讨会，拟订丛书编写大纲、制订详细写作指南。各卷作者、编审人员千方百计收集资料，不厌其烦研讨，字斟句酌修改，一丝不苟地推进丛书编著工作。在初稿完成后，丛书编委会还先后组织农业农村部有关领导和专家对书稿进行反复审核，对有些书稿的部分章节做了大幅修改；之后又特别请中国国际问题研究院院长徐步、中国农业大学世界农业问题研究专家樊胜根对丛书进行审改。中国农业出版社高度重视，从领导到职工认真负责、精益求精。历经两年三个月时间，在国务院领导和农业农村部领导的关心、指导下，在所有参与者的无私奉献、辛勤努力下，丛书终于付梓与读者见面。在此，一并表示衷心感谢和敬意！

即便如此，呈现在广大读者面前的成书，也肯定存在许多不足之处，恳请广大读者和行业专家提出宝贵意见，以便修订再版时完善。

龚欣荣

2021 年 10 月

前 言
| *Foreword* |

近年来中国与东盟国家的农业合作发展势头良好。东盟大部分地区为热带季风和热带雨林气候，盛产天然橡胶、热带水果等产品。而中国大部分地区处于温带，以生产温带产品为主。东盟国家拥有优越的自然条件，而中国在农业技术开发、农业基础设施建设以及农产品加工等领域积累了丰富的经验。中国与东盟农业资源互补，为两个地区的农业贸易与合作发展奠定了基础。《区域全面经济伙伴关系协定》（RCEP）的实施将进一步为中国和东盟地区的农业发展创造机遇，它将促进中国优势产品的出口，扩大进口选择，优化对外农业投资与产业布局，也将有力地促进东盟国家的农业发展迈上新台阶。

编写《东盟农业》一书的工作异常艰巨，尤其在资料获取方面不易。我们集中了浙江财经大学"一带一路"研究协同创新中心的科研力量，并得到浙江大学区域经济开放与发展研究中心、中国热带农业科学院科技信息研究所的帮助，通过各种途径尽可能地收集资料，希望对东盟农业的发展有一个全面了解。本书由浙江财经大学刘毅群担任主编，进行总体策划、统稿工作，浙江财经大学的沈宏婷、梅梦佳、林招明、孙乐天和刘华健不仅做了大量的资料搜集与数据整理工作，还参与了部分章节的编写工作。沈宏婷负责编写第六章东盟农业政策、第十章东盟农业生态环境保护，梅梦佳负责编写第二章东盟农业生产水平、第三章东盟农产品贸易与政策，孙乐天负责编写第四章东盟农产品价格、第八章东盟农业合作社，刘华健负责编写第五章东盟农业经济发展历程及其管理、第十三章东盟农业发展的经验、问题及启示；林招明负责编写第一章东盟农业资源概况、第十一章东盟有机农业和都市休闲农业。浙江省工业和信息化研究院之江产经智库的郭子寒负责编写第十二章中国与东盟农业合作现状，浙江财经大学的谢婷、杨密莹、孙艳和韩琦丹（后任职慈溪职业高级中学）分别负责编写第七章东盟农业在世界农业中的地位、第九章东盟农业科技创新与推广体系。中国热带农业科学院科技信息研究所的徐丹璐不仅提供了大量数据资料，也参与了写作的设计工作。

感谢浙江财经大学"一带一路"研究协同创新中心、浙江大学区域经济开放与发展研究中心、中国热带农业科学院科技信息研究所的支持。

本书的写作受到浙江大学区域经济开放与发展研究中心、浙江财经大学"一带一路"经济社会发展协同创新中心和中国热带农业科学院信息研究所的资助。

书中难免有不当之处，欢迎读者批评指正。

编 者

2021 年 10 月

目 录

| Contents |

1

第一章 CHAPTER 1
东盟农业资源概况 ▶▶▶

第一节 自然资源概述

一、东盟的建立与发展

东盟是东南亚国家联盟（Association of Southeast Asian Nations）的简称，英文简称为"ASEAN"。东盟于 1967 年 8 月 8 日在泰国曼谷成立，创始成员为印度尼西亚、马来西亚、菲律宾、新加坡和泰国 5 个国家，5 国政府在泰国首都曼谷举行会议并发布《曼谷宣言》，正式宣告东盟成立。20 世纪 80 年代以来，文莱（1984 年）、越南（1995 年）、老挝（1997 年）、缅甸（1997 年）、柬埔寨（1999 年）分别加入东盟。迄今为止，东盟成员国共有 10 个。1992 年 1 月第四次东盟首脑会议正式提出建立东盟自由贸易区，2002 年 1 月东盟自由贸易区正式启动，区域内绝大部分产品贸易的关税降至为零，增进了东盟成员之间的经济联系。

在东盟国家中，印度尼西亚的国土面积最大，为 191.35 万平方千米；其次是缅甸，它的国土面积为 67.65 万平方千米；第三为泰国，它的国土面积为 51.31 万平方千米。印度尼西亚拥有的森林面积在东盟国家中最大，达到 90.32 万平方千米，几乎占到其国土面积的一半。在东盟国家中，森林覆盖率依次排名为老挝（82%）、文莱（72%）、马来西亚（67%）、柬埔寨（52%）、印度尼西亚（49%）、越南（48%）、泰国（32%）、菲律宾（27%）和新加坡（23%）。与世界的平均水平（31%）相比，东盟国家的森林覆盖率整体较高，高于中国 2020 年 22.96% 的森林覆盖率①。可见东盟国家的森林资源丰富，为林业发展奠定了良好的基础。除此之外，印度尼西亚、马来西亚、菲律宾、泰国等拥有丰富的海洋资源。柬埔寨、老挝和泰国还拥有较高比例的陆地及海洋保护区面积，分别达到 20%、16% 和 12%，高于世界的平均水平（14%）。截至 2020 年，东盟国家已经设立了 46 个"东盟遗产公园"，加强保护生物多样性（表 1-1）。

表 1-1　东盟十国的国土资源状况

国家	国土面积（平方千米）	土地面积（平方千米）	森林面积（平方千米）	森林覆盖率（%）	陆地及海洋保护区面积占总领土面积比例（%）
文莱	5 770	5 270	3 800	72	8
印度尼西亚	1 913 580	1 811 570	903 256	49	5
柬埔寨	181 040	176 520	93 296	52	20
老挝	236 800	230 800	189 505	82	16
缅甸	676 590	653 080	284 946	43	4
马来西亚	330 345	328 550	222 092	67	8
菲律宾	300 000	298 170	82 800	27	3
新加坡	719	709	163	23	2
泰国	513 120	510 890	164 290	32	12
越南	331 230	310 070	149 020	48	2
总计	4 489 194	4 325 629	2 093 169	—	—
世界	134 542 704	129 949 282	39 958 246	31	14

注：数据资料来自世界银行。其中，有关森林指标的数据为 2016 年的数据。

东盟十国大部分地处热带。中南半岛和菲律宾群岛北部主要为热带季风气候，马来群岛、菲律宾群岛南部、印度尼西亚群岛主要为热带雨林气候。东盟十国的平均气温为 20～27℃，全年一般分雨季和旱季。其中，中南半岛的旱季一般是 11 月到次年 5 月，6 月到 10 月为雨季；马来群岛的旱季一般是 7 月到 9 月，雨季是 10 月到次年 6 月。越南北部分春、夏、秋、冬四季。

东盟十国中的文莱（Brunei Darussalam）位于婆罗洲北岸，首都是斯里巴加湾市（马来语：Bandar Seri Begawan）。文莱的国教是伊斯兰教。在文莱的居民中，马来人占到 65.8%，华人占到 10.2%。印度尼西亚（Indonesia）由

---

① 2020 年中国的森林覆盖率达 22.96%，森林面积 2.2 亿公顷。资料来源：http://www.gov.cn/xinwen/2020-03/12/content_5490159.htm。

17 508 个岛屿组成，它是世界上最大的群岛国家。印度尼西亚奉伊斯兰教为国教，也是世界上穆斯林最多的国家。2019 年印度尼西亚的人口为 2.62 亿，是世界第四人口大国，全国一半以上的人口居住爪哇岛。柬埔寨（Cambodia）位于中南半岛，它与泰国、老挝、越南毗邻。佛教是柬埔寨的国教，全国 95％以上的居民信奉佛教。柬埔寨的居民大部分是高棉族，占到全国居民的 80％左右。老挝（Lao People's Democratic Republic）位于中南半岛北部，它是一个内陆国，北邻中国，南接柬埔寨，东邻越南，西北毗邻缅甸，西南毗邻泰国。佛教是老挝的国教，65％的居民信奉佛教，15％的居民信奉原始拜物教。2018 年老挝的人口总数在 700 万左右，仅高于新加坡（2019 年人口总数为 570 万）。缅甸（Myanmar）位于中南半岛，它的西南部临安达曼海（Andaman Sea），西北部与印度、孟加拉国为邻，东北部靠近中国，东南部与泰国、老挝为邻。缅甸的首都是内比都（Naypyidaw），全国 85％以上的居民信奉佛教。在缅甸居民中，缅族约占全国总人口的 65％。马来西亚（Malaysia）的首都为吉隆坡，国教为伊斯兰教。马来人占马来西亚的居民人口的大多数，约为 70％，其次为华人，约为 23％。菲律宾（Philippines）共有大小岛屿 7 000 多个，其中吕宋岛（Luzon Island）、棉兰老岛（Mindanao Island）、萨马岛（Samar）等 11 个岛屿占到全国总面积的 96％。菲律宾的首都为大马尼拉市，国教为天主教，全国 85％的居民信奉天主教。截至 2019 年 11 月菲律宾的人口总数约为 1.02 亿，它也是世界上的人口大国之一。新加坡（Singapore）是一个岛国，经济发达。新加坡的居民信奉佛教、基督教、伊斯兰教、印度教等。泰国（Thailand）位于中南半岛中部，它与缅甸、老挝、柬埔寨和马来西亚都接壤，佛教是泰国的国教，全国约 90％的人信奉佛教。2015 年，泰族占到泰国人口总数的 75％，华人占到人口总数的 14％。越南（Vietnam）位于中南半岛，它的国土狭长，与中国、老挝、柬埔寨交界。越南的宗教包括佛教、天主教、高台教等。截至 2019 年 4 月，越南的人口总数达到 9 620 万，是世界上人口大国之一。

从经济发展程度比较来看，文莱和新加坡属于居民高收入国家。2019 年文莱的人均 GDP 达到 31 086 美元；新加坡的人均 GDP 为 65 233 美元。马来西亚、泰国属于中等收入的发展中国家。2019 年马来西亚人均 GDP 为 11 414 美元；泰国人均 GDP 为 7 806 美元。2019 年印度尼西亚人均 GDP 为 4 135 美元；菲律宾人均 GDP 为 3 485 美元；越南人均 GDP 为 2 715 美元；老挝的人均 GDP 为 2 534 美元；柬埔寨人均 GDP 为 1 643 美元；缅甸人均 GDP 为 1 407 美元。与世界平均水平相比，东盟部分国家的人均 GDP 较低。2019 年世界人均 GDP 为 11 433 美元，只有文莱和新加坡的人均 GDP 超过了世界平均水平。

二、矿产资源、水资源和动植物资源

（一）矿产资源

文莱、印度尼西亚和马来西亚有较丰富的石油和天然气资源。根据 2018 年《BP 世界能源统计年鉴》的资料显示，截至 2017 年底，文莱已探明石油储量为 11 亿桶，占全球总量的 0.1%。印度尼西亚的石油资源在东盟十国中最为丰富。除此之外，印度尼西亚还有着丰富的煤矿、镍矿和锡矿资源。自 2009 年以来，已有不少中国企业在印度尼西亚投资镍矿资源开发。2018 年印度尼西亚的矿业产值占 GDP 的 10% 左右。马来西亚除了拥有丰富的石油资源，还拥有丰富的锡矿资源，其拥有的稀土储量位列世界第十。菲律宾也拥有丰富的铜、金和镍矿资源，它的矿产资源多销往日本、澳大利亚、加拿大和中国等。2019 年，菲律宾的矿业产值占全国 GDP 的 0.6%，矿业出口额占到总出口额的 6.3%（表 1-2）。

（二）水资源

东盟十国的水资源和渔业资源丰富，一方面是因为它们拥有漫长的海岸线以及众多的群岛，水质优良，适宜养殖鱼虾。例如，尽管文莱的国土面积不大，但是文莱拥有至少 50 个鱼虾养殖场。另一方面，东盟十国的内陆河流资源也很丰富。马来西亚的拉让河（Rajang River）全长 592 千米，流域面积 3.9 万平方千米。泰国的湄南河（Menam River）全长 1 352 千米，流域面积为 15 万平方千米。菲律宾的棉兰老河（Mindanao River）全长 300 千米。流经中国、老挝、缅甸、泰国、越南和柬埔寨的湄公河（Mekong River）全长 4 909 千米，它是世界第六大河流，其中在越南的河段为 2 139 千米，在老挝的河段为 1 877 千米。柬埔寨拥有东南亚最大湖泊——洞里萨湖（Tonlé Sap Lake），长 500 千米、宽 110 多千米。在雨季，洞里萨湖的面积在 1 万平方千米以上，在旱季，它的面积在 2 700~3 000 平方千米。缅甸的伊洛瓦底江

（Irrawaddy River）全长 2 714 千米，流域面积为 43 万平方千米，它从北向南流经缅甸的六个省份，全长 2 200 千米。萨尔温江（Salween River）为缅甸的第二大河，它由中国的云南省芒市出境进入缅甸，在缅甸境内的长度为 1 660 千米，流域面积约 20.5 万平方千米。印度尼西亚拥有 17 508 个岛屿，809 条河流横贯各岛，这些河流对印度尼西亚的交通运输、农业水利灌溉发挥着重要的作用（表 1-2）。

（三）生物资源

东盟十国拥有丰富的动植物资源。例如，印度尼西亚的棕榈油产量、天然橡胶产量都位居世界前两位。柬埔寨的木材种类多达 200 种，盛产柚木、铁木、紫檀、卵木、观丹木等贵重的热带木材，还盛产大量的药用植物，例如豆蔻、胖大海、马钱子、沉香、藤黄、桂皮、檀香，以及树脂、樟脑、藤、桐油等林产品。老挝的森林资源丰富，森林覆盖率达到 82%。泰国盛产水稻、小麦、玉米、花生、烟草、豆类、橡胶、茶叶、咖啡、胡椒等，还盛产菠萝、香蕉、椰子等水果，有近千种药用植物，例如何首乌、通草、桂皮、五加等。缅甸盛产柚木、檀木、灌木、铁力、酸枝木、花梨木等，是世界上最大的柚木生产国，柚木作为缅甸的国树，具有"树木之王"之美誉，其质地坚韧、耐腐蚀性强的特性使其成为除钢铁外最好的造船材料。菲律宾有"太平洋果盘"的美称，盛产各种热带水果（表 1-2）。

表 1-2　东盟十国的矿产、水和动植物资源

国家	矿产资源	水资源	动植物资源
文莱	石油和天然气资源丰富，分别占世界总量的 0.1%	海岸线长约 162 千米，共有 33 个岛屿	热带雨林资源，拥有牛、鹿、鳄鱼以及很多的鸟类，如鹦鹉、翠鸟、夜鹭等
印度尼西亚	探明的石油储量超过 97 亿桶，天然气储量超过 5.1 万亿立方米，锡、铝矾土、镍、金、银、铜等资源丰富	由 17 508 个大小岛屿组成，群岛的东西跨度达 5 300 千米，南北跨度约 2 100 千米，拥有 809 条河流横贯各岛	盛产各种热带名贵的树种，如铁木、檀木、乌木和柚木等，热带雨林资源丰富
柬埔寨	矿产资源品种有限	江河湖泊众多，主要河流有湄公河、洞里萨河等	森林资源丰富，木材种类达 200 多种，盛产柚木、铁木、紫檀等，还有大量药用植物
老挝	铜、铁、锡、铅、锌、锰、金、钨、锰等资源丰富	主要河流有湄公河及其支流，雨量分布不均匀，一般是南多北少	植被繁茂，天然植被达 1 660 万公顷，占到全国土地面积的 82%

（续）

国家	矿产资源	水资源	动植物资源
缅甸	铜矿、锑矿、镍矿、宝石、玉石等资源丰富	水资源丰富，拥有伊洛瓦底江水系以及萨尔温江水系、钦敦江、湄公河等	有"森林之国"美誉，盛产柚木、檀木、灌木、鸡翅木、铁力木、酸枝木、花梨木等硬木，丰富的竹类和藤木资源
马来西亚	石油、天然气、煤、锡、铁、铜、金和稀土等资源丰富，锡矿资源占世界总量的16.4%	海岸线长4 192千米，马六甲海峡由马来西亚、新加坡和印度尼西亚三国共同管辖	热带雨林资源丰富，森林划分为永久保存林、保护区、转化林、人工林和经济林，经济林主要种植橡胶、油棕、椰子、可可等
菲律宾	铜、金和镍储量较多	丰富的渔业资源，各种鱼类达2 400多种，其中金枪鱼资源居世界前列	拥有近万种野生植物种类，包括松柏、竹子、龙脑香、红树、松树等，拥有数千种花卉，其中热带兰花和茉莉花最著名，盛产热带水果
新加坡	矿产资源匮乏	海岸线长近200千米	大多数地区被树林覆盖，热带植物资源比较丰富，品种多达2 000种以上
泰国	锡矿丰富，锡矿储量占世界总储量的2.8%；锑矿储量占世界总储量的16.7%	海岸线长2 600千米，鱼类资源丰富，咸水鱼中经济价值较高的有鲸鲨、虎鲨等，淡水鱼有鲇鱼、鲤鱼、攀木鱼，还盛产青鳝、海虾、河虾等	拥有茂密的热带雨林，拥有上千种观赏花木，盛产橡胶等
越南	铁、铝土矿、钛铁矿资源丰富	江河密布，纵横交错的河流多达2 860条，主要河流有红河（又称元江）、湄公河等，渔业资源丰富	主要产水稻、小麦、玉米、花生、烟草、豆类、橡胶、茶叶、咖啡、胡椒等；还盛产菠萝、香蕉、椰子等水果，拥有近千种药用植物

资料来源：世界银行网站的各国概况。

第二节 土地资源

一、各国土地资源现状

土地资源一般分为农业用地和非农业用地。农业用地包括耕地、永久性作物用地和永久性牧场用地等。非农业用地是除农业用地以外的土地，包括不属于农业生产系统的森林、建设用地等。在农业用地方面，文莱、老挝和新加坡的农业用地占土地面积的比例较低，分别为2%、10%和1%。其中，文莱和新加坡的国土面积小，老挝则多山，素有中南半岛的"屋顶"之称。

农业用地的主要部分是耕地。由于东盟十国农业的特殊性，永久性作物用地占土地面积的比例相对较高。永久性作物用地是种植作物的土地，它长期占用土地，不需要在每个收获期之后再重新种植，例如可可、咖啡和橡胶等产品的生产用地，永久性作物用地还包括生长开花灌木、果树、坚果树和葡萄树的种植用地，但不包括木材林用地。印度尼西亚、马来西亚、菲律宾、泰国、越南等因大量种植可可、橡胶、棕榈、香蕉等农作物，它们的永久性作物用地占比相对较高，分别为12%、22%、17%、8%和14%。

东盟国家中菲律宾、泰国和越南的农业用地占土地面积的比例高于世界平均水平。这些国家的农业用地资源丰富，拥有农业发展的先天优势。印度尼西亚、柬埔寨、缅甸、菲律宾、泰国和越南的耕地占土地面积的比例高于世界平均水平，这些国家的人口数量相对较多，也使得它们的人均耕地数少于世界平均水平。人均耕地少会在一定程度上限制农业经济的发展，也不利于农业出口（表1-3）。

表1-3 东盟十国的土地面积、谷物耕地面积

国家	2018年 土地面积（平方千米）	2017年 谷物耕地（公顷）	2016年 农业用地占土地面积比例（%）	2016年 永久性作物用地占土地面积比例（%）	2016年 耕地占土地面积比例（%）	2016年 人均耕地（公顷）
文莱	5 270	920	2	1	1	0.012
印度尼西亚	1 811 570	21 163 000	31	12	12	0.090
柬埔寨	176 520	3 110 289	30	1	21	0.241
老挝	230 800	1 163 324	10	0	6	0.223
缅甸	653 080	7 781 358	19或2	16	0.206	
马来西亚	328 550	699 745	26	22	2	0.029
菲律宾	298 170	7 364 505	41	17	18	0.054
新加坡	709	—	1	0	0	—
泰国	510 890	11 950 772	43	8	32	0.244
越南	310 070	8 809 968	39	14	22	0.075
世界	129 949 282	734 598 109	37	1	11	0.187

资料来源：世界银行数据库。

二、土地资源动态变化

从动态角度来看，2000—2016年东盟十国的耕地占土地面积的比例并未

发生明显变化。泰国、越南、菲律宾、缅甸、老挝和印度尼西亚的耕地占土地面积的比例近年来略有上升。例如，2010 年至今，印度尼西亚的谷物耕地面积持续增加，这与政府大力促进农业发展、鼓励农产品进口替代以及土地政策改革等紧密相关。老挝近年来也加大了对湄公河沿岸的土地利用，提升了耕地占比。缅甸在 1988 年实施了土地改革，政府放开了土地的自由经营权，允许农民自由经营，并鼓励私人开垦闲置土地，耕地面积由此不断扩大（图 1-1）。

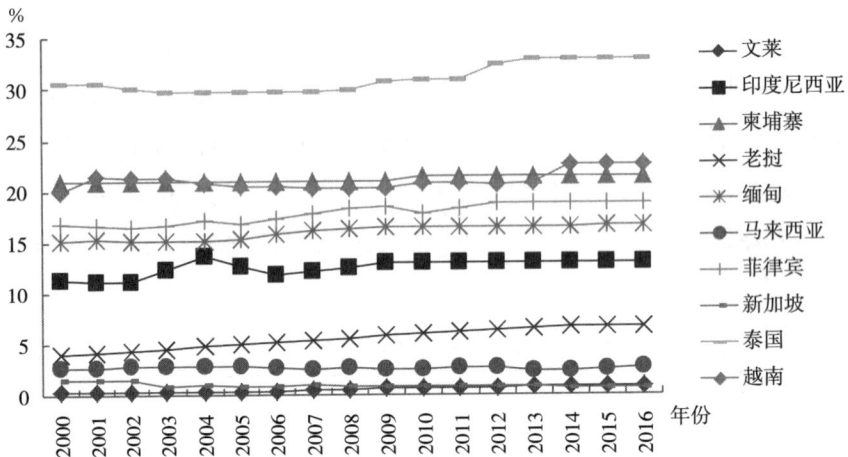

图 1-1　东盟十国的耕地占土地面积的比例

资料来源：世界银行数据库。

从永久性作物用地占土地面积的比例变化来看，一些东盟国家的这一指标在 2000—2010 年有所上升，其中马来西亚、印度尼西亚、越南的永久性作物用地占土地面积的比例有显著上升。例如，马来西亚的永久性作物用地占土地面积的比例从 2000 年的 17.6% 提升到 2016 年的 22.7%，增加了 5 个百分点。越南的永久性作物用地占土地面积的比例从 2000 年的 6.23% 提升到 2016 年的 14.6%，增加了 8 个百分点。印度尼西亚的永久性作物用地占土地面积的比例从 8.55% 提升到 12.4%，增加了约 4 个百分点。东盟国家在棕榈、橡胶和可可等经济作物种植方面有着较大的资源优势，一旦国际市场对这些产品的需求增大，就会带动永久性作物种植面积的扩大（图 1-2）。

东盟国家的森林面积占土地面积的比例一直很高。林业经济是老挝的重要经济部门，近年来老挝加大了森林保护力度，严格控制砍伐，关闭了一些木材加工厂，同时加大了种植力度，使得森林面积占土地面积的比例从 2000 年的 71.6% 提升到 2016 年 82.1%。越南近年来也加大了森林保护力度，实施了林

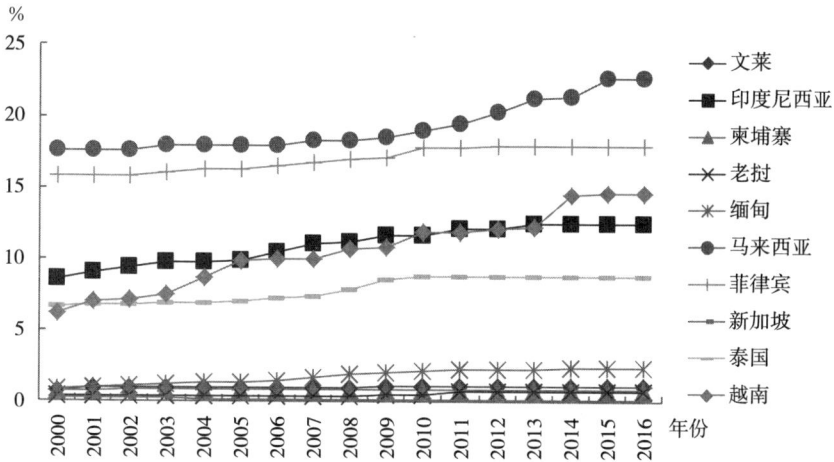

图 1-2　永久性作物用地占土地面积的比例

资料来源：世界银行数据库。

业可持续发展计划，使得其森林面积占土地面积的比例也从 2000 年的 37.7%提升到 2016 年 48.06%。马来西亚国土面积的三分之二分布着热带雨林，2016 年，森林面积为 22.2 万平方千米，占土地面积的 67.59%。由于早些年非法伐木活动猖獗，使得森林资源遭受严重破坏，导致森林面积锐减。近年来政府采取了一系列措施打击非法采伐活动，并大力推广森林种植计划，确保森林资源的有效开发及保护，使得森林覆盖率逐渐上升且回归到较高的水平（图 1-3）。

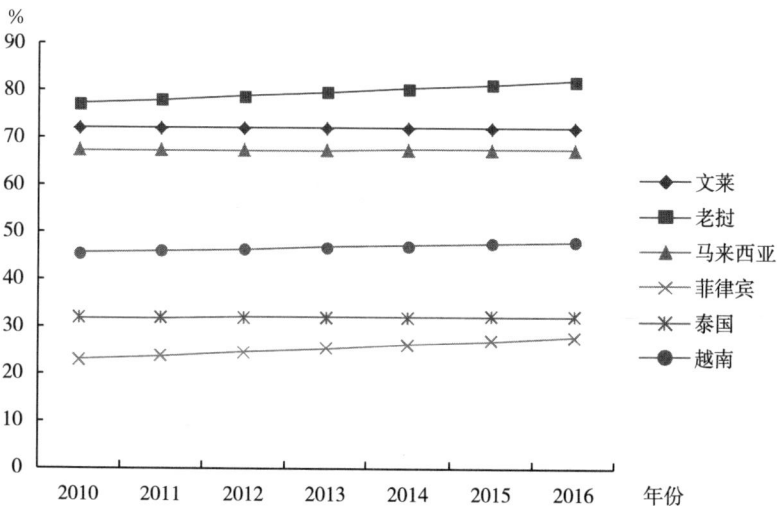

图 1-3　森林面积占土地面积的比例（总体上升的国家）

资料来源：世界银行数据库。

不过，柬埔寨、缅甸近年来的森林面积占土地面积的比例有所下降。其中，柬埔寨由于经济建设用地、木材需求量增加以及营造新林区有限，森林面积减少速度较快（图1-4）。

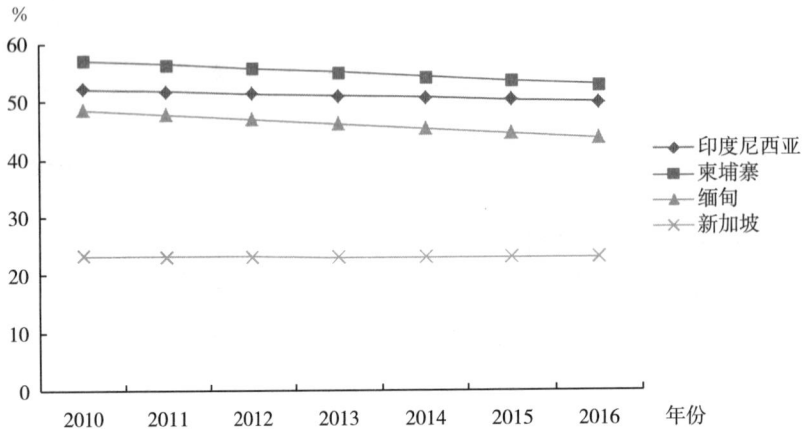

图1-4 森林面积占土地面积的比例（总体下降的国家）

资料来源：世界银行数据库。

与东盟其他国家相比，文莱和新加坡的国土面积狭小，人口数量相对较多。新加坡的土地资源基本用作城市建设，且城市发展遵循绿色发展模式。新加坡的森林面积为163平方千米，占总土地面积的23%。1986年全国人口仅270万、国土面积为666平方千米，植被率为36%。经过多年的改造发展，新加坡的植被覆盖率有了很大提升。2018年新加坡的人口规模扩张至570万，国土经填海造地达到719平方千米，植被率上升至40%左右，景观面积占新加坡国土面积的近八分之一。

第三节 劳动力资源

一、人口总况

依据2019年世界银行的统计数据，印度尼西亚（2.7亿人）、菲律宾（1.08亿人）、越南（0.96亿人）、泰国（0.69亿人）、缅甸（0.54亿人）的人口总数分别位居东盟国家中的前五位，其次分别是马来西亚、柬埔寨、老挝、新加坡和文莱。2000—2019年，人口数量的年复合增长率最高的国家是新加坡，为 1.84%，其次为菲律宾（1.73%）、马来西亚（1.70%）、柬埔寨（1.61%）、老挝（1.58%）、文莱（1.40%）、印度尼西亚（1.30%）、越南（0.99%）、缅甸（0.77%）、泰国（0.53%）。在新加坡人口中，有相当部分为非居民人口，约为 168 万，其中工作准证持有者最多，接近 69 万，还有 29 万的家属准证持有者以及 25 万的外籍帮佣。由于建筑业、服务业需要大量的劳动力，新加坡政府逐渐放开外劳政策，人口总数有大幅增长。其他国家的人口增长以自然增长为主，较高的出生率使得菲律宾等国的人口增长率较高。

尽管 2019 年越南的总人口数略低于菲律宾，但是它的劳动力总数（5 736 万）却高于菲律宾（4 482 万）。相对于菲律宾，越南有着更高的 15 岁（含）以上总就业人口比例，越南的这一比例达到 76%，菲律宾的这一比例仅为 58%。两者的人口结构有着显著差异。

2019 年，文莱、马来西亚和新加坡的农村人口占总人口的比例小于世界平均水平，说明这三个国家的城市化水平高于世界的平均水平，经济较为发达。另外，东盟国家 15~64 岁的人口占总人口的比例以及 15 岁（含）以上总就业人口的比例普遍高于世界水平，这表明东盟国家的青壮年劳动力充沛，有利于国家经济的长期发展。东盟国家的女性劳动力占比也普遍高于世界平均水平，说明东盟国家的劳动力性别比更为平衡（表 1-4）。

表 1-4 东盟十国的人口和劳动力状况

年份	国家	人口总数（万）	劳动力总数（万）	农村人口占总人口比例（%）	15~64 岁的人口占总人口比例（%）	15 岁（含）以上总就业人口比例（%）	女性劳动力占劳动力比例（%）	男性劳动力占劳动力比例（%）
2000	文莱	33	16	29	67	64	41	59
	印度尼西亚	21 151	9 857	58	65	63	38	62
	柬埔寨	1 216	559	81	55	78	52	48
	老挝	532	241	78	53	78	50	50
	缅甸	4 672	2 251	73	63	71	43	57
	马来西亚	2 319	953	38	63	60	36	64
	菲律宾	7 799	2 999	54	58	60	38	62
	新加坡	403	216	0	75	64	39	61
	泰国	6 295	3 502	69	69	71	46	54
	越南	7 991	4 176	76	62	75	48	52
	世界	611 400	276 200	55	63	61	39	61

（续）

年份	国家	人口总数（万）	劳动力总数（万）	农村人口占总人口比例（%）	15~64岁的人口占总人口比例（%）	15岁（含）以上总就业人口比例（%）	女性劳动力占劳动力比例（%）	男性劳动力占劳动力比例（%）
2019	文莱	43	22	22	72	59	43	57
	印度尼西亚	27 063	13 478	44	68	64	39	61
	柬埔寨	1 649	935	76	64	82	48	52
	老挝	717	381	64	64	78	49	51
	缅甸	5 405	2 469	69	68	61	40	60
	马来西亚	3 195	1 567	23	69	62	38	62
	菲律宾	10 812	4 482	53	64	58	39	61
	新加坡	570	353	0	75	68	42	58
	泰国	6 963	3 899	49	71	67	46	54
	越南	9 646	5 736	63	69	76	48	52
	世界	767 400	346 800	44	65	57	39	61

资料来源：世界银行数据库。

东盟十国的劳动力增长率在 2001—2019 年平均为 2%，其中新加坡（2.61%）、马来西亚（2.65%）、柬埔寨（2.74%）、老挝（2.43%）和菲律宾（2.13%）的劳动力年均增长率均超过 2%。泰国和缅甸的劳动力年均增长率最低，分别为 0.56% 和 0.48%。2012 年以来，泰国部分年份的劳动力增长甚至为负（图 1-5）。

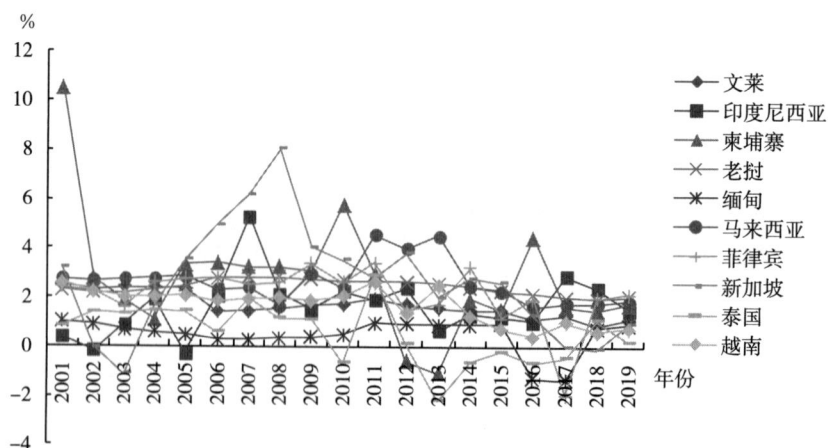

图 1-5　2001—2019 年东盟十国的劳动力增长率

资料来源：世界银行数据库。

从农村人口数占总人口数的比例来看，柬埔寨的比例最高。2019年柬埔寨的这一比例为76.2%，其次分别为缅甸、老挝和越南。近年来，由于工业经济发展和城市发展，东盟十国的农村人口占总人口数的比例有所下降。泰国的农村人口占全部人口的比例在2000—2019年有了较大幅度的下降，从68.6%下降到49.3%，下降近20个百分点。菲律宾的农村人口比例并未有太多变化。印度尼西亚的农村人口比例也有较大幅度的下降，从2000年的58%下降到2019年23.4%；马来西亚、文莱的农村人口占比较低，新加坡绝大部分人口则属于城市人口（图1-6）。

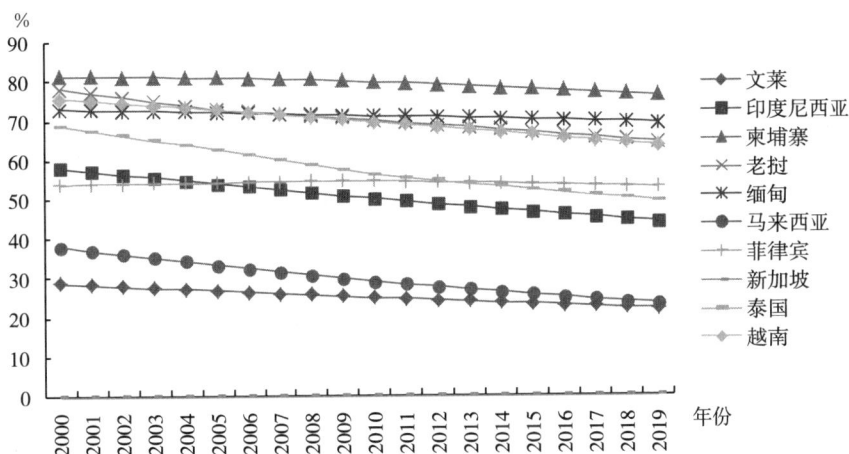

图1-6 2000—2019年东盟十国农村人口占总人口数的比例

资料来源：世界银行数据库。

二、劳动力的行业分布状况

在东盟十国中，男性劳动力占总劳动力的比例要整体高于女性劳动力。例如，印度尼西亚、缅甸、马来西亚和新加坡的男性劳动力的比例都在60%左右。这一特点源自传统文化和宗教的影响，女性的家庭地位和社会地位弱于男性，影响了她们外出工作的机会。

从农业劳动力占总劳动力的比例来看，老挝的比例最高。2019年老挝的这一比例达到62.42%；其次为缅甸（48.87%）、越南（37.35%）、柬埔寨（32.29%）、泰国（31.61%）、印度尼西亚（28.63%）、菲律宾（23.38%）。马来西亚、文莱和新加坡的农业劳动力的比例相对较低。如果以一国的经济部门结构特征来划分其发展阶段，那么农业部门的劳动力比例较高的国家往往是经济发展相对落后的国家。与新加坡、文莱和马来西亚相比，老挝、缅甸的经济发展相对落后。

不过，近些年来，由于工业经济发展和服务业发展，特别是东盟独特的地理与自然环境优势带来了旅游、餐饮与住宿、交通等行业的发展，相当部分的劳动力从农业部门转到工业部门和服务业部门。例如，柬埔寨农业劳动力的比例从 2000 年的 73.48% 下降到 2019 年的 32.39%，相当部分劳动力转移到了工业部门。越南农业劳动力的比例也由 2000 年的 65.25% 下降到 2019 年的 37.35%。近年来的工业经济快速发展使得越南的经济结构也发生了很大变化，农业劳动力大量向非农业部门转移（图 1-7）。整体而言，在 2000—2019 年，东盟国家的农业劳动力比例有大幅度的下降，这表明这些国家的经济结构发生了较大变化。不过，农业部门的劳动比例下降并不意味着东盟国家的农业生产的下滑，相反，劳动力向工业部门和服务业部门转移表明它们的经济增长强势，不仅缓解了土地资源利用的紧张局势，而且有利于农业生产改造，政府部门也从经济发展中获得一定财政资金，并能够支持农业的发展，整个地区经济也向好的方向发展。

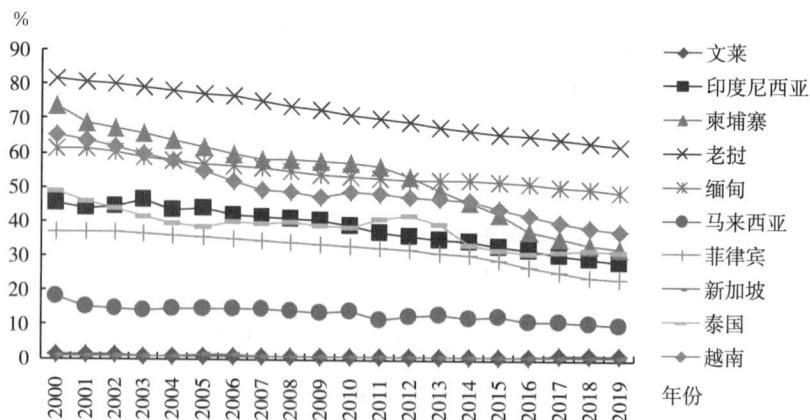

图 1-7 东盟十国农业劳动力占总劳动力的比例

资料来源：世界银行数据库。

2019 年缅甸和老挝是东盟国家中从事农业的男性比例最高的两个国家，该比例分别达到 61% 和 52%。其次分别是越南（36%）、泰国（34%）、印度尼西亚（30%）、柬埔寨（30%）、菲律宾（29%）（表 1-5）。

表1-5　东盟十国劳动力的行业分布结构

单位：%

年份	国家	男性劳动力占劳动力比例	农业男性就业人员占男性就业比例	工业男性就业人员占男性就业比例	服务业男性就业人员占男性就业比例	农业女性就业人员占女性就业比例	工业女性就业人员占女性就业比例	服务业女性就业人员占女性就业比例
2000	文莱	59	1	30	69	1	10	89
	印度尼西亚	62	43	19	37	47	15	38
	柬埔寨	48	74	7	20	75	10	15
	老挝	50	79	5	16	85	4	11
	缅甸	57	65	13	23	58	13	29
	马来西亚	64	21	34	46	14	29	57
	菲律宾	62	46	18	36	24	13	63
	新加坡	61	1	31	67	0	23	77
	泰国	54	50	20	31	48	17	35
	越南	52	65	15	21	66	10	24
	世界	61	41	23	36	39	17	44
2019	文莱	57	2	21	77	1	9	90
	印度尼西亚	61	30	26	44	26	17	56
	柬埔寨	52	30	31	39	34	27	38
	老挝	51	61	15	25	64	9	27
	缅甸	60	52	17	31	44	15	41
	马来西亚	62	13	32	55	6	19	74
	菲律宾	61	29	26	45	14	10	76
	新加坡	58	1	19	80	0	11	89
	泰国	54	34	25	41	29	20	52
	越南	52	36	32	32	39	23	38
	世界	61	28	27	45	25	15	60

资料来源：世界银行数据库。

三、劳动力受教育程度

　　教育水平反映的是一个国家的人口素质现状，而入学率反映的是一个国家未来人口素质的发展趋势。由于世界银行数据库统计的是毛入学率，所以会出现小学和初中入学率超过100%的现象。由于没有净入学率的数据，暂且用毛入学率来比较各个国家的入学情况。从东盟十国的比较可以看出，各国小学入学率都很高，且各国小学入学率相差不大，说明东盟各国小学教育体系较为完善，普及面广。东盟十国的初中入学率就存在一定的差异。文莱和新加坡在2000年就做到了初中教育普及，而印度尼西亚、马来西亚、菲律宾、泰国和越南在近几年的初中毛入学率才达到了90%。柬埔寨、老挝和缅甸的初中毛入学率相对较低，初中教育的普及仍需要推进（表1-6、表1-7）。

表1-6　东盟十国的小学毛入学率

单位：%

国家	2000年	2017年	2018年	2019年
文莱	110	105	103	100
印度尼西亚	109	106	106	
柬埔寨	107	108	107	106
老挝	107	106	102	100
缅甸	98	112	112	
马来西亚	99	105		
菲律宾	109	107	102	
新加坡	101	100		
泰国	98	100	100	101
越南	109	109	110	115
世界	99	104	101	102

资料来源：世界银行数据库。

表1-7　东盟十国的初中毛入学率

单位：%

国家	2000年	2017年	2018年	2019年
文莱	107	107	108	109
印度尼西亚	70	95	97	
柬埔寨	22	69	71	70
老挝	45	79	77	75
缅甸	40	72	76	
马来西亚	92	88	88	89
菲律宾		90	92	
新加坡	104	100		
泰国		121	122	120
越南	81	100	101	101
世界	72	84	84	85

资料来源：世界银行数据库。

一个国家高等院校的入学率能够在一定程度上反映一国劳动力的素质。从东盟十国的比较来看，新加坡劳动力的高等院校入学率最高，在 2017 年就已经达到 85％以上；其次是马来西亚，2017 年劳动力高等院校入学率达到 44％以上；另外泰国的劳动力受教育程度也较高，该比例在 2017 年达到 49％。相对而言，柬埔寨、老挝和缅甸的高等院校入学率较低；而文莱、印度尼西亚、菲律宾和越南则居于东盟十国的中间水平（表 1-8）。

表 1-8　东盟十国的高等院校入学率

单位：%

国家	2000 年	2017 年	2018 年	2019 年
文莱	13	34	31	31
印度尼西亚	15	36	36	
柬埔寨	2	13	14	15
老挝	3	16	15	14
缅甸			19	
马来西亚	26	44	45	43
菲律宾		35		
新加坡		85	89	
泰国	35	49		
越南	9			29

资料来源：世界银行数据库。

第二章 CHAPTER 2
东盟农业生产水平 ▶▶▶

第一节 农业生产概述

东盟国家由于国土资源和历史发展的差异，它们的农业生产也有较大差异。首先，从农业生产的增加值总量来看，农业增加值最高的国家是印度尼西亚。2019 年印度尼西亚的农业增加值达到 1 423 亿美元，其他分别是泰国（435 亿美元）、越南（365 亿美元）、菲律宾（332 亿美元）、马来西亚（265 亿美元）、缅甸（162 亿美元）、柬埔寨（56 亿美元）、老挝（27 亿美元）、文莱（1.33 亿美元）和新加坡（1.1 亿美元）（表 2-1）。

表 2-1 东盟十国的农业增加值

国家	农业增加值（百万美元）					单个农业劳动力的增加值（美元）
	2000 年	2010 年	2017 年	2018 年	2019 年	2019 年
文莱	61	100	132	138	133	22 750
印度尼西亚	25 873	105 179	133 621	133 512	142 329	1 836
柬埔寨	1 312	3 809	5 181	5 409	5 611	1 053
老挝	582	1 611	2 730	2 820	2 778	621
缅甸	5 097	18 257	15 859	16 265		616
马来西亚	8 065	25 731	27 466	27 026	26 541	8 026
菲律宾	11 665	28 648	33 449	33 471	33 250	1 315
新加坡	89	87	102	106	110	2 672
泰国	10 743	35 892	38 332	41 164	43 515	1 977
越南	7 648	21 306	34 339	36 002	36 555	1 014

资料来源：世界银行数据库。

其次，从 2019 年单个农业劳动力创造的价值来看，文莱位居东盟国家的

18

首位，达到 22 750 美元。文莱人口稀少，但是畜牧业、水产养殖业较为发达，单个农业劳动力创造的增加值较高。排名在文莱之后的分别是马来西亚（8 026 美元）、新加坡（2 672 美元）、泰国（1 977 美元）、印度尼西亚（1 836 美元）、菲律宾（1 315 美元）、柬埔寨（1 053 美元）、越南（1 014 美元）、老挝（621 美元）和缅甸（616 美元）。尽管马来西亚的农业劳动力不多并且粮食生产薄弱，但是农业经济作物生产较为发达，棕榈油、橡胶、热带水果等都是其重要农产品，因而单个劳动力的农业增加值也高。不同国家的单个农业劳动力创造的增加值有差异，也在一定程度上反映出它们的农业经济发展的差异。除了文莱、新加坡之外，马来西亚、泰国、印度尼西亚都是东盟国家中农业生产较为发达的国家，特别是农业经济作物的产值比重较高，农业出口在世界农业中占据重要位置。

第三，从农业增加值占 GDP 的比重来看，尽管缅甸、柬埔寨、老挝和越南的这一比重在 2000—2019 年有了一定程度的下降，但是它们的排名在东盟国家中仍靠前。2000 年缅甸的农业增加值占 GDP 的比重在 60% 左右，其后，这一比重有了较大幅度的下降。2019 年，除了文莱和新加坡的农业增加值比重很低之外，其他国家的农业增加值占 GDP 的比重在 10%～20%。柬埔寨、缅甸、老挝和越南的农业增加值比重相对较高（图 2-1）。

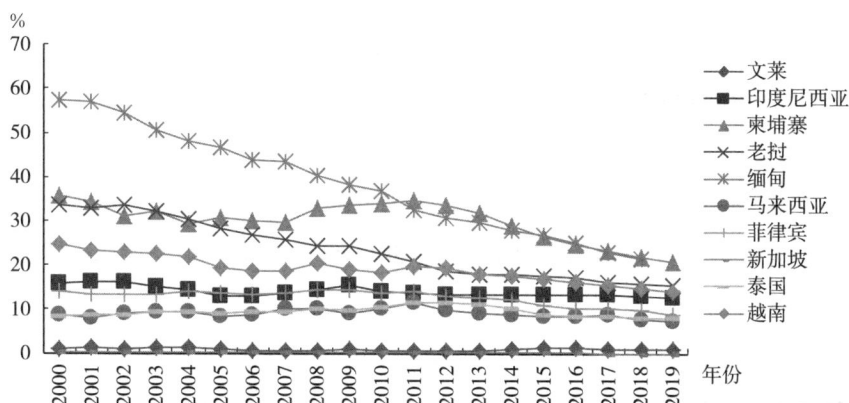

图 2-1　东盟十国的农业增加值占 GDP 比例

资料来源：世界银行数据库。

从农业作物的生产指数来看，尽管柬埔寨和老挝并不是东盟十国中的农业大国，但是在 2000—2016 年，两国的农业作物生产有了较大发展，产值有了较大幅度提升。由于水利基础设施的改善，老挝的作物生产指数从 2000 年的

80 提升到 2016 年的 241，增长了 2 倍，而柬埔寨的作物生产指数从 2000 年的 58 提升到 2016 年的 210，更是增长了 2.6 倍，作物耕种面积和生产产值都有了大幅提高（图 2-2）。

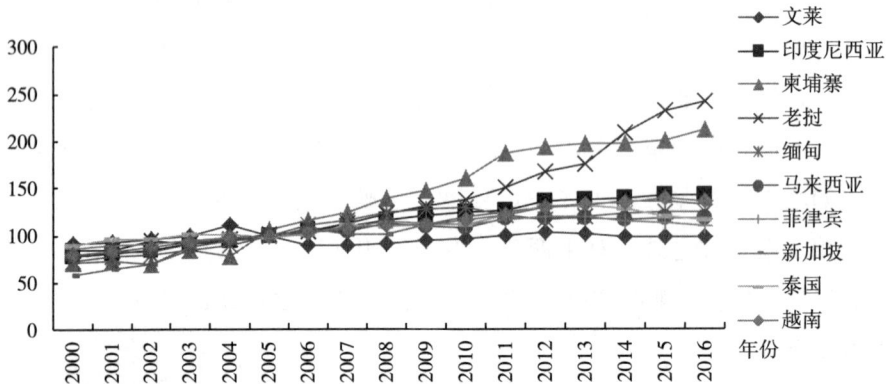

图 2-2　东盟十国的作物生产指数（2004—2006 年＝100）

资料来源：世界银行数据库。

第二节　种　植　业

种植业一般包括：谷物种植、油料和豆类种植、棉麻等植物性纺织原料种植、糖料作物种植、蔬菜、瓜类和薯类种植、茶桑果树种植等。

一、谷物类种植

东盟是全世界谷物种植的重要地区，特别是水稻。印度尼西亚是东盟国家中谷物种植面积最高的国家，2018 年的种植面积为 2 167 万公顷；其次是泰国，2018 年谷物种植面积为 1 174 万公顷。另外，越南、缅甸、菲律宾分别排在第三位、第四位和第五位。除了泰国、文莱、新加坡和马来西亚之外，其他国家的谷物种植面积与人口数量之间有着很强的关联。泰国的大米享誉全球，是其重要的农业产品。文莱、新加坡、马来西亚的谷物自给率较低，国内生产不能满足自身需求，需要从其他国家进口大量的谷物。例如，文莱的杂粮谷物的自给率只有 8.52%（图 2-3）。

从 2018 年的水稻种植面积来看，排名靠前的分别是印度尼西亚（1 599 万公顷）、泰国（1 040 万公顷）、越南（770 万公顷）、缅甸（670 万公顷）、菲律

万公顷

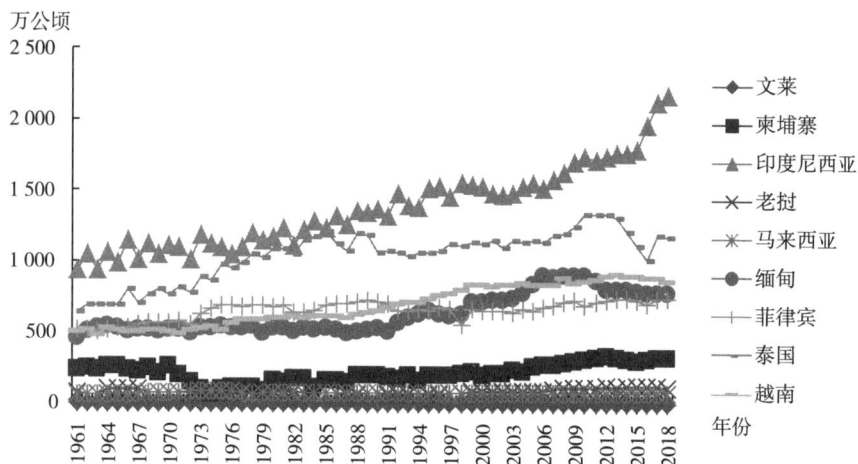

图 2-3　谷物类种植面积总计

资料来源：联合国粮农组织数据库。

宾（480 万公顷）、柬埔寨（298 万公顷）。缅甸有"稻米之国"的美称，水稻是其最主要的农产品，其产值约占整个农业部门产值的 60%。在灌溉面积上，缅甸的水稻种植面积占比最高，2017 年的水稻灌溉面积占比高达 70.9%。缅甸、泰国和越南的水稻种植可以实现"一年三熟"，分为早熟稻（10—11 月）、中熟稻（11—12 月）和迟熟稻（12 月至次年 1 月）三种。除了用于国内消费，三国的水稻产品也用于出口（图 2-4）。

万公顷

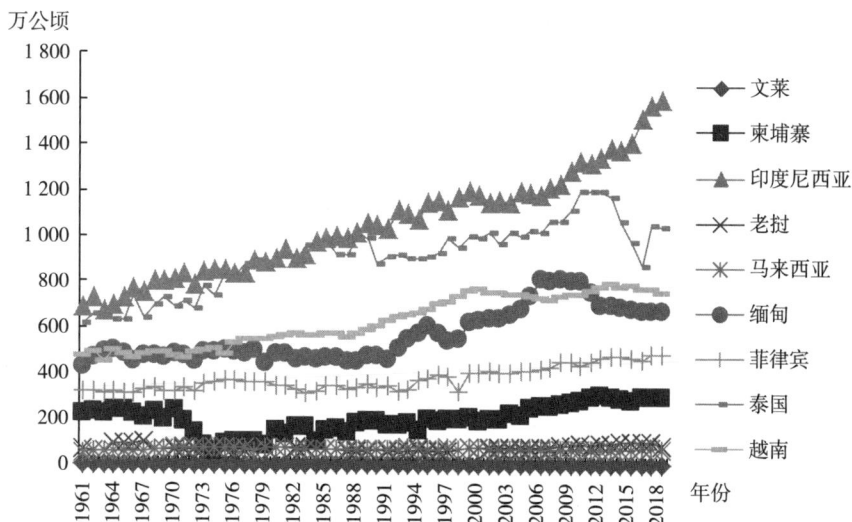

图 2-4　水稻种植面积

资料来源：联合国粮农组织数据库。

印度尼西亚人口众多，为了实现粮食自给，它近年来大幅度提升了水稻种植面积。菲律宾也存在与印度尼西亚相似的问题，人口数量众多，它也希望实现粮食自给，不过由于菲律宾的地形特点，山地较多，水稻种植面积一直未有较大幅度的提升。马来西亚、老挝、文莱和新加坡的水稻种植面积明显低于其他东盟国家。老挝是山地国家，它的水稻年产量相对较小且波动大，因为其生产容易受到干旱和洪水等因素的影响，农业生产以家庭自给自足的方式为主，市场经济不发达，这些因素制约了水稻生产。

在玉米种植方面，印度尼西亚和菲律宾的种植面积较高，二者在2018年的种植面积分别达到568万公顷和251万公顷。其次为泰国和越南，二者的种植面积分别为111万公顷和104万公顷。近年来，印度尼西亚的玉米种植面积呈现增加趋势，较高的收益吸引了农户扩大种植面积（图2-5）。

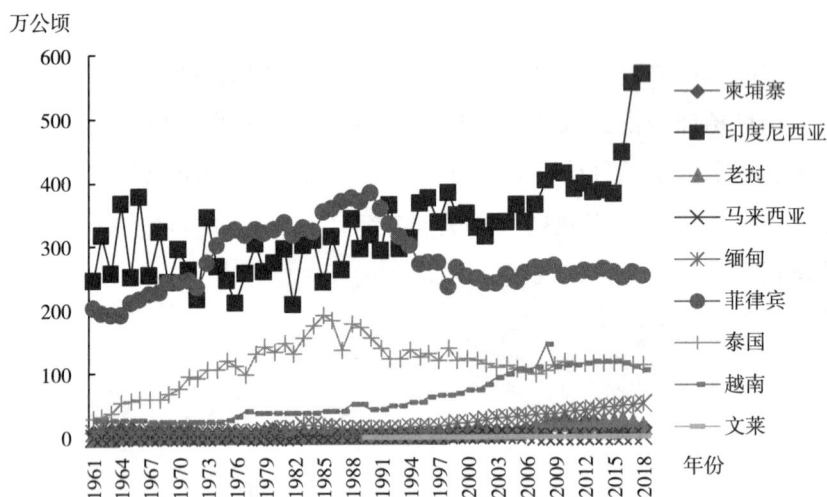

图2-5 玉米种植面积

资料来源：联合国粮农组织数据库。

二、木薯种植

木薯是全球的第六大主粮，它在热带地区也是第三大主粮作物。在全球木薯产业中，东盟十国的木薯产值约占80%。木薯是泰国、印度尼西亚、越南、菲律宾等国的重要粮食产品和出口产品。2018年泰国的木薯种植面积为138万公顷，排名在世界前三位，同时泰国也是世界最大的木薯产品出口国。泰国的木薯加工成淀粉，40％的产品用于国内消费，其他用于出口。印度尼西亚的木薯种植面积为77万公顷，主要用于国内消费。另外，木薯也是越南、柬埔寨和菲律宾的重要农产品。越南、柬埔寨、菲律宾的种植面积分别为51万公顷、27万公顷、22万公顷（图2-6）。

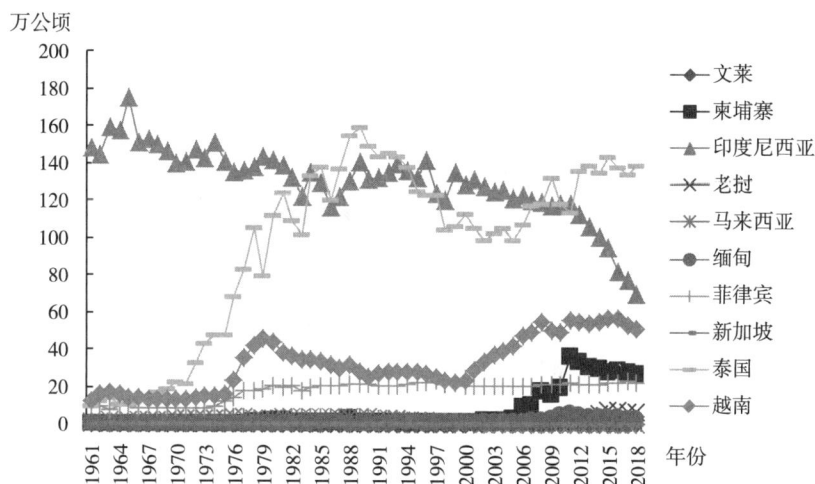

图2-6　木薯种植面积

资料来源：联合国粮农组织数据库。

三、蔬菜和水果种植

东盟国家因地理和气候的原因，盛产蔬菜水果。在蔬菜中，菠菜、青白菜、茄子、豆角、黄瓜、木瓜、土豆和香芋等是东盟国家的重要产品，且品种繁多。在水果中，榴莲、芒果、波萝蜜、龙眼、香蕉、山竹、番荔枝、莲雾、甜角、红毛丹和人参果等是东盟国家的知名农产品。2018年菲律宾的水果种植面积为154万公顷，排在首位；泰国的种植面积为122万公顷，排在第二位；印度尼西亚、越南和缅甸的种植面积分别为82万公顷、75万公顷、49万公顷（图2-7）。

菲律宾的香蕉种植位居世界前列，也位居东盟国家首位。2018年，菲律宾的香蕉种植面积达到48万公顷，远高于排名第二的印度尼西亚（12万公顷）和越南（12万公顷）（图2-8）。

在其他水果方面，例如芒果、山竹、番石榴等，泰国的种植面积位于东盟十国的首位，2018年泰国这三类水果的种植面积达到42万公顷；印度尼西亚

万公顷

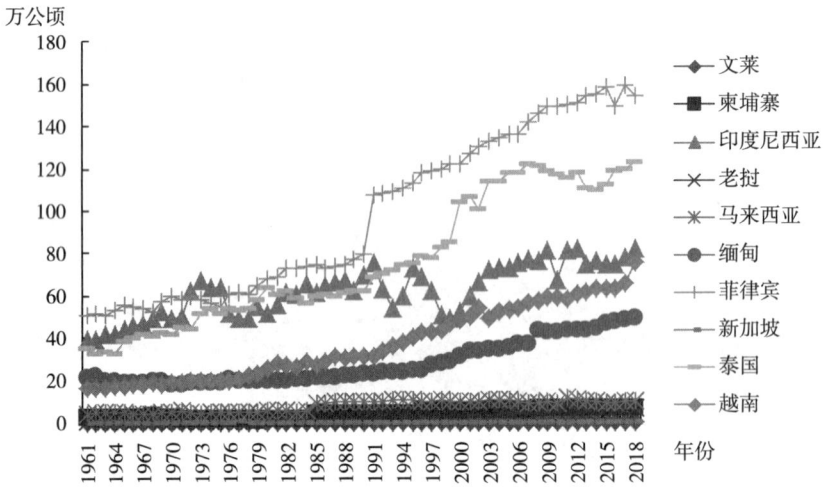

图 2-7　水果种植面积

资料来源：联合国粮农组织数据库。

万公顷

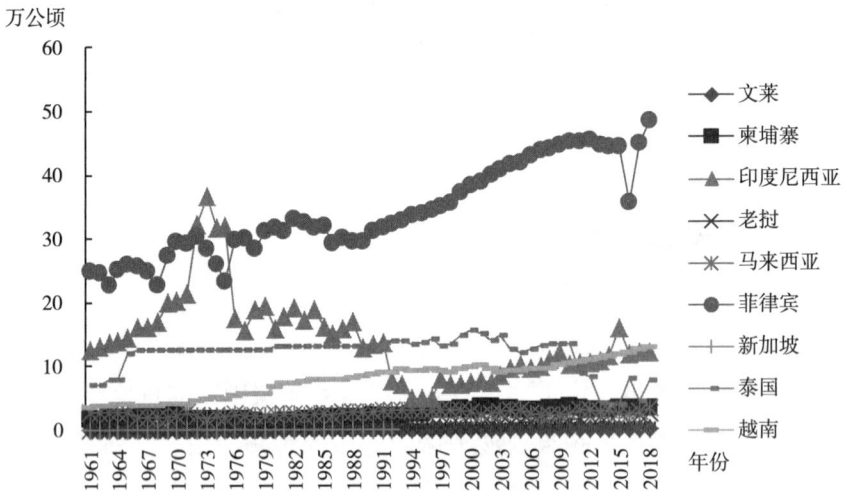

图 2-8　香蕉种植面积

资料来源：联合国粮农组织数据库。

的种植面积为 23 万公顷，位居第二位；其次是菲律宾，种植面积为 19 万公顷。泰国的榴莲产品非常有名，2019 年泰国的榴莲出口达到 112 亿元人民币，约合 16 亿美元。2019 年泰国的榴莲种植面积达到 8 万公顷。另外，东盟国家的菠萝、龙眼、凤梨、荔枝、番木瓜、杨桃、菠萝蜜、火龙果等是知名产品（图 2-9）。

万公顷

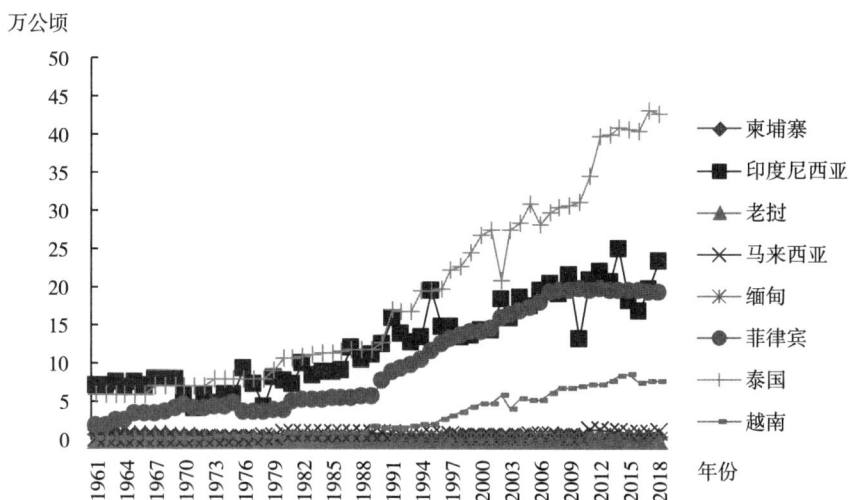

图 2-9 芒果、山竹、番石榴种植面积

资料来源：联合国粮农组织数据库。

菲律宾和印度尼西亚是椰子生产大国。椰子在菲律宾被称为"生命之树"，菲律宾享有"椰子王国"的美称。菲律宾的雨水充沛，椰树生长不受地形限制。2018 年菲律宾的椰子种植面积达到 362 万公顷，位居世界首位。印度尼西亚的地理资源也非常适宜种植椰子，2018 年印度尼西亚的椰子种植面积达到 324 万公顷，与菲律宾不相上下（图 2-10）。

万公顷

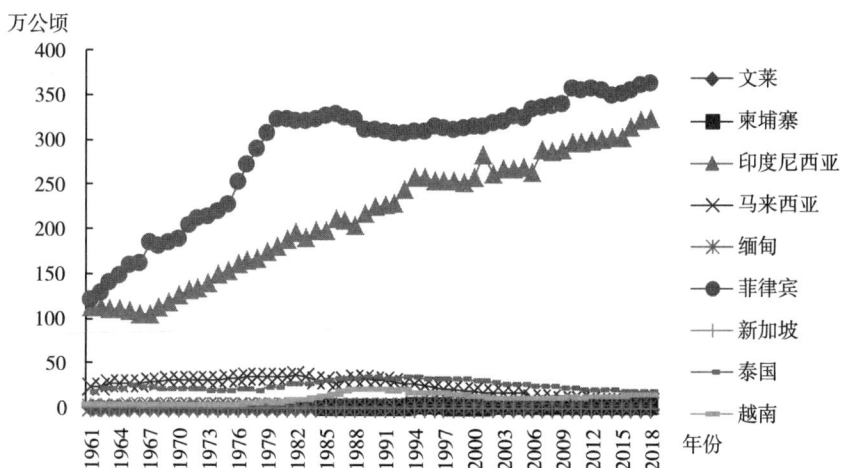

图 2-10 椰子种植面积

资料来源：联合国粮农组织数据库。

四、咖啡和香料作物

全球主要的咖啡种植区有三个：东非和阿拉伯半岛、东南亚和环太平洋地区以及拉丁美洲。印度尼西亚的咖啡种植面积排在东盟国家乃至世界首位，2018 年种植面积达到 124 万公顷。不过，由于印度尼西亚在咖啡生产方面的效率较低，它的咖啡产量低于巴西和越南，位居世界第三位。印度尼西亚的咖啡种植主要分布在爪哇岛、苏拉威西岛、苏门答腊岛和巴厘岛等。越南的咖啡产品也有很高的知名度，其咖啡出口排在世界前列，仅次于巴西，主要出口市场是欧盟和美国。2018 年越南的咖啡出口量约为 170 万吨，出口金额 35 亿美元，代表性产品是摩氏咖啡、中原咖啡、西贡咖啡和高地咖啡。越南南部属湿热的热带气候，非常适合种植咖啡，2018 年其种植面积达到 61 万公顷，排在东盟国家第二位。越南有着良好的咖啡产业链，从咖啡的原料到生产所需的机械装备都能供应。近年来，越南提升了咖啡的加工比例，它的产品具有较强的全球产业竞争力（图 2-11）。

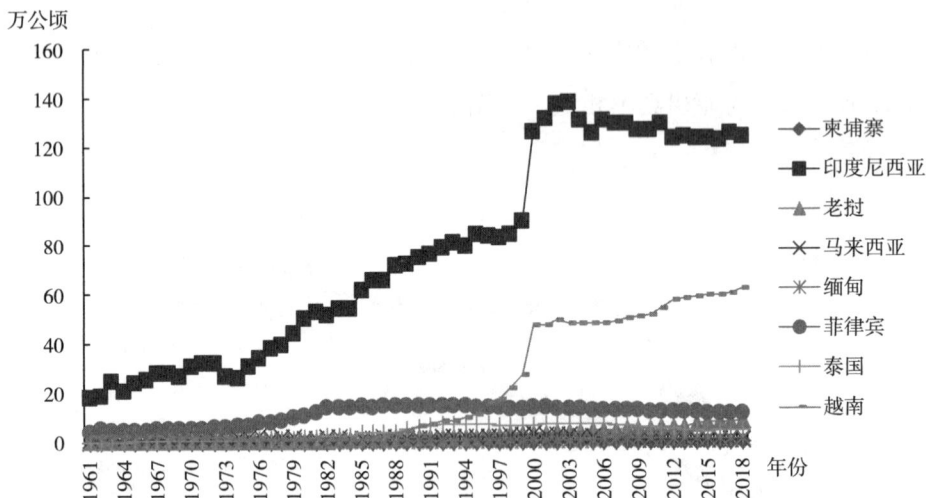

图 2-11　咖啡种植面积

资料来源：联合国粮农组织数据库。

东盟是全球香料生产的重要地区，盛产丁香、胡椒、咖喱、肉豆蔻、肉桂等。早在 15 世纪，东南亚地区就是香料贸易的主要来源地。其中印度尼西亚更有"香料国度"的美称。2018 年印度尼西亚的香料种植面积达到 56 万公

顷，远高于其他国家。越南是世界上胡椒生产和出口的大国，主要出产黑胡椒
（占比 80%～85%）、白胡椒（占比 15%～20%）和红胡椒，种植区域集中在
越南南方西原地区（图 2-12）。

万公顷

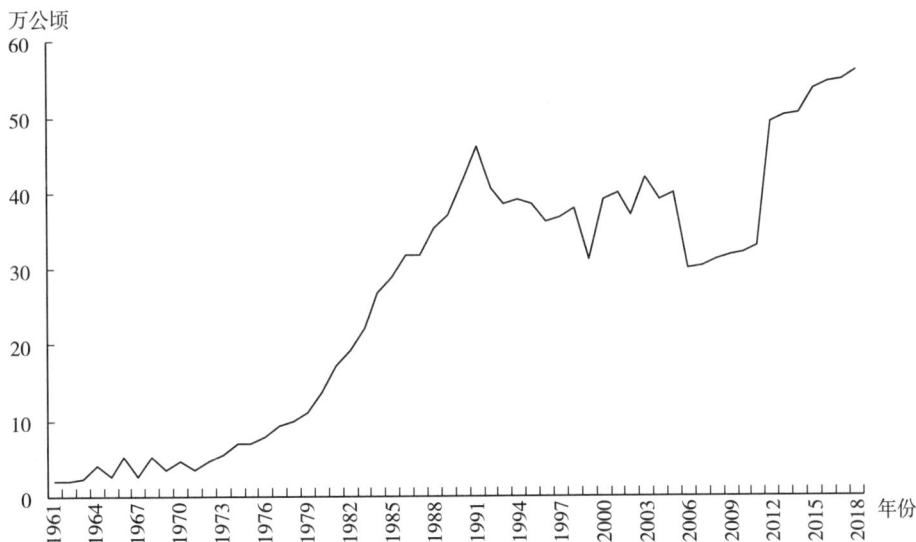

图 2-12 印度尼西亚丁香种植面积

资料来源：联合国粮农组织数据库。

五、橡胶、棕榈和其他作物

印度尼西亚、泰国、马来西亚和越南也是世界著名的天然橡胶生产地。印
度尼西亚的橡胶种植面积从 1961 年的 130 万公顷发展到 2018 年的 367 万公
顷。泰国的橡胶种植面积从 1961 年的 40 万公顷发展到 2018 年的 323 万公顷。
近年来，泰国政府有意将泰国打造成为东盟的橡胶出口中心，并致力于发展成
为世界第一的橡胶出口国。尽管马来西亚是橡胶种植的传统大国，但是它的橡
胶种植面积在 20 世纪 90 年代以后逐渐减少，2018 年的橡胶种植面积为 108 万
公顷。马来西亚由于劳动力紧张以及经济转型的原因，它并未继续大力发展橡
胶种植。马来西亚逐渐从农业导向型经济向以制造业和服务业为主的经济转
变。2018 年越南的橡胶种植为 69 万公顷，天然橡胶单产在 2013 年达到顶峰。
相比于其他的经济作物，橡胶种植能产生更大的经济效益。近年来越南的橡胶
种植也在逐步提升（图 2-13）。

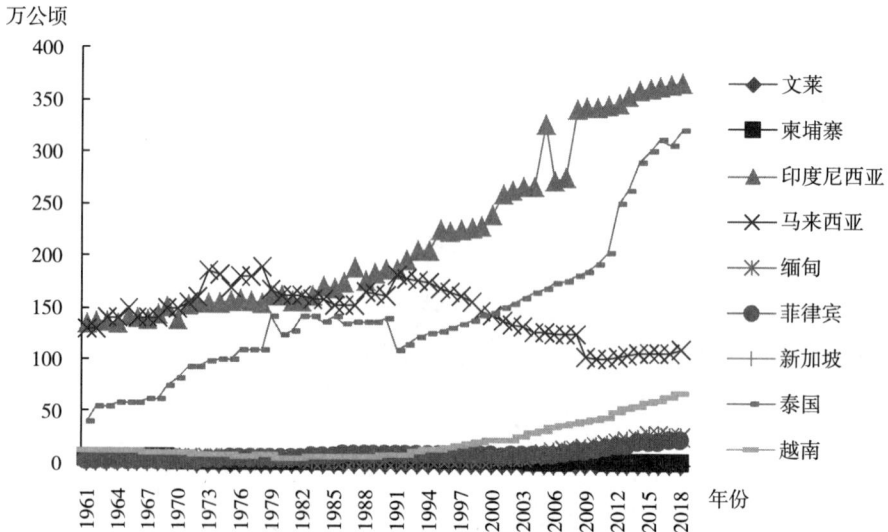

图 2 - 13　天然橡胶种植面积

资料来源：联合国粮农组织数据库。

　　东盟在棕榈种植方面位居世界前列。其中，印度尼西亚的棕榈种植面积位居全球第一，2018 年达到 677 万公顷。排名第二位的是马来西亚，2018 年种植面积达到 523 万公顷。2019 年印度尼西亚和马来西亚的棕榈油产量更是达到创纪录的水平，分别达到 4 200 万吨和 2 000 万吨，占到全球棕榈油产量的 80%（图 2 - 14）。

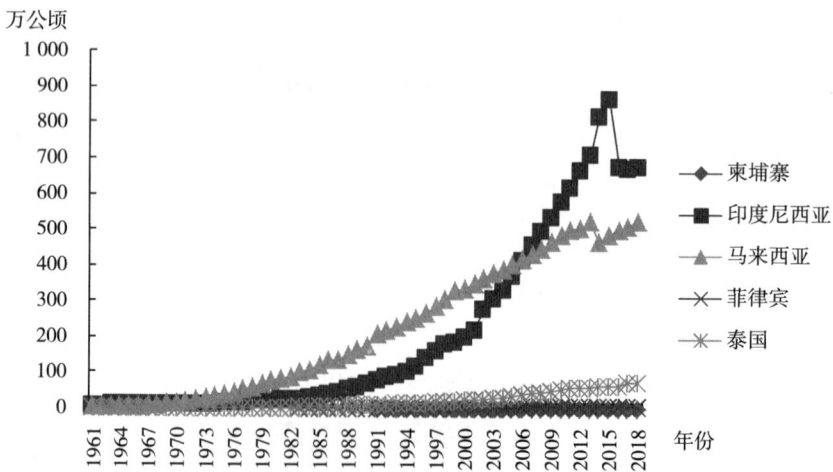

图 2 - 14　棕榈种植面积

资料来源：联合国粮农组织数据库。

在烟草种植方面，印度尼西亚位居东盟国家首位，2018年烟草种植面积达到23万公顷，远高于东盟其他国家。由于农业产品结构调整，近年来东盟国家的烟草种植面积有所下降，尤其是菲律宾、泰国和缅甸等（图2-15）。

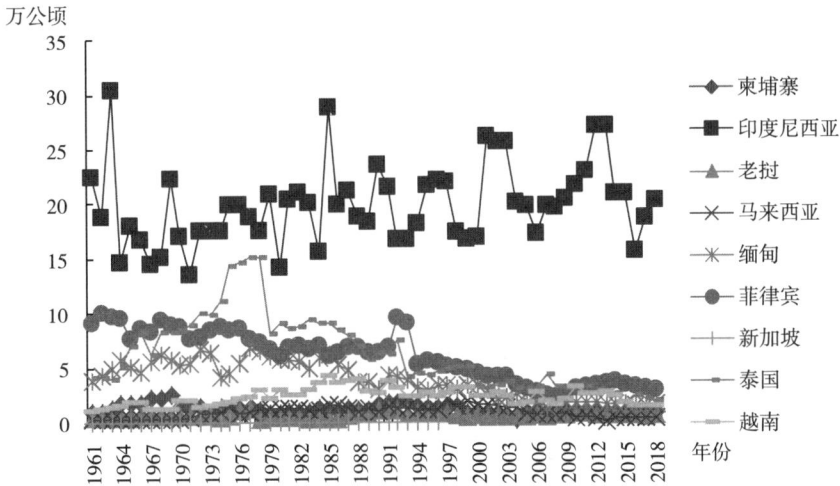

图2-15 烟草种植面积

资料来源：联合国粮农组织数据库。

在甘蔗种植方面，泰国和澳大利亚是世界上主要的蔗糖生产国和出口国，2018年泰国的甘蔗种植面积达到137万公顷，2019年的甘蔗总产量达到1.1亿吨。泰国的甘蔗种植面积和生产量领先于其他东盟国家（图2-16）。

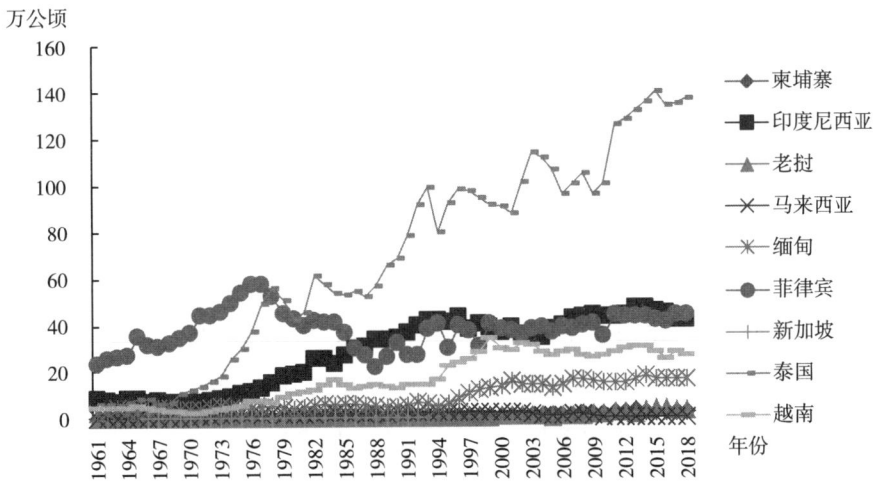

图2-16 甘蔗种植面积

资料来源：联合国粮农组织数据库。

第三节 畜牧业

在畜牧业发展方面，东盟国家各有特色。居民的收入水平和宗教信仰决定了东盟国家的畜禽产品的消费类型和消费水平。另外，人口的增加和城市化发展，也使得东盟国家的饮食结构变得多元化。

一、东盟的生猪业

东盟是养猪业的重要地区，2013年东盟国家的生猪饲养总量约5.4亿头，约占世界总量的68%。2018年越南和菲律宾分别是世界第五和八位的猪肉主产国，分别生产约4 795万和2 772万头生猪。

由于越南的玉米产量巨大且国内消费量较低，使得玉米价格相对便宜，加上越南有着丰富且廉价的劳动力，使得其生猪养殖业的成本普遍较低。不过，越南的生猪养殖以小型家庭养殖为主，养殖环境相对落后，在防止疫病发生、传播的技术发展方面也薄弱，一定程度上制约了越南生猪养殖业的发展。

菲律宾的商业养猪场较为发达，菲律宾政府采取一系列措施来发展本国养猪业。在行政措施方面，菲律宾在农业部设置动物工业局，该局下设牧畜家禽发展处、法规处、市场销售处、研究和发展处、牧畜疾控处等。菲律宾政府还积极引进国外优良猪种以促进本国养猪业的发展。在经济政策方面，菲律宾政府向养猪的个体农户提供无息贷款，帮助购买饲料及仔猪等。菲律宾主要的生猪生产区是马尼拉周围地区，但近年来民答那峨岛南部也成为养猪业的兴旺之地，其原因是民答那峨岛南部是主要的玉米产区，土地宽裕，气候凉爽，适于仔猪生活。

由于宗教信仰的原因，东盟中信奉伊斯兰教的国家，例如印度尼西亚的大部分居民不吃猪肉，但是会养殖生猪并出口猪肉，这也使得印度尼西亚的生猪饲养量逐年增长，2018年印度尼西亚的生猪饲养量约为1 587万头。印度尼西亚是东盟国家中最大的猪肉出口国，其出口市场包括中国、新加坡、越南等（图2-17）。

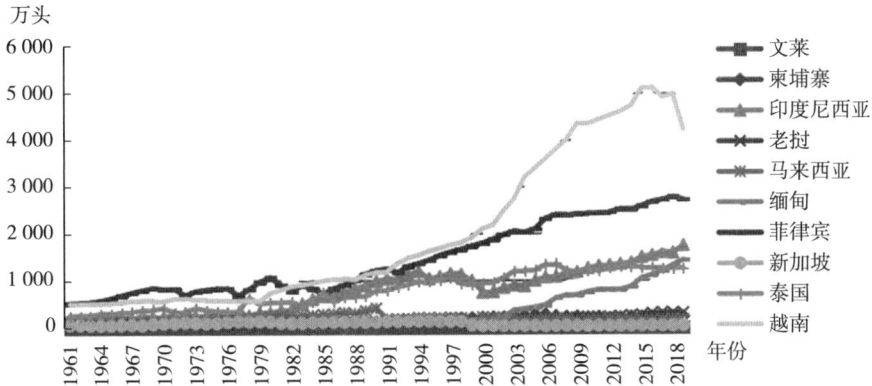

图 2-17　生猪饲养量

资料来源：联合国粮农组织数据库。

二、东盟的牛羊业

在东盟一些国家，活牛除了役用，也用于肉用。缅甸有着良好的牛羊天然牧场，特别是在曼德勒省，有大型牛市近 50 个。缅甸牛的主要品种俗称"白牛"（瘤牛），身材高大。2018 年缅甸的白牛、黄牛和水牛饲养存量达到 2 120万头，位居东盟国家首位。其次为印度尼西亚，2018 年黄牛和水牛饲养存量为 1 732 万头。2018 年缅甸的牛肉产量约为 46 万吨，略低于印度尼西亚的 52万吨。其原因是：缅甸是佛教国家，多数国民不吃牛肉，国内牛肉市场较小，缅甸所生产的牛肉主要是向中国、东盟其他国家以及欧美出口。印度尼西亚的大多数居民信奉伊斯兰教，居民可以食用牛肉，因人口众多，牛肉市场需求大，每年也会从澳大利亚等国进口牛肉，每年进口的数量在 50 万头左右（图 2-18、图 2-19）。

印度尼西亚是东盟国家中养殖绵羊和山羊数量最多的国家，2018 年它的饲养存量达到 3 611 万头。近些年来，印度尼西亚政府为了提高肉类自给率，减少进口，大力发展畜牧业，绵羊和山羊的饲养数量显著提升（图 2-20）。

老挝拥有优越的自然条件，包括多达 150 万公顷草地和数百万公顷高原、平原、山丘竹林地，老挝的山地、草场广阔，加之气候湿润，牧草终年常青，饲料非常丰富，都是广阔的天然牧场。近年来，政府大力发展牛羊畜牧业，将其作为重要的减贫措施。2020 年，老挝政府将发展畜牧业作为"提高民众生

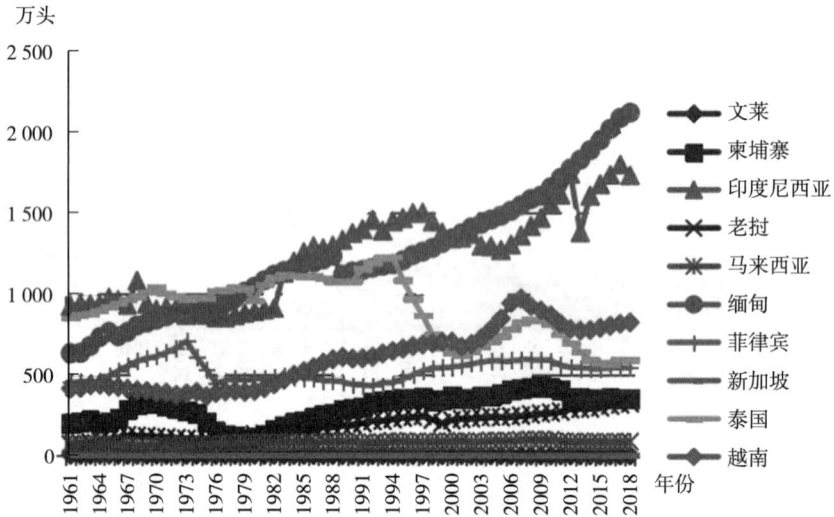

图 2-18 黄牛和水牛饲养存量

资料来源：联合国粮农组织数据库。

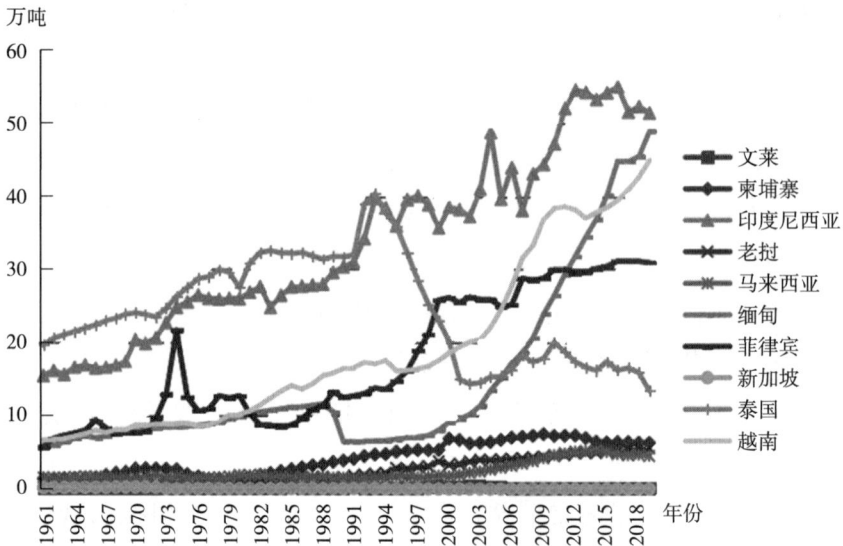

图 2-19 黄牛和水牛肉产量总和

资料来源：联合国粮农组织数据库。

活水平、减少贫困人口"的重要手段之一。截至 2020 年 6 月，老挝政府已经在农村发展和减贫工作中投入财政资金达 3 891.2 亿基普（1 美元合 9 200 老挝基普）。不过与东盟其他国家相比，老挝的畜牧养殖未形成规模，居民的肉类消费水平也处于较低水平。

万头

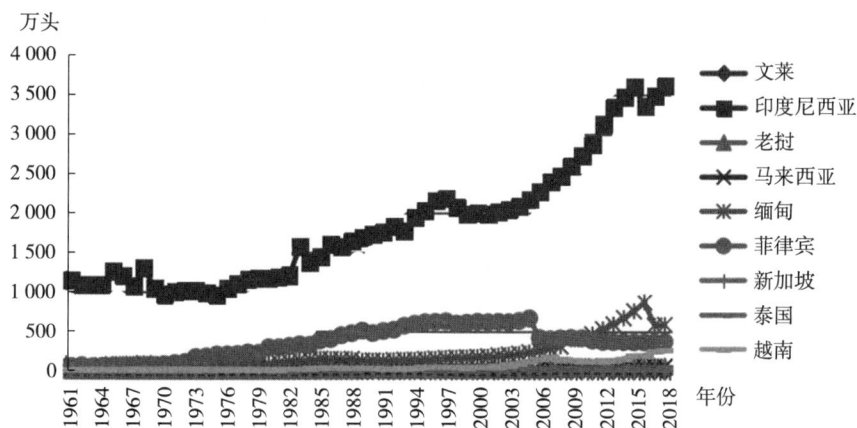

图 2-20 绵羊和山羊饲养存量

资料来源：联合国粮农组织数据库。

三、东盟家禽业

除了印度尼西亚之外，越南、泰国和马来西亚的家禽饲养产业较为发达，它们的肉鸡生产采用"一条龙"运营模式，实行集约化养殖。在东盟国家中，印度尼西亚的家禽饲养存量最多，其生产数量在 1960 年以后呈显著的上升趋势。其余国家的家禽饲养量也呈现上升趋势，但增长速度不如印度尼西亚（图 2-21）。

万只

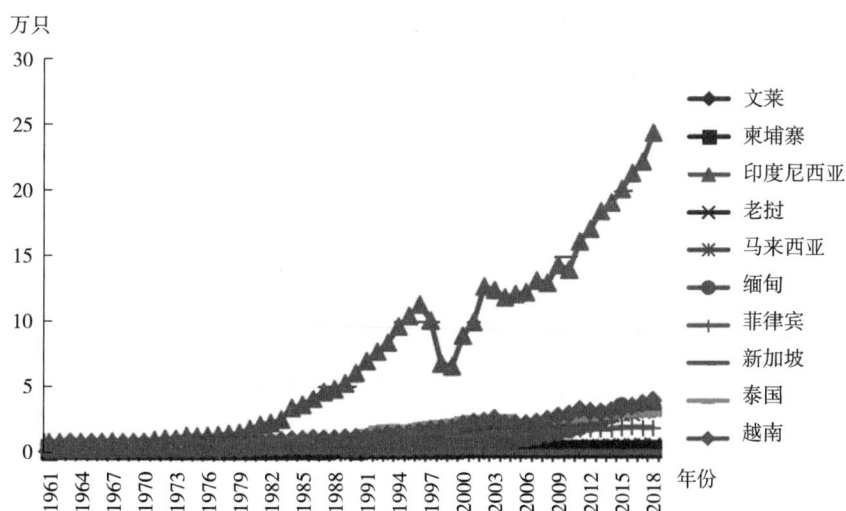

图 2-21 家禽饲养存量

资料来源：联合国粮农组织数据库。

四、东盟其他畜牧业

东盟国家除了发展生猪养殖、牛羊养殖和家禽养殖外，还有一定规模的马养殖。印度尼西亚是东盟国家中马饲养量最多的国家，不过，从 1960 年开始，马的饲养存量逐年减少。菲律宾的马饲养存量有所增加（图 2 - 22）。

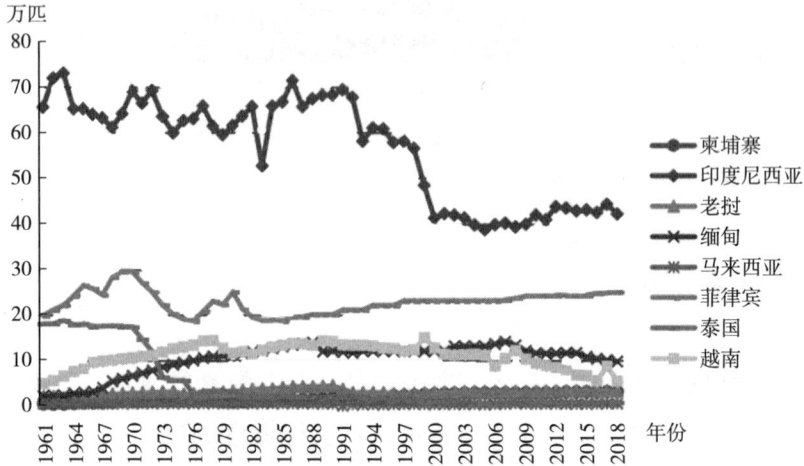

图 2 - 22　马饲养存量

资料来源：联合国粮农组织数据库。

第四节　林　　业

一、林业发展

东盟国家的森林资源丰富，林产业发展迅速。印度尼西亚的森林树种有 4 000 多种，其中具有商业价值的近 250 种，热带红木闻名于世。2017 年联合国粮食与农业组织公布了全球主要的林产品生产国，印度尼西亚的工业用原木产值占全球总产值的 4%，纸浆产值占全球总产值的 4%，纸和纸板的产值占全球总产值的 3%，在世界市场中占有重要一席。印度尼西亚的木材生产基地主要位于加里曼丹和苏门答腊。经过多年的发展，印度尼西亚已是世界最大的胶合板供应国，是世界上重要的原木、锯材、单板、纸浆、纸张和家具的输出国。

缅甸享有"森林之国"的美称。缅甸的柚木产量居世界第一。根据缅甸商务部网站公布的 2020 年统计数据，林业部门在 2018/2019 年度的总收入为 1.74 亿美元。根据缅甸采掘业透明度行动计划组（MEITI）的报告，缅甸林业部门提供的就业岗位占全国总就业岗位的 4% 左右。近年来，随着缅甸对林业和木材加工部门的投资增加，林业部门提供的就业机会增加。

马来西亚是世界上重要的热带硬木生产国之一，其以加工产品的形式出口，附加值较高，出口市场主要是美国、日本、印度、韩国和中国等。2017 年，马来西亚的木材和木材产品出口收入达 232 亿令吉（约合 384 亿元人民币），木材工业总产值约占 GDP 的 1.7%。在确保木材持续供应的同时，马来西亚政府还制定了国家森林种植计划（NFPP），大幅种植红树林等。

二、林业的保护

为了实现可持续发展，东盟国家制定了很多法律加强对森林资源的保护。马来西亚、印度尼西亚、菲律宾、越南、柬埔寨、泰国、老挝、缅甸等都颁布和实施了原木出口禁令。同时，它们也积极支持森林恢复、社区森林保护、生态旅游和景观修复。

印度尼西亚根据不同的经营目的将森林资源分为生产林、有限生产林、防护林、保护区和转换林。由于在前期经济发展中，印度尼西亚的森林砍伐量大于生长量，导致森林资源锐减。1985 年政府出台政策禁止原木出口，以保护国内森林资源。印度尼西亚的森林资源实行林业部、林务局和林业局的三级管理体系。

老挝盛产优质木材，如红桑枝木、紫檀木、桧木等，它的万象、巴色和沙湾拿吉三市是紫檀、红木和柚木的出口加工中心。老挝的森林覆盖率在 1940 年曾高达 70%，但是大量砍伐导致其森林覆盖率降至 1996 年的 47%。为了扭转局面，并确保森林覆盖率在 2020 年恢复到 70%，即 1 650 万公顷，政府于 1996 年实施《森林法》，并于 2005 年颁布了《林业战略规划》，加强森林资源的管理、保护和合理开发利用。

近年来缅甸的林业用地持续减少，主要原因与经济发展带来的过度开发有关。1990 年缅甸森林面积为 3 920 万公顷，森林覆盖率近 60%，而 2016 年森林面积减少为 2 849 万公顷，森林覆盖率为 43.6%，全国森林覆盖率平均每年下降 0.68%，相当于缅甸每年损失森林大约 456 000 立方米。2014 年缅甸政府开始禁止原木出口，并先后出台了"禁伐令""限伐令"，加大对林业用地的保护。

马来西亚实施严格的森林采伐规程，实施选择性管理系统（SMS），对树木进行清查、标记，并在采伐后进行评估确定林分状况。马来西亚的森林按用途划分为永久保存林、保护区、转化林、人工林和经济林。永久保存林采伐区的轮伐期一般为 25～30 年，人工林的轮伐期在 10 年以上。

在文莱等国家，尽管其森林覆盖率很高，但是森林资源储量较低，它们非常重视林业资源的保护，限制原木出口。例如，文莱实行"砍一树、种四树"和每年 10 万立方米限额伐木政策，主要满足国内市场需要。泰国的森林覆盖率并不高，2016 年为 32%。泰国一直以来对柚木等高附加值林木实施严格保护，禁止砍伐，但在一定程度上限制了高附加值林业的发展。为了推动林业发展，泰国政府积极推动"经济林木发展计划"，计划在 10 年内建设 2 万个林木社区，形成一个经济总量为 1.04 万亿泰铢的产业链。泰国政府为村民免费提供柚木等高附加值的树苗，并为农民提供种植资金支持。

第五节　渔　　业

东盟国家有着丰富的渔业资源，包括海洋渔业和内陆渔业，渔业发展也有力地支持了东盟的经济发展。

一、海洋渔业

文莱拥有 162 千米的海岸线，海洋资源丰富。2018 年文莱渔业产值占GDP 的 0.35%。2001 年以来，政府大力发展渔业，其目的是减少进口依赖。文莱政府的渔业发展政策包括设立新渔业设施、提升港口内外配套设施、提供奖励和培训等，文莱政府还鼓励私人领域参与深海捕鱼活动，拓展至渔产品加工。根据文莱渔业部的计划，到 2023 年文莱的渔业年产值将提升至 4 亿文莱元，其中捕捞业占 1.12 亿文莱元，水产养殖 2 亿文莱元，渔业加工业 0.61 亿文莱元，海洋生态旅游业 0.27 亿文莱元。

印度尼西亚的渔业产值在东盟十国中排名首位，2018 年，它的渔业捕获量为 721 万吨，水产养殖量为 542 万吨。在海洋渔业捕获方面，印度尼西亚的金枪鱼产量位居世界前列。2017 年印度尼西亚的金枪鱼出口数量为 4 078 吨，价值 2 316 万美元，高于澳大利亚（1 934 吨，2 129 万美元）、日本（1 359 吨，1 708 万美元）、美国（1 571 吨，1 094 万美元），低于克罗地亚（2 862 吨）、土耳其（4 081 吨）、马耳他（3 389 吨）、墨西哥（5 363 吨）和西班牙（8 578 吨）。

渔业对缅甸国民经济发展至关重要，它是缅甸第三大经济产业和重要创汇产业。缅甸全国有 300 万人直接从事渔业，并有 1 200 万～1 500 万人间接受益。缅甸渔业的行业结构主要分为三类：海洋渔业、内陆渔业和水产养殖业。其中，海洋捕捞业是缅甸的主要渔业，缅甸海岸线长约 2 832 千米，适宜捕捞海域 22.5 万平方千米，渔业专属经济区约 48.6 万平方千米，平均年捕捞量为 105 万吨。

马来西亚的海岸线长达 4 192 千米，沿海有鱼类 1 000 多种，其中有食用价值的约 250 多种，主要是红笛鲷鱼、马鲛鱼、鳗鱼和江鱼等。马来西亚沿岸还盛产虾、螃蟹、蚝及其他贝类。马来西亚政府十分支持渔业的发展，并向渔民发放低息贷款以供其购买设备。马来西亚出口的水产品价格较高，主要销往美国、新加坡、日本、欧盟和中国。马来西亚的观赏鱼产业是特色产业，它从 20 世纪 50 年代开始起步，当时出售的观赏鱼直接来自野生鱼类。在政府的积极促进和相关养殖者的不断努力下，近年来马来西亚的观赏鱼产业发展迅速，现观赏鱼出口仅次于新加坡而居世界第二位。观赏鱼生产地主要集中在马来西亚的柔佛州、霹雳州、槟城州和雪兰莪州等。

菲律宾渔业有巨大的发展潜力，2018 年全国有 92.76 万人员参与渔业捕捞作业，当年渔业生产总值占全国 GDP 的 1.3%，占农业生产总值的 16.4%，出口总量达 46.42 万吨，2018 年的渔业捕获量为 204 万吨，渔业创造了很大的经济价值。菲律宾的水产养殖产量比重较高，占全部渔业的 52.9%。水产养殖业主要分布在吕宋岛和棉兰老岛。近年来，菲律宾政府非常重视国家的渔业发展，目前全国有 7 个渔业培训中心、9 个国家渔业技术中心用以辅助渔民捕鱼作业，同时管理和保护菲律宾的渔业和水生资源。

泰国是世界上最大的鱼类生产国之一，大约 2 600 千米的海岸线，泰国湾和安达曼海的海洋渔场位于泰国专属经济区内，总面积约 31.6 万平方千米。2007 年泰国的渔业总产量约为 390 万吨，其中 58.2% 来自海洋捕捞渔业。近年来，为保护海洋渔业，促进可持续发展，泰国政府根据《泰国渔业法》进行渔业管理。每年的 2 月 1 日至 3 月 31 日和 4 月 1 日至 5 月 15 日这两个时间段，渔民使用的渔具网眼尺寸必须大于 4.7 厘米，同时禁止拖网渔船和围网渔船在泰国湾南部上部地区捕鱼。泰国政府还禁止拖网渔船和围网渔船在距海岸 3 000 米以内作业。早在 1980 年，为了控制使用拖网，泰国渔业部就规定只有进行登记的拖网渔船和围网渔船才能捕鱼。从那时起，渔业部不再向渔船颁发新的执照，只有持有捕鱼执照的渔民才能每年申请延长捕鱼执照的有效期，同时除渔民子女外，捕鱼牌照也不得转让给其他经营者。

二、淡水渔业

柬埔寨的淡水渔业集中在洞里萨湖附近，洞里萨湖的渔业捕捞、养殖、加工、贸易和运输劳动力约有 200 万人，主要从事家庭式水产养殖活动。柬埔寨的人均内陆渔业捕捞量、人均淡水鱼消费量都排在世界前列。近年来，柬埔寨渔业部大力推进渔业发展，加大了鱼类养殖技术和鱼类加工方面的培训。2018 年柬埔寨的水产养殖量是 2010 年的 4.2 倍，2018 年的水产养殖量达到 25 万吨。老挝深处内陆，没有海洋水产，但水域面积大且河流众多，拥有丰富的淡水渔业资源，湄公河及其支流为渔业主产区，巴沙鱼为湄公河特产。

缅甸拥有 820 万公顷的内陆江湖，它的淡水鱼虾种类多达 500 多种，拥有较高经济价值的石斑鱼、鲳鱼、龙虾等约 105 种。缅甸水产品质优价廉，但资源的开发利用程度不高，主要受到资金、技术、捕捞、加工、养殖水平等条件限制。近年来，缅甸渔业发展重心向水产养殖业转移，其养殖水域面积和总产量增速较快。依据缅甸渔业局的统计资料，2014—2015 年淡水渔业产量为 140 万吨，出口值超过 1 亿美元，直接惠及 70％的农村人口。缅甸的鱼和对虾集中生产于德林达依省和伊洛瓦底省，约占全国产量的 75％，仰光地区和勃固地区也有部分鱼虾养殖基地。

泰国内陆水域面积约 3 750 平方千米，泰国沿海地区约有 100 万公顷适合沿海水产养殖。2007 年泰国的渔业总产量约为 390 万吨，41.9％来自淡水渔业。其中，22.9％来自沿海水产养殖，13.1％来自淡水养殖，5.8％来自内陆捕捞渔业。2018 年泰国的渔业捕获量为 170 万吨，水产养殖量为 259 万吨。

近年来，越南的渔业捕获量和水产养殖量都有很大提升。2018 年越南的渔业捕获量为 334 万吨，水产养殖量为 748 万吨。越南独特的地缘优势为水产养殖业奠定了基础。水产养殖的主要品种是鱼和虾，九龙江平原地区是越南水产养殖较为集中的区域。根据越南农业和农村发展部的统计资料，截至 2020 年 1 月，虾类的养殖面积已达 72 万公顷，产量达 69 万吨，养殖的半咸水虾包括 2 个种类：斑节对虾（本地虾）和南美白对虾。越南的渔业产品出口到世界 90 多个国家，出口额高达 38 亿美元。新加坡是东南亚地区越南虾类的主要进口国家，主要进口新鲜冷冻白虾的虾仁（表 2-2、表 2-3）。

表 2-2 东盟十国的渔业捕获量（包括海洋渔业和内陆渔业）

单位：吨

国家	2015 年	2016 年	2017 年	2018 年
文莱	3 370	13 292	11 864	13 566
柬埔寨	608 193	629 950	665 993	689 155
印度尼西亚	6 689 688	6 542 228	6 736 358	7 215 215
老挝	62 635	70 915	70 900	70 900
马来西亚	1 491 975	1 580 291	1 470 290	1 457 621
缅甸	1 970 470	2 072 390	2 155 440	2 033 110
菲律宾	2 151 467	2 024 828	1 887 058	2 049 572
新加坡	1 265	1 234	1 110	1 311
泰国	1 501 370	1 530 544	1 500 447	1 707 136
越南	2 860 638	3 077 841	3 315 207	3 347 039

资料来源：《2018 FAO，Fisheries and Aquaculture yearbook》。

新加坡国土面积狭小，虽是岛国，但渔业资源优势并不明显，加之新加坡经济发达，发展普通渔业不具优势。但是新加坡气候条件优良，渔业养殖风险较低，在苗种繁殖和水产养殖上具有优势。此外，新加坡具有良好的基础设施和发达的物流运输条件，在东盟扮演了渔业转口贸易商的角色。新加坡充分发挥这两种优势，成为世界最大的观赏鱼出口国和东南亚渔业转运中心。新加坡渔业发展重点在热带观赏鱼。新加坡引进国外优良品种和开发利用本国的地方优质品种相结合，杂交繁育了许多深受人们喜爱的优良美丽的观赏鱼类，成绩显著。全球主要经营的 500 多个品种的观赏鱼，在新加坡都能买到。在新加坡众多的养殖品种中，孔雀鱼因为其寿命短、价格低、消费更新快而数量最多。新加坡的观赏鱼养殖场基本都在 6 个高科技农业区之中，约有半数以上的渔场面积超过 2 公顷，观赏鱼是新加坡最受重视的农产品。新加坡有 5 家 CITES

认证的渔场，养殖的鱼种超过 200 种，除了龙鱼为体型较大者外，多为鲤科、鲇科等小型的淡水观赏鱼。有些较具规模的养殖场还被建设成为观光休闲渔场，由观光主管单位补助休憩等设施。

表 2-3　东盟十国的水产养殖量

单位：吨

国家	2016 年	2017 年	2018 年
文莱		1 632	1 116
柬埔寨		205 300	251 850
印度尼西亚	4 950 000	6 150 000	5 426 943
老挝	109 835	104 000	108 200
马来西亚	201 898	224 550	217 894
缅甸	1 017 614	1 048 692	1 130 350
菲律宾	796 395	822 466	826 060
新加坡	6 112	5 891	7 013
泰国	962 571	889 891	2 598 000
越南	3 624 538	3 820 960	7 481 039

资料来源：《2018 FAO，Fisheries and Aquaculture yearbook》。

第三章 CHAPTER 3
东盟农产品贸易与政策 ▶▶▶

一、出口贸易额

在海关统计制度中，农产品编码位于 HS（Harmonized System）分类中的前 24 章。联合国 UN comtrade 统计数据显示，在东盟十国中，2019 年农产品出口总额排名第一位的是泰国，出口总额达到 355.12 亿美元；第二位是印度尼西亚，出口额是 322.43 亿美元；第三位是越南，出口额为 260.84 亿美元。其他分别是马来西亚（203.92 亿美元）、新加坡（138.25 亿美元）、菲律宾（66.91 亿美元）、缅甸（43.66 亿美元）、老挝（13.38 亿美元）、柬埔寨（7.2 亿美元）和文莱（0.11 亿美元）（表 3-1）。

泰国是东盟国家中的农产品出口贸易大国。2019 年出口金额最大的商品是肉、鱼、甲壳动物、软体动物及其他水生无脊椎动物制品，达到 66.86 亿美元。出口金额第二位的商品是谷物，达到 42.83 亿美元，其中大米的出口额占到世界的 17.69%。水果及坚果出口金额为 37.61 亿美元，糖及糖食的出口金额为 33.59 亿美元，蔬菜、水果、坚果及制品的出口金额达到 21 亿美元。泰国鲜、干质地的木薯出口额占到世界总额的 27.05%，干椰子肉的出口额占到世界总额的 59.16%。另外，泰国的活猪出口也有一定优势，出口额占到世界的 2.63%。

印度尼西亚出口商品金额较大的是第 15 章的商品，即动植物油、脂及其分解产品，总出口额是 176.35 亿美元，其中，棕榈油占到相当比例，印度尼西亚棕榈油出口额占到世界总额的比重为 54.5%。马来西亚也大量出口棕榈油，它的第 15 章的商品出口额达到 114.64 亿美元。印度尼西亚出口额较大的其他商品主要是鱼、甲壳动物、软体动物（32.69 亿美元）及其制品（12.26 亿美元），咖啡、茶、马黛茶及调味香料（16.19 亿美元），水果（8 亿美元），可可及制品（11.99 亿美元），谷物制品（10.56 亿美元），烟草（12 亿美元）。

2019 年越南出口排名第一位的商品是鱼、甲壳动物、软体动物等，金额达到 62.05 亿美元，排名第二位的商品是水果，出口额达到 57.31 亿美元，其中鲜、干质地的椰子、巴西果及腰果的出口额占到世界的 42.31%。其他出口商品主要是咖啡、茶及香料（34 亿美元），谷物（24 亿美元），肉、鱼、甲壳动物、软体动物的制品（22 亿美元）。越南的咖啡出口额占到世界的 7.94%。越南的大米出口也在世界占有一席之位，其出口额比重达到 10.23%。胡椒、辣椒干及辣椒粉出口额占世界总额的 18.55%，肉桂及肉桂花的出口额占到世界总额的 30.08%。

马来西亚出口的商品除了棕榈油（占世界的 30.84%）之外，第二大类商品主要是可可及可可制品，出口额达到（15.92 亿美元）。另外，马来西亚在家禽的养殖与出口方面具有一定优势，出口额到世界的 5.78%。

菲律宾出口商品金额最高的是水果，达到 26.32 亿美元，其中香蕉的出口额占到世界总额的 14.74%，其次是动植物油、脂及其分解产品，金额达到 9.76 亿美元。新加坡的出口商品主要是饮料、酒类（30.07 亿美元）及杂项食品（54.05 亿美元）。菲律宾的椰子油出口额占到世界的 21.41%，达到 8.76 亿美元。

柬埔寨出口商品金额较多的是谷物（4.22 亿美元），在制作花束或装饰用的插花及花蕾（鲜、干、染色、漂白、浸渍）出口方面也具有一定的优势，金额为 734 万美元，占到世界的 16.75%。

老挝、缅甸和泰国在牛的出口方面具有一定的优势，三者的活牛出口额占世界总额的比重分别为 2.47%、2.52% 和 2.67%。老挝主要出口活动物（2.29 亿美元）、水果（2.84 亿美元）等。缅甸在活动物出口（2.33 亿美元），鱼、甲壳动物、软体动物出口（7.71 亿美元），蔬菜出口（9.74 亿美元），水果出口（6.7 亿美元），谷物出口（10.23 亿美元）上有一定优势。

表 3-1　2019 年东盟十国前 24 章商品出口额

单位：百万美元

商品	文莱	印度尼西亚	柬埔寨	老挝	马来西亚	缅甸	菲律宾	新加坡	泰国	越南
活动物		66		229	202	233	1	2	384	12
肉及杂碎		17		5	26	3	5	77	1 033	125
鱼等	6	3 269			649	771	411	236	1 849	6 205
乳品等	1	417	5		586	4	43	277	334	154
其他动物产品		22			10	10	2	14	60	98
活树木等		18		2	143	0	6	17	133	82
食用蔬菜		121	3	158	184	974	28	21	868	365
食用水果等		797	64	284	217	670	2 632	107	3 761	5 713
咖啡等		1 619	11	70	124	63	3	145	130	3 402
谷物		2	422	52	13	1 023	2	38	4 283	2 499
制粉产品等		59	28	49	99	2	25	64	1 445	985
含油子仁等		325	1	13	32	400	51	75	254	152
虫胶等		160		2	9		214	31	28	69
编结用植物		204		1	80	3	1	8	10	24
动、植物油等		17 635	29		11 464	3	976	269	470	197
肉、鱼等		1 226			335	1	473	75	6 686	2 226
糖及糖食		282	66	128	227	119	108	77	3 359	128
可可及制品		1 199	1		1 592		16	755	74	25
谷物等	1	1 056	12		1 460	3	318	1 631	1 556	724
蔬菜等		259	19	4	160	4	619	111	2 103	805
杂项食品	1	1 309	1	5	1 427	5	175	5 405	2 501	765
饮料、酒及醋		171	15	250	702	9	29	3 007	2 059	294
食品残渣等		802	13	1	511	1	74	252	1 878	681
烟草等		1 208	30	85	137	62	478	1 130	255	353
合计	9	32 243	720	1 338	20 389	4 363	6 690	13 824	35 513	26 083

资料来源：联合国贸易数据库。

二、出口贸易占世界比重

从 2019 年东盟国家的农产品出口占世界的比重来看，首先，印度尼西亚和马来西亚在动植物油、脂及其分解产品出口方面具有优势，两个国家的出口额比重合计达 35%，其中棕榈油的出口额在世界的比重更是超过 85%（印度尼西亚为 54.5%，马来西亚为 30.84%）。其次，在可可脂、可可油以及可可粉方面，马来西亚和印度尼西亚都具有优势，两者出口额占世界的比重分别为

10%和14%。第三，泰国在肉、鱼、甲壳动物、软体动物的制品、糖及糖食的出口方面具有优势，两者出口额占到世界比重分别为13.17%和9.2%，泰国在谷物出口方面具有显著优势，出口额占到世界的4.31%。越南在肉、鱼、甲壳动物、软体动物及其制品出口方面也具有一定优势，出口额比重分别达到5.41%和4.39%，咖啡、茶、马黛茶及调味香料的出口额占到世界的7.61%。老挝和缅甸在活动物出口方面具有一定优势，出口额均占世界的1%。菲律宾在水果出口方面具有优势，出口额占世界的2.3%，天然橡胶出口方面也具有一定优势，出口额占世界的2.76%，印度尼西亚的天然橡胶出口额占到世界的2.06%。不过，在泰国等国家，天然橡胶需要经过一定加工才能出口，因此表3-2中数字未能反映橡胶制品的出口情况。

表3-2 2019年东盟十国24章商品出口占世界总出口比重

单位：%

商品	文莱	印度尼西亚	柬埔寨	老挝	缅甸	马来西亚	菲律宾	新加坡	泰国	越南
活动物	0.00	0.31	0.00	1.08	1.10	0.95	0.00	0.01	1.81	0.06
肉及食用杂碎	0.00	0.01	0.00	0.00	0.00	0.02	0.00	0.06	0.78	0.09
鱼等	0.01	2.85	0.00	0.00	0.67	0.57	0.36	0.21	1.61	5.41
乳品等	0.00	0.48	0.01	0.00	0.00	0.68	0.05	0.32	0.39	0.18
其他动物产品	0.00	0.20	0.00	0.09	0.09	0.09	0.02	0.13	0.55	0.90
活树木等	0.00	0.08	0.00	0.01	0.00	0.65	0.09	0.08	0.61	0.38
食用蔬菜	0.00	0.20	0.00	0.25	1.57	0.30	0.05	0.03	1.40	0.59
食用水果等	0.00	0.70	0.06	0.25	0.59	0.19	2.30	0.09	3.28	4.99
咖啡等	0.00	3.62	0.02	0.16	0.14	0.28	0.01	0.32	0.29	7.61
谷物	0.00	0.00	0.42	0.05	1.03	0.01	0.00	0.04	4.31	2.51
制粉产品等	0.00	0.31	0.15	0.26	0.01	0.52	0.13	0.33	7.50	5.11
含油子等	0.00	0.36	0.00	0.01	0.44	0.04	0.06	0.08	0.28	0.17
虫胶等	0.00	2.06	0.00	0.03	0.00	0.12	2.76	0.40	0.36	0.89
编结用植物	0.00	22.72	0.00	0.12	0.38	8.93	0.07	0.87	1.06	2.71
动、植物油等	0.00	21.78	0.04	0.00	0.00	14.16	1.21	0.33	0.58	0.24
肉、鱼等	0.00	2.41	0.00	0.00	0.00	0.66	0.93	0.15	13.17	4.39
糖及糖食	0.00	0.77	0.18	0.35	0.33	0.62	0.30	0.21	9.20	0.35
可可及制品	0.00	2.52	0.00	0.00	0.00	3.35	0.03	1.59	0.15	0.05
谷物等	0.00	1.41	0.02	0.00	0.00	1.95	0.42	2.18	2.08	0.97
蔬菜等	0.00	0.43	0.00	0.01	0.00	0.26	1.02	0.18	3.46	1.32
杂项食品	0.00	1.70	0.00	0.01	0.01	1.86	0.23	7.04	3.26	1.00
饮料、酒及醋	0.00	0.15	0.01	0.22	0.01	0.61	0.02	2.62	1.80	0.26
烟草等	0.00	2.86	0.07	0.20	0.15	0.33	1.13	2.67	0.60	0.83

资料来源：联合国贸易数据库。

三、东盟农产品出口贸易的影响因素

东盟国家主要出口的农产品是大米、天然橡胶、可可豆、棕榈油等，以热带经济作物为主，这与东盟国家的地理位置以及热带气候有着密不可分的关系。由于所处东南亚，东盟国家的主要出口目的地集中在东盟内部及亚洲、太平洋沿岸国家（表3-3）。

表3-3 东盟国家主要出口农产品及目的国

国家	主要出口产品	主要出口国家
文莱	芦笋、鳄梨、饮料、玉米、小麦	马来西亚、新加坡、澳大利亚等
印度尼西亚	可可豆、棕榈油、大米、天然橡胶、大豆	马来西亚、中国、泰国、印度等
柬埔寨	木薯干、玉米、糖蜜、棕榈油、大米、天然橡胶	越南、泰国、中国
老挝	香蕉、甘蔗、木薯、橡胶、玉米	中国、泰国、越南
缅甸	大米、碎米、豆类、玉米	新加坡、中国、印度
马来西亚	可可豆、天然橡胶、棕榈油	印度尼西亚、中国、巴西等
菲律宾	香蕉、椰子油（椰子核）、菠萝	日本、中国、韩国、荷兰、美国、意大利等
新加坡		
泰国	大米、橡胶、肉类、木薯	中国等
越南	大米、木薯、咖啡、橡胶、茶叶	中国、韩国、马来西亚和日本等

资料来源：联合国贸易数据库。

东盟农产品的出口贸易除了与各国的生产优势有关（例如，菲律宾在香蕉、菠萝、椰子、芒果等热带水果出口方面具有优势），还与其他因素有关。首先，与农产品价格的变动紧密相关。例如，印度尼西亚的农产品贸易顺差从2012年的98亿美元大幅增加到2017年的143亿美元，这种变化与棕榈油和橡胶的价格上涨有关，价格上涨是印度尼西亚贸易顺差的主要来源。相反，印度尼西亚的粮食作物大多依赖于进口，牛肉也是最重要的进口畜产品，因为国内人口和需求的增长而产量却不足，印度尼西亚每年要从澳大利亚进口大量的牛肉。

其次，与极端天气有关。例如，2016年印度尼西亚的农产品出口量减少受到极端天气的影响，农作物产量较上一年减少，因此出口大幅下降。

第三，与人口增长紧密相关。例如，菲律宾土地有限，人口众多且有较高的增长率（2019年人口增长率为2.16%），近些年来菲律宾的农产品与食品净

进口额在不断增长。2012 年菲律宾农产品的贸易逆差为 38.44 亿美元，2017 年贸易逆差上升到 53.16 亿美元。

第四，与农业发达程度及外向程度紧密相关。泰国农业生产不仅相对发达，而且外向程度高，泰国政府也大力推动农产品出口贸易。因此，泰国在农产品贸易中一直处于顺差地位。2010 年农产品贸易顺差达到 243.9 亿美元，2017 年农产品贸易顺差为 272.34 亿美元。

第二节　农产品进口贸易

一、进口贸易额

从 2019 年农产品的贸易进口来看，印度尼西亚、马来西亚、菲律宾、新加坡、泰国和越南的进口总额几乎相当，都在 150 亿美元左右。其中，越南的进口总额最大，为 198.75 亿美元，其次为印度尼西亚，进口总额为 186.3 亿美元，马来西亚、菲律宾和泰国的进口总额在 150 亿美元左右（表 3-4）。

表 3-4　2019 年东盟十国前 24 章商品进口额

单位：百万美元

商品	文莱	印度尼西亚	柬埔寨	老挝	缅甸	马来西亚	菲律宾	新加坡	泰国	越南
活动物	10	631	6	235	20	58	22	196	85	649
肉及食用杂碎	31	850	13	9	8	864	1 256	842	127	789
鱼等	42	299	4	2	9	965	647	828	2 959	1 572
乳品等	44	1 143	41	11	66	959	1 164	1 080	678	667
其他动物产品		172	2	1	37	25	28	44	53	451
活树木等	2	9	3	6	2	16	2	48	41	106
食用蔬菜	28	770	4	29	4	831	144	566	900	690
食用水果等	44	1 486	10	57	60	785	500	675	817	2 915
咖啡等	9	262	6	3	23	618	124	234	354	227
谷物	45	3 237	55	29	168	1 640	3 167	303	952	3 132
制粉产品等	13	418	96	24	61	455	300	172	270	320
含油子仁等	3	1 490	3	2	25	542	204	169	1 376	1 004
虫胶等		86	4		4	65	46	58	110	93
编结用植物		2				4	1	19	46	6
动、植物油等	14	251	16	11	536	1 634	870	903	255	745
肉、鱼等	20	55	16	4	7	139	80	461	292	43
糖及糖食	8	1 679	46	90	74	794	538	288	188	378

（续）

商品	文莱	印度尼西亚	柬埔寨	老挝	缅甸	马来西亚	菲律宾	新加坡	泰国	越南
可可及制品	10	776	6	1	8	1 130	186	592	181	61
谷物等	53	487	170	20	251	777	504	565	533	686
蔬菜等	16	225	12	3	11	389	348	353	307	125
杂项食品	37	825	105	16	370	1 062	1 717	980	867	1 010
饮料、酒及醋	42	136	347	246	142	637	661	2 820	401	312
食品残渣等	40	2 649	216	70	275	1 086	1 795	129	2 105	3 637
烟草等		690	255	48	68	257	271	917	290	258
合计	511	18 630	1 435	917	2 231	15 731	14 576	13 243	14 187	19 875

资料来源：联合国贸易数据库。

二、进口贸易占世界比重

对于印度尼西亚而言，进口比重相对较高的是活的动物、谷物、淀粉、糖及糖食等。印度尼西亚会从澳大利亚进口大量活牛，除此之外，它也进口大量的大米满足国内的粮食需求。另外，马来西亚、菲律宾和越南进口大量的谷物。马来西亚和菲律宾进口谷物主要是满足粮食需求，而越南除了从邻国泰国进口一定的高质量大米，也进口谷物从事深加工并出口。越南的大米能够满足自给，但是因为出口和国内部分需求，它会从周边国家进口一定的谷物。马来西亚的可可加工产业相对印度尼西亚发达，便从印度尼西亚进口一定的可可豆从事深加工（表3-5）。

表3-5 2019年东盟十国24章商品进口占世界总进口的比重

单位：%

商品	文莱	印度尼西亚	柬埔寨	老挝	缅甸	马来西亚	菲律宾	新加坡	泰国	越南
活动物	0.05	3.08	0.03	1.15	0.10	0.28	0.11	0.95	0.41	3.16
肉及杂碎	0.03	0.73	0.01	0.01	0.01	0.74	1.08	0.72	0.11	0.68
鱼等	0.04	0.25	0.00	0.00	0.01	0.81	0.54	0.69	2.48	1.32
乳品等	0.06	1.46	0.05	0.01	0.08	1.22	1.49	1.38	0.87	0.85
其他动物产品	0.00	1.72	0.02	0.01	0.37	0.25	0.28	0.44	0.52	4.50
活树木等	0.01	0.05	0.02	0.03	0.01	0.08	0.01	0.24	0.20	0.53
食用蔬菜	0.04	1.16	0.01	0.04	0.01	1.25	0.22	0.85	1.36	1.04
食用水果等	0.03	1.16	0.01	0.04	0.05	0.61	0.39	0.53	0.64	2.28
咖啡等	0.02	0.60	0.01	0.01	0.05	1.42	0.28	0.54	0.81	0.52
谷物	0.05	3.86	0.07	0.03	0.20	1.95	3.78	0.36	1.13	3.73

（续）

商品	文莱	印度尼西亚	柬埔寨	老挝	缅甸	马来西亚	菲律宾	新加坡	泰国	越南
制粉产品等	0.08	2.55	0.58	0.15	0.37	2.77	1.83	1.05	1.64	1.95
含油子仁等	0.00	1.59	0.00	0.00	0.03	0.58	0.22	0.18	1.47	1.07
虫胶等	0.00	1.14	0.06	0.00	0.05	0.86	0.61	0.77	1.47	1.23
编结用植物	0.00	0.16	0.00	0.00	0.00	0.33	0.07	1.43	3.52	0.42
动、植物油等	0.02	0.31	0.02	0.01	0.67	2.04	1.09	1.13	0.32	0.93
肉、鱼等	0.04	0.12	0.04	0.01	0.02	0.31	0.18	1.03	0.65	0.10
糖及糖食	0.02	5.03	0.14	0.27	0.22	2.38	1.61	0.86	0.56	1.13
可可制品	0.02	1.64	0.01			2.39	0.39	1.25	0.38	0.13
谷物等	0.08	0.70	0.24	0.03	0.36	1.11	0.72	0.81	0.76	0.98
蔬菜等	0.03	0.39	0.02	0.00	0.02	0.68	0.60	0.61	0.53	0.22
杂项食品	0.05	1.14	0.15	0.02	0.51	1.47	2.38	1.36	1.20	1.40
饮料、酒及醋	0.04	0.11	0.29	0.21	0.12	0.54	0.56	2.37	0.34	0.26
食品残渣等	0.05	3.60	0.29	0.10	0.37	1.48	2.44	0.18	2.86	4.95
烟草等	0.00	1.72	0.64	0.12	0.17	0.64	0.68	2.29	0.72	0.64

资料来源：联合国贸易数据库。

三、东盟国家农产品进口贸易的影响因素

东盟国家主要进口的农产品是大豆、小麦、大米、苹果等，主要原因是气候导致大多东盟国家无法种植。而东盟国家虽然盛产大米、天然橡胶等农产品，但国内需求远高于产出，因此仍需进口。东盟国家农产品的主要进口来源地集中在东盟、亚洲及太平洋沿岸国家（表3-6）。

表3-6　东盟国家主要进口农产品及来源国

国家	主要进口产品	主要进口国家
文莱	杏仁、茴香、苹果、杏子、芦笋、火腿	马来西亚、新加坡、澳大利亚等
印度尼西亚	可可、大米、大豆、小麦	马来西亚、泰国、缅甸、澳大利亚等
柬埔寨	苹果、蒸馏酒精饮料、玉米糠、油菜饼	澳大利亚、中国、法国、美国等
老挝	黄豆、种子	越南、中国、泰国
缅甸		
马来西亚	可可豆、天然橡胶、棕榈油	印度尼西亚、中国、巴西等
菲律宾	大米、玉米、洋葱	
新加坡	粮食、蔬菜、热带农产品	马来西亚、中国、印度尼西亚、澳大利亚等
泰国	大豆饼、黄豆、棉绒、小麦、苹果	中国、新西兰、美国
越南	畜牧农产品	

资料来源：联合国贸易数据库。

影响因素如下：

首先，东盟国家农产品贸易与国家资源禀赋有关。例如，文莱和新加坡由于土地面积狭小，80%以上的农产品依赖进口。印度尼西亚是热带海洋性气候，高温多雨，不适宜种植小麦，小麦只能依靠进口。近年来，印度尼西亚小麦进口量逐年增加。2010年印度尼西亚的小麦进口为22亿美元，2017年的进口额提升到36亿美元。柬埔寨主要进口因气候原因而无法生产的水果等农产品，例如苹果以及一些初级加工农产品等。2010年柬埔寨的苹果进口额为90万美元，2017年提升到235万美元。泰国虽然是很多种农产品的出口大国，但是也进口大豆饼、黄豆、棉花、小麦、苹果等，以苹果为例，2017年泰国进口苹果金额近19 960万美元，进口量达16.16万吨，主要来自于中国、新西兰、美国；进口的牛奶以全脂牛奶为主，2017年进口12.48万吨，价值32 494万美元。

其次，农产品进口相当部分来自美国、澳大利亚、中国、巴西以及东盟其他成员国。一方面，这些国家是农业大国，农产品供应充足，价格相对便宜。另一方面东盟国家对很多农产品的进口实施零关税，也没有非关税壁垒。

再次，东盟国家农产品贸易受到政府政策的影响。东盟国家一直努力提升部分农产品的自给率，政府对农业生产的大力支持将减少进口，例如在灌溉系统、农业科技应用与推广方面的支持。尽管印度尼西亚的人口近年来增长较快，粮食需求也在增加，但是政府注重粮食作物的生产，大米的自给率逐步提高。文莱和新加坡对农产品的进口依赖大，不过，这两个国家重视粮食安全，努力扩大农产品的生产。

第三节 农产品贸易政策及其演变

东盟的农产品贸易政策分为两个层次：一是东盟的共同贸易政策，例如，东盟自由贸易区协定、RCEP协定等；二是东盟各成员对外的贸易政策。

一、东盟自由贸易区协定

东盟自由贸易区（ASEAN Free Trade Area，AFTA）于1992年在新加坡举行的第4次东盟首脑会议提出，并在2002年1月1日正式启动。其建设目标是在15年内（即2008年之前）东盟成员之间的关税最终降至0～5%，增强东盟作为单一生产单位的竞争优势；减少成员之间的关税和非关税壁垒，创造出更高的区域内经济效益、生产率和竞争力。东盟成员签订了《共同有效优惠关税协定》（Agreement on the Common Effective Preferential Tariff Scheme for AFTA，CEPT），并在 1992 年 1 月 28 日开始生效。2007 年 11 月 20 日，东盟通过了《东盟经济共同体总蓝图宣言》，决定在 2015 年把东盟自由贸易区建成货物、服务、投资、资本、技术劳动力可以自由流动，没有关税和非关税壁垒的统一市场。东盟经济共同体（AEC）于 2015 年 12 月 31 日正式成立，东盟 10 个国家的工业产品实现零关税。

东盟国家采取了分步骤、分国家、分产业的方式逐步降低贸易壁垒。根据签署的框架协议，东盟 10 国中的 6 个创始国文莱、印度尼西亚、马来西亚、菲律宾、新加坡和泰国在 2007 年将农业、渔业、汽车机械、木材加工、橡胶制品、纺织与成衣产品、电子产品、旅游、电子商务和卫生保健 10 个领域的市场自由开放，涉及上万种产品，越南、柬埔寨、老挝和缅甸在 2012 年实现这 10 个领域的市场开放。

2009 年 2 月，东盟成员经济部长签署《东盟货物贸易协定》（ATIGA），整合了东盟自贸区项下《共同有效优惠关税协定》所有规定，最终成为东盟单一的法律文件，《东盟货物贸易协定》自 2010 年 5 月 17 日起生效。协定内容包括总则、关税自由化、原产地细则、非关税措施、贸易便利化、关税、标准、技术法规和合格评估程序、卫生及植物检疫措施、贸易救济措施、制度条款、最终条款等。协定要求：除极少数敏感产品外，各成员应最终取消对所有产品的区域内进口关税。协定的附件列明各成员关税减免计划，明确到 2015 年每个商品适用的关税税率，对于柬埔寨、老挝、缅甸、越南的降税时间可放宽至 2015—2018 年；取消关税配额；针对大米和食糖贸易制定了特殊规定。《东盟货物贸易协定》是东盟内部协调货物贸易的全面协定，它是在 1992 年签署的《共同有效优惠关税协定》及相关协定的基础上签订的。

《东盟货物贸易协定》签署之后，各国加快了成员间的关税及非关税壁垒的削减步伐。截至 2010 年底，东盟 6 个老成员（文莱、印度尼西亚、马来西亚、菲律宾、新加坡和泰国）之间 99.11％的商品关税已取消，4 个新成员 98.86％的关税也降至 5％以下。截至 2011 年 7 月底，东盟各国已完成《东盟经济共同体蓝图宣言》设定的 73％以上的目标。

二、RCEP 协定（区域全面经济伙伴关系）

RCEP 是区域全面经济伙伴关系（Regional Comprehensive Economic Partnership），是东盟于 2011 年提出的新合作倡议。RCEP 在东盟十国的基础上，联合中国、韩国、日本、澳大利亚和新西兰五个国家建立自由贸易区。RCEP 十五国总人口达到 22.7 亿，涵盖 29.7% 的全球人口，2019 年的 GDP 总额达 26 万亿美元，经济规模占全球经济比重高达 28.9%（高于 USMCA、欧盟）。RCEP 区域的出口总额达 5.2 万亿美元，占全球出口比重高达 30%。2020 年 11 月 15 日，中国签署了 RCEP，该协定标志着世界上最大的自由贸易区正式启动。

RCEP 区域吸引的 FDI 流入占全球总额的 38%（高于 USMCA、欧盟）。RCEP 整合了东盟与中国、日本、韩国、澳大利亚、新西兰多个"10＋1"自贸协定以及中、日、韩、澳、新（西兰）5 国之间已有的多对自贸伙伴关系，还在中日和日韩间建立了新的自贸伙伴关系，并纳入了知识产权、电子商务、竞争政策、政府采购等现代化议题。RCEP 也照顾到不同国家国情，给予最不发达国家特殊与差别待遇。

在关税减让方面，RCEP 各成员在农产品关税减让方面做出承诺。例如，印度尼西亚在针对中国出口的大米做出的关税减让承诺是将每千克 450 印度尼西亚盾的从量税转变为 30% 的从价税。越南针对中国出口的糙米（Husked or brown rice）保留了 40% 的进口关税。缅甸针对 RCEP 所有成员出口的糙米保留了 5% 的进口关税。而在大米出口方面具有竞争优势的泰国则在大米进口方面无任何关税。不过，泰国的稻米等被各国剔除在降税商品之外，或被列入需较长时间才执行降税的名单中。尽管如此，泰国的农产品出口仍具有很强的竞争力。

关于农业出口补贴。RCEP 协议的第十三条规定：各缔约方承诺取消已计划的对农产品使用出口补贴的权利。缔约方的共同目标是在多边框架下取消对农产品的出口补贴，并且应当共同努力阻止对农产品的出口补贴以任何形式被重新使用。对农产品的出口补贴限制与取消政策将推动协定成员之间的农产品贸易自由化。

三、WTO 协议

文莱、菲律宾、印度尼西亚、缅甸、新加坡、泰国和马来西亚于 1995 年加入 WTO，柬埔寨于 2004 年加入，越南于 2006 年加入，老挝于 2013 年加入。到 2013 年东盟所有成员都加入了 WTO，享受 WTO 成员的关税优惠政策，也为其农产品出口创造了有利条件。由于东盟国家的经济发展存在显著差异，不同的国家在加入 WTO 时所作出的优惠政策承诺也不一样。例如，农业发达的泰国大幅度削减了农产品的进口关税，但也保留了对 23 种农产品实行关税配额管理，分别是桂圆、椰肉、牛奶、奶油、土豆、洋葱、大蒜、椰子、咖啡、茶、干辣椒、玉米、大米、大豆、洋葱籽、豆油、豆饼、甘蔗、椰子油、棕榈油、速溶咖啡、土烟叶、原丝。另外，对动物饲料用玉米征收最惠国配额外进口附加费。泰国针对 WTO 成员的关税配额不适用于从东盟成员的进口。老挝作为不发达经济体，承诺约束现行关税税率，其所有进口商品的平均税率为 18.8%，其中农产品平均税率为 19.3%。

四、东盟成员与其他国家签订的贸易协定

除了多边贸易协定之外，东盟成员还与其他国家签订了一些双边贸易协定。例如，2019 年，印度尼西亚政府签订了十项国际贸易协定，分别是印度尼西亚—伊朗特惠贸易协定（PTA）、印度尼西亚—莫桑比克特惠贸易协定、印度尼西亚—土耳其区域全面经济伙伴关系协定（CEPA）、印度尼西亚—突尼斯特惠贸易协定、印度尼西亚—日本全面经济伙伴关系协定、印度尼西亚—欧盟全面经济伙伴关系协定、东盟—澳大利亚—新西兰自由贸易协定（FTA）以及东盟—印度自由贸易协定。这些协定降低了印度尼西亚农产品的进出口关税水平和产品质量标准要求，有利于各自的优势农产品出口（例如，棕榈油、橡胶、可可等）。

东盟不仅与中国和其他亚洲发展中国家合作密切，签订了多项贸易协定，也与美国、澳大利亚、新西兰、日本等发达国家签订了贸易协定，取消贸易关税和商业限制性条例。新加坡、泰国、马来西亚、文莱、印度尼西亚、菲律宾

和越南等东盟 7 国分别与日本单独达成 EPA 协议，规定在 5 年内实现 90.4％ 的税目零关税，其中日本将对东盟 91.9％ 的货物实行零关税。

五、其他贸易政策

除了与其他国家签订贸易协定，降低关税和非关税等贸易壁垒之外，东盟国家还在简化进出口程序、提供贸易信息等方面给予支持政策。例如，泰国为企业家提供一站式的信息咨询服务、推进建立农产品的东盟标准认证中心、在帮助进出口商利用自贸区关税优惠等方面做出努力。印度尼西亚为了减少贸易逆差，采取多项措施促进出口。一是要求印度尼西亚驻各国使领馆商务参赞和贸促机构代表担当印度尼西亚产品的市场推广者，设定出口达标任务，积极推动印度尼西亚的农业产品出口增长。二是积极开拓新兴市场。在巩固中国、日本、美国等传统市场的基础上，积极开拓经济增长较快的非传统市场，鼓励企业建立全球销售网络。同时，印度尼西亚还积极推行"国货"购买政策，提升消费和生产环节中的国内产品使用率，减少进口依赖，包括逐步减少粮食进口、牛羊进口等，鼓励国产纺织品、化工产品、木制品、纸制品、家具和金属制品等对进口商品的替代。

中国与东盟各国之间的贸易关系，体现在与东盟及各国签订的贸易协议中。除了与东盟签订的《中国与东盟全面经济合作框架协议》《货物贸易协议》《服务贸易协议》外，中国还与印度尼西亚、柬埔寨、老挝、缅甸、马来西亚、菲律宾、新加坡、泰国和越南签署了其他协议，发表联合声明，促进双方农业贸易发展，推动双边农业合作，积极展开农业科研、农业资源开发、农业产业园区建设等工作，为中国与东盟国家农业贸易奠定基础。

六、东盟各国的农产品贸易政策

缅甸的贸易政策都由缅甸商务部主管，其负责办理批准颁发进出口营业执照、签发进出口许可证、管理国内外展览会、办理边境贸易许可、研究缅甸对外经济贸易问题、制定和颁布各种法令法规等。商务部下设贸易司、边贸司和缅甸贸易促进组织，边贸司在各边境口岸设有边境贸易办公室负责办理边境贸易各种事务。缅甸私营企业从事对外贸易须向进出口贸易注册办公室申领进出口许可证，在国家政策许可范围内自由从事对外贸易活动。随着经济社会的发展，缅甸的贸易政策经历了一系列变革。

新加坡贸易工业部负责制定整体贸易政策。新加坡国际企业发展局（International Enterprise Singapore）是隶属于新加坡贸易工业部的法定机构，其前身是 1983 年成立的新加坡贸易发展局。它是新加坡对外贸易发展的主管部门。此外，在贸易政策制定和实施的过程中，还涉及财政部（下设海关、税务和金融局）和国家发展部。同时，贸工部与商业界保持着许多正式和非正式的联系，目的在于获得有关国内经济政策的影响、出口信息以及贸易政策的改进建议。新加坡国际企业发展局下设贸易促进部，并分设商务合作伙伴策划署和出口促进署，主要职责是宣传新加坡作为国际企业都会的形象以及提升以新加坡为基地公司的出口能力（表 3-7）。

表 3-7　东盟国家贸易政策相关的法律法规

国家	法律法规
文莱	《公共卫生（食品）法》《公共卫生（食品）规定》《海关法》《进口食品管理办法》
印度尼西亚	《贸易法》《海关法》《建立世界贸易组织法》《产业法》等，与贸易相关的其他法律还涉及《国库法》《禁止垄断行为法》《不正当贸易竞争法》等
柬埔寨	《进出口商品关税管理法》《关于实施货物装运前验货检查工作的管理条例》《加入世界贸易组织法》《关于风险管理的次法令》《关于成立海关与税收署风险管理办公室的规定》《有关商业公司从事贸易活动的法令》等
老挝	《投资促进管理法》《关税法》《进出口管理令》《进口关税统一与税率制度商品目录条例》
缅甸	《缅甸联邦贸易部关于进出口商必须遵守和了解的有关规定》《缅甸联邦关于边境贸易的规定》《缅甸联邦进出口贸易实施细则》《缅甸联邦进出口贸易修正法》《缅甸联邦进出口贸易法》《重要商品服务法》《竞争法》《竞争法实施细则》《消费者保护法》
马来西亚	《马来西亚海关法》《马来西亚海关进口管制条例》
菲律宾	《海关法》《出口发展法》《反倾销法》《反补贴法》《保障措施法》
新加坡	《海关法》《战略物资控制法》《进出口商品管理法》《进出口贸易规则法令》《自由贸易区法令》
泰国	《出口和进口商品法》《部分商品出口管理条例》《出口商品标准法》《反倾销和反补贴法》《海关法》《进口激增保障措施法》
越南	《贸易法》《民法》《投资法》《电子交易法》《海关法》《进出口税法》《知识产权法》《信息技术法》《反倾销法》《反补贴法》《企业法》《统计法》

资料来源：中华人民共和国商务部 http://www.mofcom.gov.cn/.

（一）市场准入

所谓市场准入（Market Access）是指一国允许外国商品、劳动力和资本参与国内市场的程度。《服务贸易总协定》第 16 条规定，一成员对其他成员的服务和服务提供者给予的待遇不得少于承诺义务时间表中确定的时限、限制和条件。市场准入包括对外放宽商品进入的关税和非关税壁垒的承诺。

在 2000 年以前，东盟国家经历了从贸易保护主义到贸易自由主义的过程，关税税率不断下降。越南面向开放市场的贸易改革于 1989 年开始，最初的改革包括放宽进出口配额、简化进出口货物的许可程序以及减少征收出口关税的商品名目。1991 年政府开始允许私营企业和国有企业与外国市场建立直接联系。1988 年 1 月 1 日首次引入进口关税。最初的关税仅涵盖 130 种商品类别，关税税率为 0~60%。在 1992 年，越南政府采用了关税协调制度（HS），并确定了普通关税率和优惠关税率。与越南签署双边贸易协定的国家或地区的进出口货物可以享受优惠税率，与其他国家的贸易往来则采用普通关税率，平均关税率为 50%。

东盟国家大多在加入 WTO 以及签订一系列贸易协定后，降低了贸易关税，放宽了关税壁垒。进入 2000 年以后，东盟各国的贸易政策（包括农业）继续沿着放松管制的方向发展，以响应 WTO、东盟经济共同体以及与澳大利亚、新西兰、中国和日本等国家签署的自由贸易协定（FTA）所做的各种承诺。其结果是：2010 年印度尼西亚农产品的最惠国平均关税为 5.3% 左右，大大低于相应的 47% 的约束税率，大米则将采用每千克 0.04 美元的特定关税税率。与大米类似，对糖也适用特定的关税，甘蔗原糖的关税税率为每千克 0.05 美元，甜菜原糖的关税税率为每千克 0.06 美元，分别相当于从价关税的 30% 和 35%（Sudaryanto，2014）。缅甸的进口税共 24 种税率，范围为 0~40%，其中农业适用的税率一般在 0.5%~3% 不等，而一般商品的出口无需缴税。新加坡是自由港，因此大多数商品在进出口时关税为零，只对极少数产品征收进口税，例如烟草、酒类、石油和汽车等，非应税货物为上述四大类商品之外的所有商品。农产品为非应税货物，应税货物和非应税货物进口到新加坡都要征收 7% 消费税，应税货物除征收消费税外，还需要征收国内货物税和关税。越南自 2007 年加入 WTO 后，农产品进口征收的简单平均关税从 2000 年代中期的 25% 左右降至 2017 年的 16.4%。除此之外，对来自于与越南签署自由贸易协定的国家或地区的进口商品征收的关税则要低得多。例如，从东盟成员国进口农产品的平均关税仅为 3.4％，从中国进口的农产品平均关税仅为 5.4％。越南于 2019 年 6 月 30 日与欧盟签订了欧盟—越南自由贸易协定（FTA）。越南同意在十年内逐步取消对欧盟农产品（食品）的关税，包括鸡肉、奶制品、牛肉、葡萄酒、烈酒、巧克力、意大利面、苹果、小麦和橄榄油。欧盟对原产于越南的农产品适用 1.1％的平均关税，对加工农产品适用 2.1％的平均关税。

除了关税税率上进行相应的改变，东盟国家在关税配额上采取一定的措施。菲律宾自 1995 年加入 WTO 以来，签订了一项有关大米进口限制的特殊待遇条款——《农业协定》第 5 条。该条款规定允许在粮食安全的基础上，将大米进口的数量限制维持到 2012 年。2012 年后，菲律宾又将新的大米特殊待遇延长至 2017 年，直到 2019 年 3 月，菲律宾用关税制度取代对大米进口的数量限制。2018 年 11 月 28 日，菲律宾将贸易政策从对大米的数量限制转向基于关税配额的制度。菲律宾从东盟国家进口的大米适用于统一的 35％的关税税率，进口无配额；来自其他国家的大米进口享受配额数量以内的 40％的优惠关税，配额数量以外的进口大米的关税为 180％（OECD，2019）。

非关税壁垒是指一个国家或地区为限制进口而采取的关税以外的所有措施。这些措施可以以国家法律、法令和各种行政措施的形式实施。非关税壁垒主要包括：

（1）进口禁令。2001 年 4 月，越南政府首次公布了 2001—2005 年五年期贸易政策路线图。自 2001 年 5 月 1 日起，大多数商品的进口数量限制被取消，只保留了部分商品的关税配额（OECD，2015）。在印度尼西亚，牛肉和某些园艺产品的进口受到限制进口许可证的管制，同时确定相应产品的进口配额。由于进口商的不满和执行过程中的繁琐，2013 年通过确定相应商品的门槛价格对政策进行了修改，如果市场价格低于阈值水平，将暂时停止进口。2017 年，柬埔寨农林渔业部宣布将采取新举措加强进口肉类和禽肉的管制，禁止从邻国进口低档肉类，以确保食物安全并维护公众健康。新加坡禁止进口的中国商品仅为 10 种，限制进口的商品为 5 种，并且实行以区域价值增值的 40％为基本准则的优惠原产地规则。

（2）进口许可。为了保护部分产品的国内生产，2003 年印度尼西亚政府规定多种农产品，如玉米、大米、大豆、固体蔗糖等进口需要经过特别进口许可（闫森，2004）。缅甸政府规定，具有特殊目的（例如作为种子）的大米进口，必须由持有进口许可证并获得农业部推荐的进口商来实施。2016年底，缅甸商务部又宣布，咖啡、茶叶等进口免于申请进口许可手续。新加坡早在1984年就成为了 WTO 前身关贸总协定《进口许可程序协议》的缔约国，它承诺将进口许可证数目保持在最低限度，并且不把数量限制作为进口许可证的一部分，因此对大多数进口商品没有配额限制，也不需要进口许可证。只有当出于公众健康、公共安全以及环境卫生方面的考虑时，才会对少数商品实行进口许可，而其他大多数商品均可自由输入。一般情况下，所有进口货物都要交纳消费税。如果进口货物是受管制的货物，必须向相关主管部门提交准证申请并获得批准。

（3）技术性贸易壁垒。新加坡采取较为严格的检验检疫标准，不同的检疫类型由不同的部门负责完成，负责进口食品、动植物检验检疫的部门是农粮兽医局（简称农粮局或 AVA），负责进口药品、化妆品等商品检验的部门是卫生科学局（HSA），农产品和食品的进口商必须向 AVA 申请执照，只有获得 AVA 进口执照的贸易商才能在新加坡从事农产品和食品进口业务（梅霞，2017）。2008年新加坡颁布《食品销售法令》，该法令不仅规定了食品的原产地要求、食品的注册等制度，还对食品的添加剂、农药的使用及其他污染物的定义、表现形式等做出了法律规定（马明欢，2015）。越南政府于2003年颁布《食品安全法规》，对进口食品的质量、规格都做出了详细的规定。2011年越南政府颁布《13/2011/TT - BNNPTNT 号文件实施细则》，该文件进一步明确了部分食品的进口标准；2012年政府制定了一些种植类作物的标准，该标准适用于芒果、菠萝等农产品（马明欢，2015）。

（4）出口限制。在印度尼西亚，棕榈油和可可出口须征收出口税。在新加坡，严格限制出口的商品数目极少，根据新的《进出口管理法》的规定，只有当出于安全或者卫生方面的要求时才会对部分商品的出口要求实行许可证，此外，对于某些农产品新加坡也会采取严格的出口限制和管理以期达到共同防治病虫害的目的。在缅甸，自2006年以来中缅边境地区出口的木材及矿产品需获得缅甸商务部、林业部木材公司出具的证明及中国驻缅使馆经商参赞处的证明。2013年初，柬埔寨政府明令禁止红木原木的贸易与流通，木材制品、橡胶、生皮或熟皮、鱼类（生鲜、冷冻或切片）及动物活体出口需交纳 10％的出口税。由于森林资源退化明显，出于对林木的保护，缅甸已于 2014 年 4 月 1 日起停止原木出口，木材必须经加工后方可出口。在缅甸的出口农产品中，大米的出口是由政府严格控制的。从 2017 年 10 月 9 日开始，缅甸政府重新批准活牛出口，标志着缅甸长达 15 年的活牛出口禁令被取消。

（5）自由港区政策。新加坡毗邻港口和机场共设立了 8 个"自贸区"（Free Trade Zone），为全世界的商品进出新加坡提供免税优惠和便捷的物流服务。这些"自贸区"分别由 3 家企业经营管理。其中，新加坡港务集团（PSA）负责管理位于 Brani 码头、Keppel 物流园、Pasir Panjang 码头、Sembawang 码头和 Tanjong Pagar 码头的 5 个"自贸区"；樟宜机场集团负责管理位于机场物流园和樟宜机场货物中心的 2 个"自贸区"；裕廊港公司负责管理位于裕廊港的 1 个"自贸区"。8 个"自贸区"的企业化运营，大大提高了"自贸区"的工作效率和服务水平。

（二）国内支持

国内支持是指政府通过各种国内政策给予农业发展和农民发展以扶持资助。国内支持在含义上非常宽泛，只要政府的支出是与农业、农民有关系的，都属于国内支持措施，包括对农产品的价格支持，对农业投入品的补贴，对农民的直接补贴，乃至政府用于农业科研的投入。为了促进出口，缅甸于 2014 年 4 月宣布废除出口许可证、取消罚金。缅甸商务部之前规定，产品出口要事先申请出口许可证，若此笔出口交易最终未达成或出口金额不足许可证申请金额，出口企业需要缴纳一笔出口许可证取消罚金，罚金约为不足差额的 5％。此笔费用的取消受到缅甸出口企业的欢迎。缅甸商务部于 2015 年 7 月宣布，鲜花、豆类、水果、咖啡豆、胡椒、玉米、药品、畜牧水产以及农村发展部允许出口的鱼类、服装、高价值水产品和传统食品的出口将无需再申请出口许可证。

（三）出口竞争

柬埔寨作为不发达国家，可以享受特定的贸易优惠政策。例如，它可以享受欧盟"除武器外全部免税"（EBA）和美国普惠制（GSP）等提供的优惠关税，符合条件的产品可以免除配额和关税进入欧盟和美国市场，这两种优惠大约占柬埔寨出口总额的 60％ 以上。柬埔寨出口到欧美市场的农产品要遵循原产地规则，原产地规则对当地含量的最低要求为 35％（符合条件的东盟成员，即柬埔寨、泰国、印度尼西亚和菲律宾，在原产地规则要求中视为同一国家）。在"除武器外全部免税"下，原产地规则要求出口产品至少有 40％ 的比例出自出口国。这些贸易优惠政策提高了柬埔寨农产品的贸易竞争力。

第四章 CHAPTER 4
东盟农产品价格 ▶▶▶

第一节 生产者价格

东盟大部分地区为热带季风和热带雨林气候，终年高温多雨，适合种植热带作物，盛产稻米、棕榈油、天然橡胶、甘蔗、椰子、香蕉、荔枝、龙眼等农产品。此外，东盟位于太平洋与印度洋的交汇处，洋流交汇产生大量水分，给予了该地区丰富的水资源，尤其是印度尼西亚、菲律宾、泰国和越南的鱼类资源种类较多，泰国冻虾、印度尼西亚金枪鱼产量居世界前列。

尽管农业资源丰富，但是东盟国家面临农产品价格波动的风险，影响到收入的稳定增长。根据联合国粮农组织的数据显示，近年来东盟各类农产品的价格持续变动，呈现下降趋势。

回顾过去50年里世界农产品价格变动的趋势，可以发现农产品价格呈现较大波动。从20世纪60年代开始，国际市场上农产品的名义价格不断上升，70年代第四次中东战争带来的石油危机更是使农产品价格出现猛涨，80年代农产品价格有所回落，但趋势仍然不断上升。2007年以来，随着世界生物能源的发展，农产品价格又开始了新一轮暴涨，2011年名义价格指数为229.9，达到巅峰。不过，整体而言，农产品价格并未有太大的增长趋势。例如，2017年10月的国际农产品价格指数为149.5，相当于1973年的水平。农业生产率的提高在一定程度上抑制了价格上涨趋势。

一、作物价格变化

（一）稻米价格

东盟是全世界谷物种植的重要地区，尤其是水稻种植。根据联合国粮农组织数据显示，近年来，柬埔寨、老挝、马来西亚、泰国、菲律宾、越南的稻米价格稳中有升，总体较为稳定。以越南为例，越南的大米市场价格曾出现过四次较大幅度的降价，但是并未阻碍越南的稻米扩大生产。根据越南农业与农村发展部提供的资料，2020 年上半年，越南的大米出口量达近 350 万吨，创汇 17.1 亿美元，大米平均出口价格为 485 美元/吨，同比增长 13%。越南的稻米价格保持稳定的一个原因就是越南政府采取了有效的市场调控手段。一是专储的吞吐调节；二是利息补贴行为；三是加强进出口限额管理；四是关税调节。

缅甸作为水稻生产大国，水稻价格一直居高不下，年平均增幅达到 32.14%。2015—2016 财年，缅甸政府宣布逐步取消自 2015 年 8 月 7 日实施的稻米出口禁令，此前实施出口禁令的原因是发生大面积严重洪涝，导致 2015 年主季的水稻作物收成减少，从而引发了对国内供应可能出现短缺的担忧，导致价格大涨。此后，在 2016 年 11 月，丰收在望且对中国（缅甸稻米的主要买家）的出口放缓，使得稻米价格下滑。鉴于此，政府对稻米价格给予支持，成立了专门的工作组开展国家稻谷收购工作，并鼓励稻米出口。同时，缅甸稻米联合会（MRF）首次为稻米实行了最低基本价格支持政策（不含优质品种），该措施的目的是支持国内价格保护农民。

联合国粮农组织的统计数据显示，印度尼西亚的稻米价格较之东盟其他国家而言，其波动性较为明显（2010—2017 年）。根据印度尼西亚国家统计局公布的数据，2017 年 12 月，印度尼西亚国内市场大米的平均价格比 11 月上涨了 2.26%，达到每千克 9 526 卢比（约 4.7 元人民币）；优质大米的价格同比上涨了 3.37%，达到每千克 9 860 卢比（约 4.9 元人民币），市场上稻谷的价格高于官方对大米的最高限价。影响印度尼西亚大米价格波动的主要原因是国内产量不稳定和国际市场上粮价波动。为平抑稻米价格，印度尼西亚政府实施了大米价格稳定计划，国家粮食后勤署规定稻米销售的最低价格和最高价格。当大米市价低于最低价时，政府按底价收购，以免粮价进一步下跌，损害稻农利益；若市价高于最高价格时，政府抛售库存以避免米价上扬，影响人民生活。最低价格和最高价格是根据生产和市场的情况而定，既要照顾到稻农的收入，也要顾及消费者的利益。此后，稻米价格逐渐平稳（图 4 - 1）。

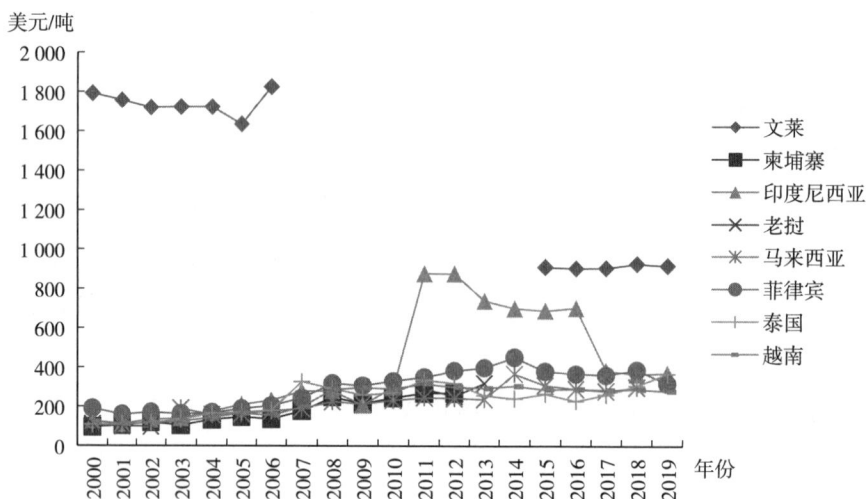

图 4-1 2000—2019 年稻米生产者价格

资料来源：联合国粮农组织数据库。

（二）棕榈油价格

除了水稻，油棕果在东盟农产品中也具有举足轻重的地位，东盟在棕榈种植方面位居世界前列。其中，印度尼西亚的棕榈树种植面积位居全球第一。近40 年来，国际棕榈油价格波动比较大，与大豆油等植物油的价格走势相近。价格波动主要是受供求关系的影响，新能源的应用对棕榈油价格造成了很大的冲击。1980 年以来，尽管全球棕榈油产量大幅提高，但整体仍处于一种平稳增长的态势。与植物油产量变化不同的是，棕榈油价格在过去的 40 年里波动剧烈，究其原因是供需平衡不断地被打破和重构。20 世纪 80 年代中期，棕榈油价格出现一次较大的波动，究其原因是短期内供小于求，导致价格上升。随着产能的进一步释放，由原先的供小于求转变成供大于求，供需平衡状态再一次被重构，此时价格大幅下降且持续保持低迷。到了 21 世纪初期，由于生物能源的兴起，原有的供需平衡再一次被打破，市场对棕榈油的需求出现结构性的跃迁，完成从农业需求到工农双重需求的转变，此时由于市场的短缺导致棕榈油价格大幅升高。但随着产能的进一步扩张，棕榈油市场需求趋于饱和，此时价格再次跌回 20 世纪 80 年代的价格水平。未来棕榈油产出会进一步增加，在排除需求发生结构性变化的情况下，棕榈油价格长期无上涨动力，预计将会持续保持低迷。

从具体国家来看，马来西亚的毛棕榈油期货市场的最低价格出现在 1986

年，当时全球油籽丰产，尤其是美国大豆丰收，导致了包括豆油在内的所有植物油价格受到压制，棕榈油价格出现阶段性低点。随着全球出现了几次恶劣的气候，包括厄尔尼诺和拉尼娜等现象，影响了全球植物油产量，棕榈油出现了几次规模较大的上涨行情，包括 1988 年、1994 年的上涨，价格从 198 美元/吨上涨到 346～396 美元/吨。在 1999 年，由于持续遭遇灾害天气，油籽减产，植物油供应紧张，而需求却出现了空前的增长，产量的扩张难以跟随需求的增长，导致棕榈油价格达到历史性高点 643 美元/吨，至 2007 年 4 月末，马来西亚大马交易所棕榈油价格在 544 美元/吨左右（图 4-2）。

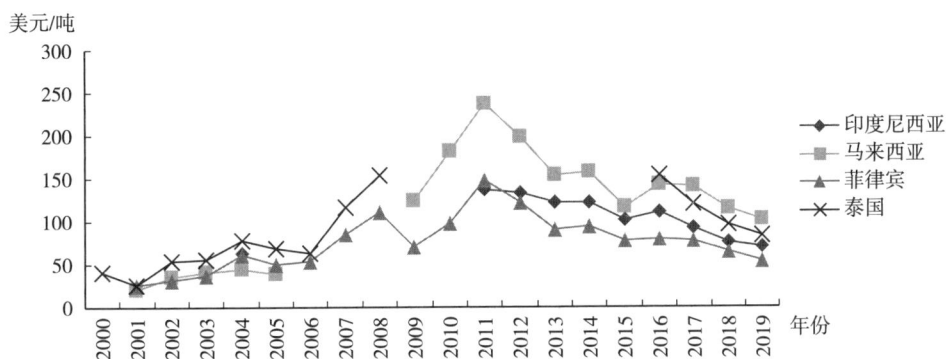

图 4-2　2000—2019 年油棕果生产者价格

资料来源：联合国粮农组织数据库。

（三）天然橡胶价格

天然橡胶是全球大宗商品，也是重要的化工原料。东盟是世界上著名的天然橡胶生产地，印度尼西亚、泰国、马来西亚是天然橡胶的重要生产地，天然橡胶价格也是在不断波动当中。从主要国家来看，近年来印度尼西亚的天然橡胶价格变动较为平缓，而马来西亚和泰国的天然橡胶价格波动则较为剧烈。整体而言，三国的价格波动趋势一致。2008 年，由于全球经济下滑，天然橡胶价格骤跌，而其后的经济恢复，在 2009—2011 年 2 月，价格迅速攀升，增长幅度高达 45%。此后天然橡胶的价格进入漫长的下跌态势。2013 年，由于美元持续上涨、国际油价下跌、产能不断扩张等因素的影响，以及下游用胶产业的需求不振，形成了供过于求的局面，造成了天然橡胶价格大幅度下滑。

根据中国物流信息中心提供的市场监测数据显示，2013 年全年以美元计价的泰国标准胶由年初的 3 100 美元下滑到年底的 2 200 美元左右，降幅达 29.03％，波动幅度十分巨大。2014 年泰国橡胶出口价格降低 30％，创 5 年新低，此后一直持续降价态势，其主要原因在于主要橡胶生产国供应过剩，且全球经济疲软令汽车行业需求下降，从而殃及橡胶生产商。此外，橡胶价格下降的原因还在于过去十年来柬埔寨、老挝、缅甸和越南橡胶园的增长，抢占市场资源。近年来，由于胶价长期低迷，胶农生产积极性低下，橡胶供应也持续下降，随之带来的过剩产能出清可能会对橡胶产业的未来有所改观，政府也将进行计划收购进一步稳定天然橡胶价格（图 4 - 3）。

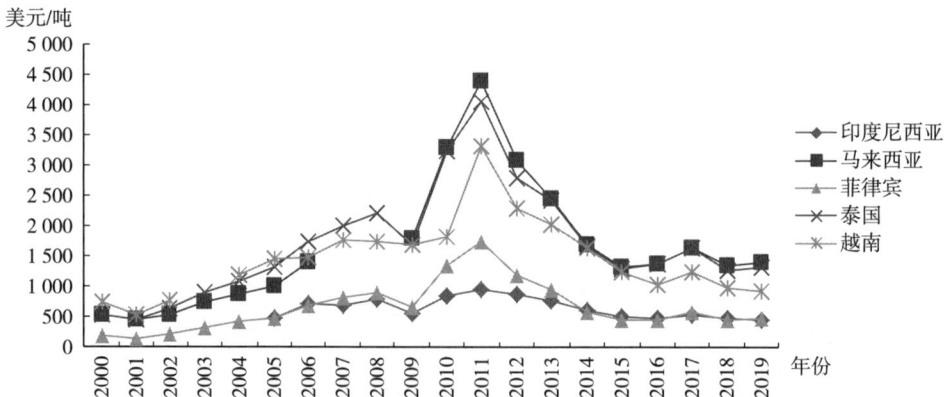

图 4 - 3　2000—2019 年天然橡胶生产者价格

资料来源：联合国粮农组织数据库。

（四）木薯价格

　　木薯是全球第六大主粮，在热带地区是第三大主粮作物。在全球木薯产业中，东盟十国的木薯产值大约占到 80％。总体来看，除文莱外，主要东盟国家的木薯价格变动较为平缓，2010 年以后木薯价格有一定的上涨趋势。

　　柬埔寨木薯价格较之于其他国家略高，其主要原因在于柬埔寨种植木薯的农民面临较高生产成本。首先，柬埔寨的农业生产仍是以劳动密集为主的生产方式，劳动力成本的提升提高了生产成本。柬埔寨木薯种植技术过时，传统的木薯品种和耕作方式仍然被许多农民使用。一些高产品种的应用和新技术推广缓慢。其次，木薯加工程度较低，附加值少。由于缺乏加工工业，柬埔寨木薯产品的附加值较低，大部分柬埔寨木薯出口到越南和泰国后，都会进一步加工。再次，由于近年来较高的通货膨胀率，化肥价格的上涨也很迅猛，土地租赁价格变得更加昂贵。为了支付更高的产品成本，许多种植木薯的农民求助于贷款，且柬埔寨农民通常向私人放贷者借贷，这些贷款利率非常高。尽管柬埔寨小额贷款机构已经在农业贷款领域扮演了重要角色，但是面向农村的小额贷款利息一直居高不下。最后，市场信息不足，使得农业生产被动，农民作为价格接受者，不可能参与产品的定价。这些因素都使柬埔寨木薯生产面临很多困境，产品价格波动较大。

相比较而言，泰国绝大部分地区属于热带季风气候地区，适合木薯的生长，再加上木薯的产量较高，能够满足世界范围内对木薯的需求。虽然泰国大约90%的木薯种植户也是负债经营，与柬埔寨的农户相似，然而他们借贷的主要对象是国有农业合作银行，贷款利率相比柬埔寨农民而言低很多，因此具有一定的优势。再加上泰国的木薯以及木薯制品种类众多、品质好，在对外贸易市场上占据较大的竞争优势。近年来，泰国木薯的生产者价格有一定波动，在2011年有明显的上升，这和木薯的生产总量以及质量不稳定有关。天气以及虫害的影响导致木薯的产品质量不稳定，进而影响到木薯及相关产品的价格。虽然生产者价格的波动影响出口价格，但相比较其他木薯出口国家而言，泰国木薯的生产者价格相当于其他国家的生产者价格的三分之一，具有明显的价格优势。总体而言，泰国木薯价格波动较为平稳，2019年木薯价格达到69.69美元/吨，较2000年增加了54美元/吨（图4-4）。

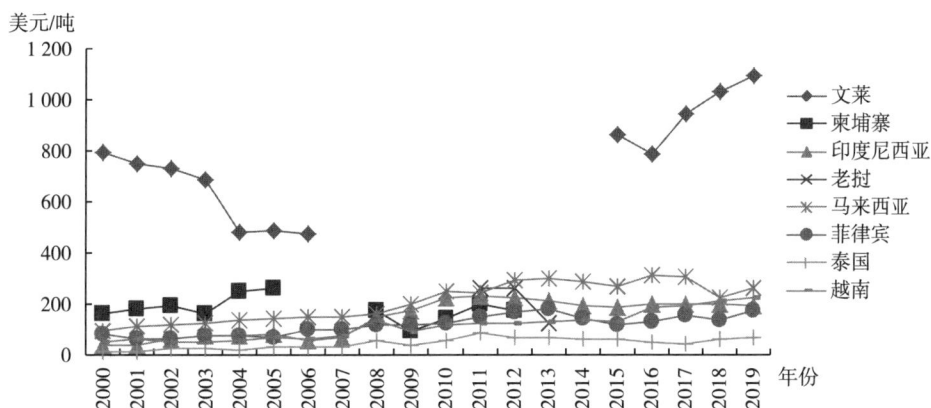

图4-4　2000—2019年木薯生产者价格

资料来源：联合国粮农组织数据库。

（五）咖啡价格

东盟国家的地理环境决定了它们是种植咖啡树的绝佳之地。从18世纪起，东盟国家就开始规模化发展咖啡种植。其中，越南与印度尼西亚是传统的咖啡生产大国。从东盟的咖啡价格波动来看，咖啡价格总体表现出上升趋势，从2004年起咖啡价格开始上升加快，各国的价格变动趋势一致。

以泰国为例，咖啡价格快速上升的原因与生产成本的增加、生产效率提升滞缓有关。近十年来，泰国在咖啡种植和生产模式方面并未得到根本改变，种植户仍然缺乏改进咖啡种植的技术。老化的咖啡树大量存在，种植户也无动力对种植园进行更新改造；另一方面，劳动力不足，劳动力成本持续增加。2011—2014年，泰国的咖啡每莱①面积的生产成本从2011年的5 960.04泰铢增加到2014年的6 928.96泰铢。成本增加的原因很多，一方面是因为劳务费、肥料费和农药费等可变成本的增加；另一方面是咖啡的生产经营状态不合理等。尽管2015年泰国的咖啡单位生产成本有所下降，但是整体而言，咖啡种植的成本不断提升，带动了产品价格的上升（图4-5）。

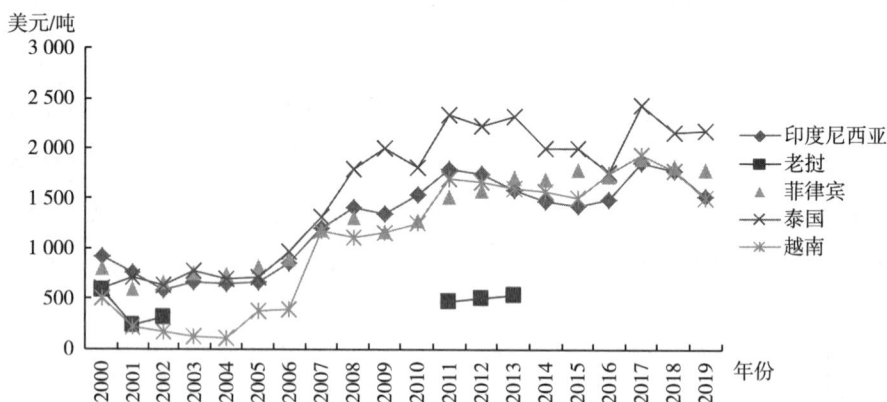

图4-5　2000—2019年绿色咖啡生产者价格

资料来源：联合国粮农组织数据库。

（六）水果价格

东盟是世界上最主要的热带水果产地和销售市场之一。东盟地区劳动力资源充足，生物物种资源丰富，自然气候及地理条件多样，这些得天独厚的条件，使水果生产表现出较强的比较优势。东盟各国有"热带水果之乡"的美誉，菲律宾、越南、泰国、马来西亚、印度尼西亚四季均可生产种类繁多的热带水果，它们既是世界上大宗热带水果（例如香蕉、菠萝、芒果、木瓜、腰果等）的重要产地，还出产许多本地特有的珍稀热带水果品种，例如榴莲、山竹

---

① 　1莱＝1 600平方米＝2.4亩，下同。

果、龙眼、红毛丹等。

近些年来，东盟国家主要水果的生产者价格总体呈现上升的趋势。从泰国来看，泰国的水果价格上升的原因有多个方面。首要是出口需求的大幅增加，泰国的水果出口到中国等，出口增长拉动了价格上升。其次，近年来泰国面临干旱等不利影响，北部和东北部的农业区所面临的干旱影响风险较大，对旱季稻和甘蔗的生产造成影响，同样造成水果价格的不稳定。统计资料显示，泰国水果的生产者价格增幅在所有商品中较大，平均上升到 209.8%。其中，香蕉的 PPI（生产者价格指数）最高，为 280.7%，除木瓜 PPI 为 99.3% 外，其余水果的 PPI 均超过 100%（图 4-6）。

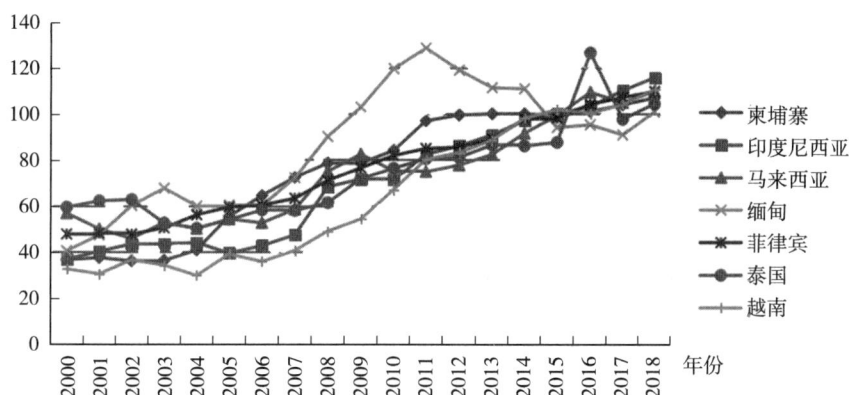

图 4-6　2000—2018 年主要水果生产者价格指数

资料来源：联合国粮农组织数据库。

香蕉在东盟的水果产品结构中一度占据重要地位。香蕉的价格变动趋势与主要水果的总体价格变动趋势保持一致，呈持续增长的态势。出口增长是提升香蕉产品价格的主要因素。以越南为例，越南的香蕉树种植面积占越南总果树面积的 19%，香蕉年产量为 140 万吨，主要出口到日本、英国、俄罗斯、乌克兰、中国、新加坡和韩国。香蕉价格的变动受到气候、生产资料投入、运输等多种因素的影响，价格较为不稳定。此外，由于劳动力成本的上升以及工人对工作环境的需求使得种植成本持续加大，许多果园意向改种经济价值更高的水果树，导致香蕉供应不足，价格上涨。预计未来全球香蕉需求量将持续增长，为保证香蕉产业的可持续发展以及香蕉价格的稳定，就必须确保有足够的香蕉园面积，并积极改善工人的生活条件（图 4-7）。

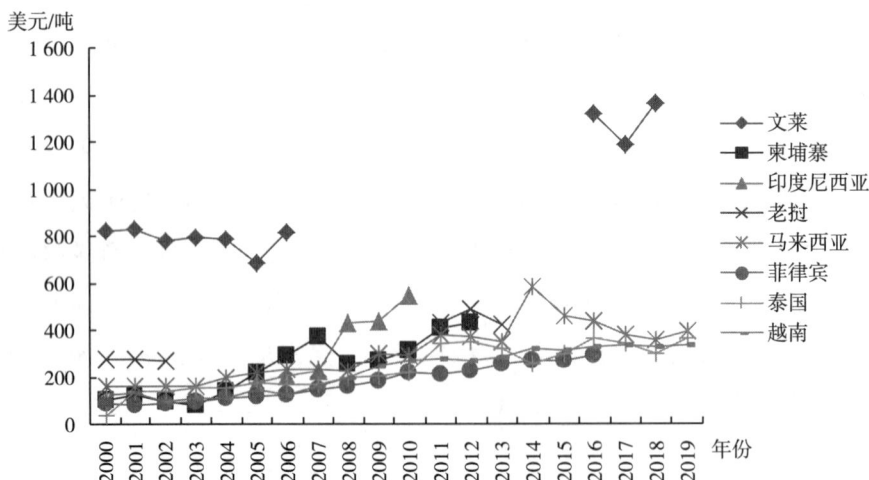

图 4-7 2000—2019 年香蕉生产者价格

资料来源：联合国粮农组织数据库。

二、肉类价格变化

畜牧业发展对东盟各国而言其重要性不言而喻，随着人口的增加和城市化的发展，东盟国家的饮食结构也变得多元化，对肉类的需求逐渐增多。东盟各国肉类总体价格呈现上升趋势，以菲律宾的畜禽产品价格变动为例，2018 年畜禽产品的 PPI（生产者价格指数）分别增长了 167.9％和 138.6％，均高于 100％。就畜牧业而言，山羊的 PPI 最高，为 198.2％，而牛的最低，为 161.5％；家禽产品中，鸭肉为 198.5％，鸡肉的 PPI 最低，为 128.1％。此外，从图 4-8 可以看出，文莱和新加坡的肉类价格在东盟十国中较高，经济发展水平和人民生活水平较高是决定其价格水平较高的主要原因。

从肉类品种来看，猪肉、牛肉和鸡肉是肉类的主要来源，因此分析这三类肉类的价格变化是十分必要的。从猪肉价格变化来看，在 2000—2012 年间，猪肉价格保持上涨的趋势，从 2013 年开始猪肉价格有所下降，此后又有上扬趋势。猪肉价格总体上升与市场供需不平衡有关。一是生猪供给缺乏。近年来，非洲猪瘟等疫病的发生极大减少了生猪供给量，对生猪养殖行业带来巨大冲击。猪肉供给增加或产能恢复不能在短时间内实现，它受制于猪的特定生长周期，一般后备母猪发育成为能繁母猪，大约需要 4 个月；能繁母猪从怀孕到产出仔猪，也需要 4 个月；15 千克仔猪长成 115 千克的出栏猪，还需要 4 个

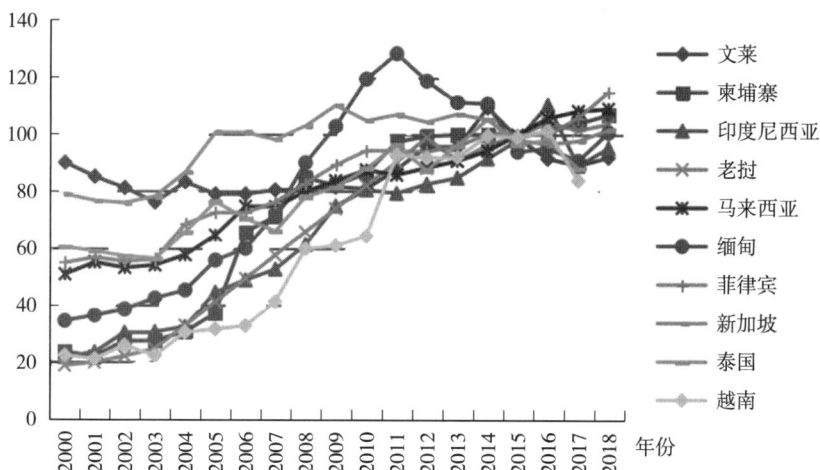

图 4 - 8　2000—2019 年肉类总生产者价格指数

资料来源：联合国粮农组织数据库。

月。因此供给缺口的弥补需要以年为单位。二是猪肉可替代性相对较小。国产猪肉的替代品包括其他畜禽肉、境外进口猪肉两大类。在猪肉价格上涨过程中，其他也有一定幅度上涨，但涨幅远小于猪肉，部分发挥了替代效应，但由于传统消费习惯原因，替代效应不强（图 4 - 9）。

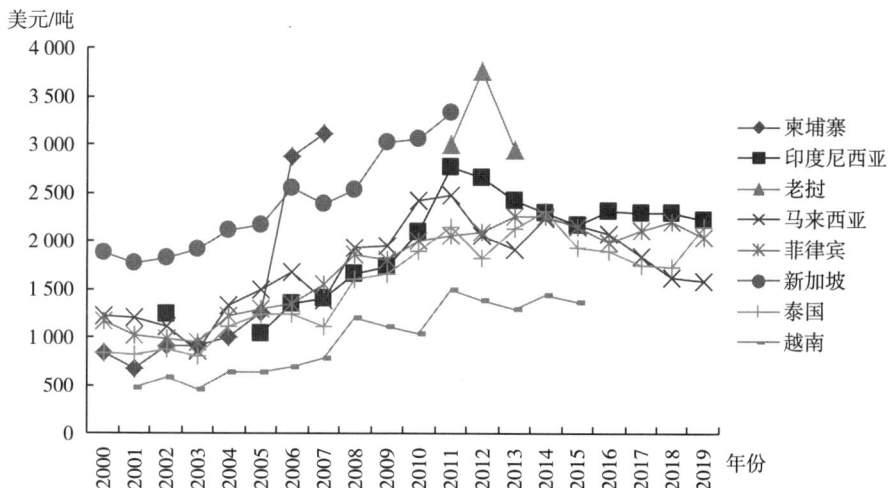

图 4 - 9　2000—2019 年猪肉生产者价格

资料来源：联合国粮农组织数据库。

相较于猪肉价格，牛肉价格保持了一个较为稳定的增长趋势。肉类价格的变动具有一定相关性，猪肉价格上涨产生替代效应，也是推升牛肉价格上涨的原因之一。其次，牛肉价格连涨也受到供应趋紧、需求增多、养殖成本居高不下等因素共同推动。同时，随着经济社会的发展，消费升级步伐加速，也推动了牛肉价格的上涨（图4-10）。

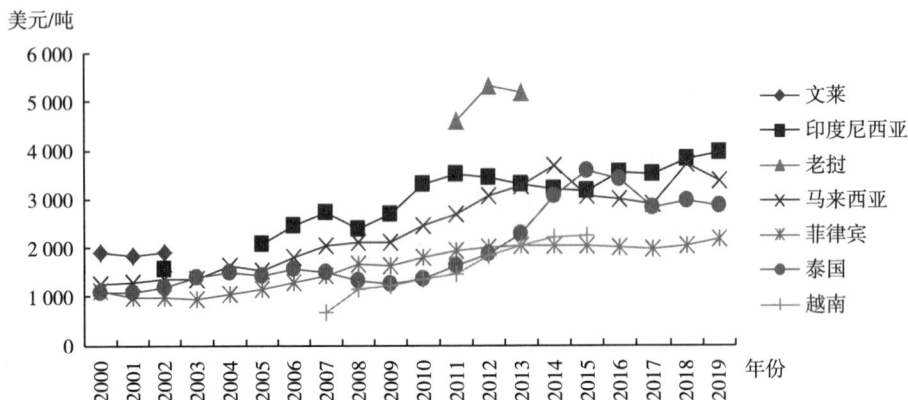

图4-10　2000—2019年活体黄牛肉生产者价格

资料来源：联合国粮农组织数据库。

从鸡肉价格变化来看，总体而言，鸡肉价格在2012年到达顶峰后有所下降。供应充足是价格下跌的主要原因之一，和养猪不同，养鸡的周期更短，只有40～45天。因此，在猪肉供应不足的情况下，肉鸡产能扩张较快，能保持高位，较好地适应市场需求的变化（图4-11）。

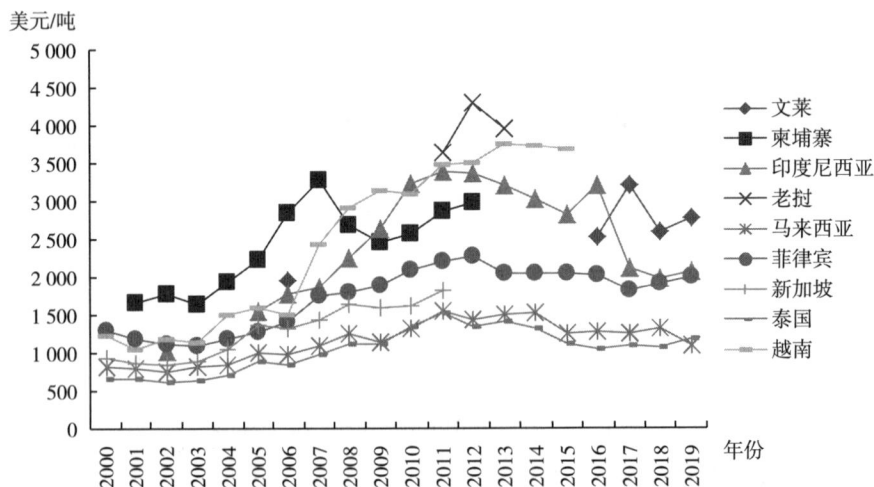

图4-11　2000—2019年活体鸡肉生产者价格

资料来源：联合国粮农组织数据库。

第二节 出口商品价格

出口价格是指在正常贸易中一国向另一国出口的某一产品的价格，即出口经营者将产品出售给进口经营者的价格。东盟各国的农产品出口贸易价格根据当年该农产品对外出口的总额除以出口总量计算得出。由于 UN Comtrade 数据库中农产品个别年份的出口总量数据缺失，故而某些国家缺少个别年份的出口贸易价格。世界出口贸易价格根据该年份该农产品所有国家对外出口的总额除以出口总量计算得出。

大米、咖啡、木薯、水果、天然橡胶和棕榈油是东盟国家的主要出口农产品。从图 4-12 可以看出，2010—2019 年间，文莱、印度尼西亚和菲律宾的大米出口贸易价格波动较大，其他国家的大米出口价格与世界平均水平接近。首先，文莱、印度尼西亚和菲律宾是大米净进口国，作为净需求方，受到人口增长、国内生产波动等因素的影响，它的大米贸易价格的波动性更大。其次，从供给方而言，泰国、越南、柬埔寨、缅甸等是近年来的大米净出口国，并且出口总量占到了世界贸易量的相当份额，它们的出口贸易价格也在一定程度上代表了世界大米贸易价格。2017 年以来，世界大米贸易价格有所上升，这与人口增长带来的需求增长以及生产成本的提升有一定关系。

美元/千克

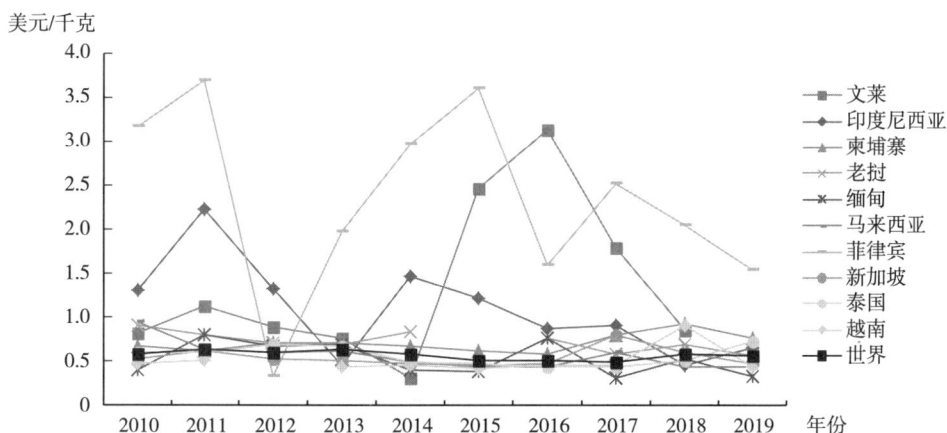

图 4-12 2010—2019 年东盟及世界大米出口贸易价格

资料来源：UN Comtrade 数据库。

注：由于个别年份贸易量数据的缺失导致该年份个别国家出口贸易价格无法计算。

在咖啡出口贸易中，菲律宾、泰国的咖啡出口价格高于世界平均水平，印

度尼西亚、缅甸、马来西亚和越南的咖啡出口价格总体低于世界平均价格
（图4-13）。

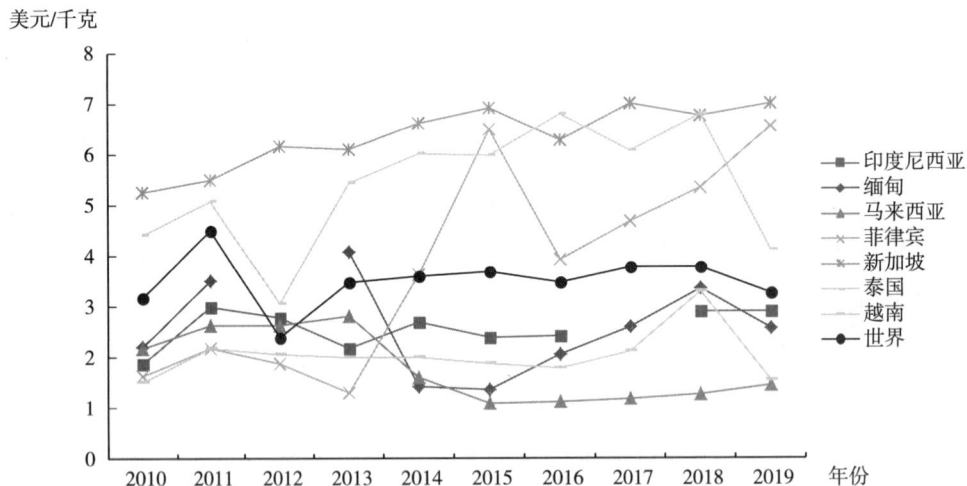

图 4-13　2010—2019 年东盟及世界咖啡出口贸易价格

资料来源：UN Comtrade 数据库。

注：由于个别年份贸易量数据的缺失导致该年份个别国家出口贸易价格无法计算。

　　整体来看，木薯的出口价格保持一个稳定态势（除新加坡以外）。2018
年、2019 年，木薯的出口价格有所上升（图4-14）。

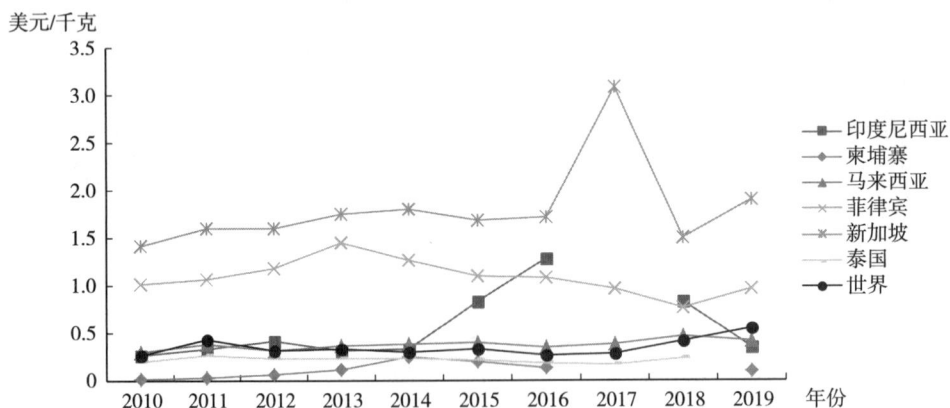

图 4-14　2010—2019 年东盟及世界木薯出口贸易价格

资料来源：UN Comtrade 数据库。

注：由于个别年份贸易量数据的缺失导致该年份个别国家出口贸易价格无法计算。

　　从水果产品的世界平均价格变化趋势来看，它呈现一定的上升趋势。在东
盟国家中，泰国等的水果出口价格在 2015 年以后有一个增长过程。2019 年，

柬埔寨和老挝的水果出口价格明显下降，缅甸的水果出口价格呈明显波动，不过，这三个国家并不是东盟中的水果主要出口国（图4-15）。

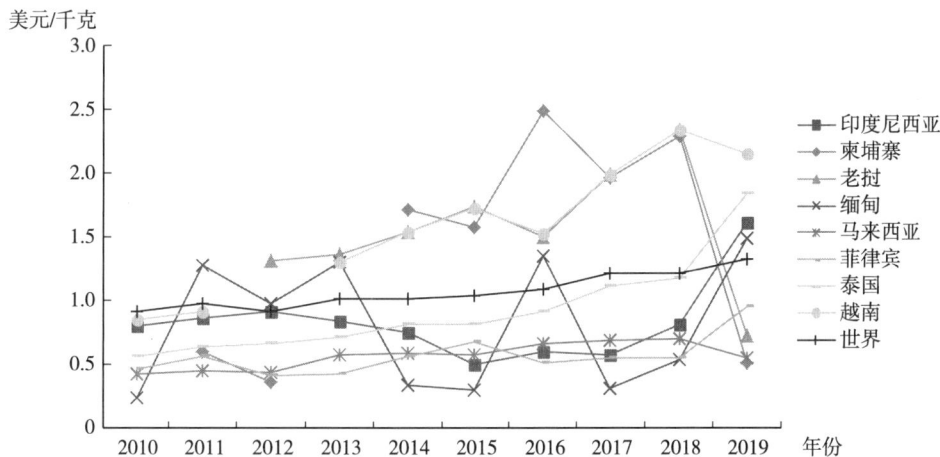

图4-15 2010—2019年东盟及世界水果出口贸易价格

资料来源：UN Comtrade数据库。

注：由于个别年份贸易量数据的缺失导致该年份个别国家出口贸易价格无法计算。

自2011年以来，天然橡胶和棕榈油的出口价格持续走低。东盟国家，特别是印度尼西亚、马来西亚、泰国等是全球的天然橡胶和棕榈油的生产大国和出口大国，它们的出口贸易价格也代表了世界的出口贸易价格。天然橡胶和棕榈油的出口价格下降与近年来的世界经济不景气有关，需求下降，拉低了大宗产品的价格。不过，由于世界越来越多的国家对新能源的重视，棕榈油的出口

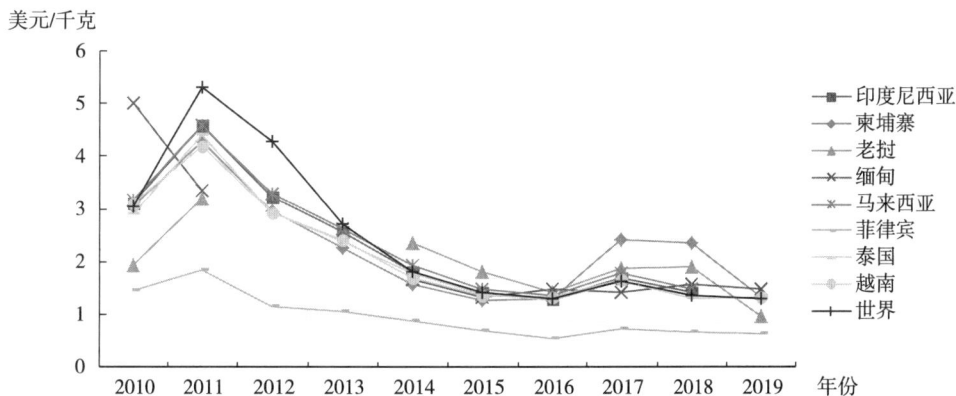

图4-16 2010—2019年东盟及世界天然橡胶出口贸易价格

资料来源：UN Comtrade数据库。

注：由于个别年份贸易量数据的缺失导致该年份个别国家出口贸易价格无法计算。

贸易价格会有一定的反弹趋势。例如，2021 年 5 月，马来西亚棕榈油局（MPOB）公布的资料显示，马来西亚棕榈原油价格高企，刷新历史纪录，达到每吨 4 502 林吉特（约合人民币 7 200 元），这表明市场需求和消费增长强劲（图 4 - 16、图 4 - 17）。

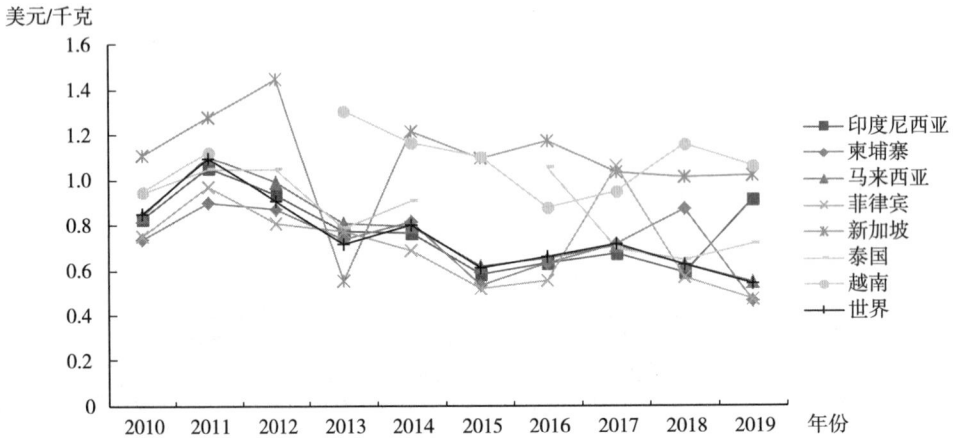

图 4 - 17　2010—2019 年东盟及世界棕榈油出口贸易价格

资料来源：UN Comtrade 数据库。

注：由于个别年份贸易量数据的缺失导致该年份个别国家出口贸易价格无法计算。

东盟农业经济发展历程及其管理 ▶▶▶

一、东盟的农业经济发展历程总述

在东盟国家中，除了泰国之外，其他国家均受到过西方殖民者的长期统治，殖民者把东盟国家塑造为原材料和廉价劳动力的供应地，东盟国家的经济结构也变得相对单一。例如，荷兰殖民者在印度尼西亚实施"强制栽培制度"，规定当地农民只能种植咖啡、甘蔗及香料等经济作物；英国殖民者在马来西亚建立有橡胶园，并开发锡矿；法国殖民者在越南等地建立许多的橡胶种植园。

第二次世界大战结束之后，东盟国家先后独立，并采取了经济多元化的发展战略，其产业结构发生了很大变化。文莱在1984年独立，重点开发石油和天然气。新加坡于1965年独立，由于土地等自然资源缺乏，重点发展工业和服务业，建立裕廊工业区，并在加冷、大巴窑等地建立轻工业基地，吸引外资带动经济发展。印度尼西亚于1945年独立，并实施五年建设计划，其经济在1965—1980年获得了平均7%的增长率。马来西亚于1957年独立，先后颁布《先驱工业法令》(1958)、《新兴工业法案》(1965)鼓励工业发展，在1981—2003年间经历了快速的经济增长，由原先以农业为基础的经济，转变为以工业为主的经济。菲律宾于1946年独立，实施了进口替代发展战略，在1950—1961年间的经济增长率达到6.6%，1962—1972年间的经济增长率达到5.1%，一度成为亚洲第二大经济体。缅甸于1948年独立，1962—1988年实行计划经济，稻米、柚木和石油成为缅甸的重要出口产品。老挝于1945年独立，但长期陷入内战，直到 1975 年才废除君主制，在经济上采取了农林业、工业和服务业相结合，优先发展农林业的道路。柬埔寨于 1953 年独立，1970 年开始陷入战争，直到 1993 年，此后实行自由市场经济，制农业成为柬埔寨的支柱产业。越南于 1945 年独立，其后也是经历长期战争，直到 20 世纪 80 年代开始集中力量发展经济。泰国于 1963 年开始实施五年发展计划，并一直实行开放经济政策，政府大力发展工业，并于 20 世纪 80 年代积极调整工业结构，引进技术密集型和附加值高的中轻型工业，促进了泰国的工业发展。

尽管东盟国家一直希望实现工业化发展，但是先天的自然资源优势，也使得其认识到农业经济发展的潜力和优势，制定了多项发展措施和计划来促进农业经济发展。不过，一些国家采取的国家垄断经营或计划经济模式限制了农民及私营企业的经营积极性；还有些国家对贸易、外资进入进行了严格管制，限制了合作与市场发展，农业反而走向衰落。

在 20 世纪 90 年代以后，东盟国家开始政策调整与市场化改革，加大对特色农业领域的发展支持，加大农业基础设施投入，更加重视经济开放对农业发展的带动作用，积极走外向型农业发展道路。它们不仅出台大量政策支持优势农产品出口，也注重区域间和区域内合作。2002—2014 年，东盟国家成立东盟自由贸易区，为实现区域内贸易零关税做出努力。2002 年 1 月 1 日，东盟自由贸易区正式启动，东盟国家间的农产品关税逐步降至 0～5%，推动了东盟国家间农产品贸易的快速增长，进一步带动了东盟农业发展。在此期间，东盟各国开始进行农业结构转型升级，向现代化农业转变。印度尼西亚采取农渔业多元化经营，农业结构向多元化经营的大农业体制转变。柬埔寨实施"四角战略"，使得农业一改过去的粗放型经营转向专业化、规模化、多元化、集约化生产。老挝制定了自然经济向市场经济转变的改革方针，逐步消除农业对自然的依靠，提高农业机械化水平和技术含量。缅甸的政治体制改革推动了经济体制改革，从而带动了农业进一步发展，为向工业化国家转变奠定基础。泰国的农业经过一段时间的发展已逐渐成熟，开始发展有机农业。越南在加入世贸组织（WTO）之后，农产品贸易激增，有力地推动了农业发展。

2015 年至今，东盟各国经济在经历了全球金融危机后逐渐复苏，增速趋于平缓。2015 年底，东盟正式建成东盟共同体，由东盟主导的区域全面经济伙伴关系协定（RCEP）谈判也同时完成。这标志着东盟将迈进共同体时代，以东盟为主导的东亚区域经济整合将揭开新篇章，这也为各国农业、农产品贸易、农业合作发展奠定了良好的基础。在这一阶段，各国进一步推动农业结构转型升级。印度尼西亚、柬埔寨大力推行农业机械化发展，为实现现代化农业做出努力；老挝、缅甸开展国家经济整体改革，向市场经济发展，推动农产品对外出口；马来西亚、菲律宾、泰国在良好的农业基础上，改进农业政策，加强基础设施建设投入，推进农业产业工业化发展，促进有机农业发展。各国农业结构的调整改革使得东盟农业总体发展态势良好，农产品国际市场竞争力大幅提升，国际知名度上升（表5-1）。

表5-1　东盟各国农业经济的发展阶段

国家	时间	农业经济发展阶段
文莱	1970年以前	农业生产落后，土壤贫瘠
	1970—2000年	石油生产冲击农业，劳动力放弃农业
	2000年至今	重视发展现代农业
印度尼西亚	1970年以前	农业生产率水平低，基础设施薄弱，食物进口依赖较大
	1970—2000年	自给为主的小农经济，逐渐实现水稻自给
	2000年至今	开始重视农业多元化经营，粮食生产与经济作物发展逐渐趋向平衡，农业结构由单一粮食种植制走向多元化经营的大农业体制。由传统农业进一步向集成型农业发展，大力推行农业机械化，推动着农林渔业的工业化
柬埔寨	1970年以前	国家独立，农业发展起步
	1970—1993年	战乱，经济遭到破坏
	1993—2004年	实行自由市场经济体制，推动经济私有化和贸易自由化
	2004年至今	加入世界贸易组织（WTO），农业和农产品贸易得到较大发展，年均增长率5%
老挝	1975年以前	长期战争，粮食不能自给
	1975—1986年	社会主义计划经济，实行农业合作化
	1986—2000年	调整经济结构，农林业、工业和服务业相结合，优先发展农林业，注重吸引外资来发展本国农业和实现现代化农业的市场化目标
	2000年至今	政府制定"五五"计划，明确提出了农村开发要综合计划、重点实施，从自然经济向商业或市场经济转变的指导方针，2009年实施"资源变资金战略"
缅甸	1962年以前	战后恢复期，农业发展缓慢
	1962—1988年	建立计划经济体制，对农村实行土地改革，并建立小农经营模式，由国家直接控制
	1988—2009年	国家实行市场经济制度，开始农业改革，建设"以农业为基础的工业化国家"，农业外资允许进入
	2009年至今	向进一步发展农业、建立现代化工业国家、全面发展其他领域的经济转变

（续）

国家	时间	农业经济发展阶段
马来西亚	1970 年以前	大规模发展油棕种植，重视粮食自给
	1970—1984 年	实施"新经济政策"，以工业发展为主，农业比重逐年下降
	1984—2000 年	推出三个国家农业政策，重新重视农业发展
	2000 年至今	鼓励现代农业发展
菲律宾	1972 年以前	农业"绿色革命"，新稻种 IR8 开始普及，对农业化肥和机械依赖增大
	1972—1986 年	实施土地改革，对农业市场的干预增强，政府完全垄断大米、糖和玉米经营，贸易保护限制了农业发展。
	1986—1997 年	撤销农产品出口税，取消农业私人和准政府垄断，农业发展走向自由化，私营部门在农业方面发挥了更大的作用
	1997 年至今	制定《农业和渔业现代化法案》、农业可持续发展计划，加强农业基础设施建设，推动农业发展
新加坡	1980 年以前	自由种植时期
	1957—1980 年	农业重新安置，为城镇化、工业化腾地
	1980 年至今	大力发展集约化经营，兴建现代化农业科技园，打造都市农业
泰国	1960 年以前	单一的稻谷经济，农业单一作物制
	1960—1980 年	实行经济发展计划，开展多种经营。发挥农业"增长引擎"的作用，政府采取措施扩张土地以及道路和灌溉设施的公共投资，大力发展创汇农业
	1980—1997 年	实行"新兴农业工业化国家"战略，农业部门作为农村收入和出口创汇的重要来源，但农业主导地位被制造业取代
	1997—2017 年	政府将有机农业作为国家农业政策的一大主题，并制定目标每年扩大有机农产品播种面积 20%，开展多样化项目以发展有机农业，大力支持"一村一品"计划
	2017 年至今	推动农业 4.0 发展，发展智慧农业
越南	1975 年以前	长期战争，南北分裂，实行不同的农业政策改革政策
	1975—1986 年	南北统一，农业合作社，农业发展停滞不前
	1986—2007 年	开始实行革新，农业政策调整，农业合作社实行家庭承包责任制，大力发展家庭庄园
	2007 年至今	加入世贸组织，大力发展农产品贸易

二、石油富国和发达国家：文莱、新加坡

文莱和新加坡由于国家土地面积小，没有较多的土地资源发展种植业，这两个国家选择发展技术含量高的现代化农业和都市农业。文莱经济以石油天然气产业为支柱，非油气产业均不发达，农业基础薄弱，以水稻种植为主。新加

坡属于外向型经济，以电子、石油化工、金融、航运、服务业为主，高度依赖中国、美国、日本、欧洲等市场，与东盟国家保持紧密联系。新加坡的农业以都市农业为主。

二战以前，文莱的农业以水稻生产为主，能够实现自给自足，还有部分产品出口。1970年以后，文莱的石油生产达到高峰，1979年的石油产量约为24万桶/天，石油产业吸引了大批劳动力，部分劳动力从农业转出，农业发展受到一定冲击。2000年以后，文莱政府开始重视经济多元化发展，鼓励发展现代化农业，并增加了在农业领域的投入，加强了排水和灌溉工程，增加土壤的肥沃度，扩大粮食和果菜的种植面积，特别是增加了牛、羊、鸡、鱼、虾的养殖量，提升食品自给率。目前蔬菜、水果等的产量已经能部分满足国内市场需求，但肉类、大米和新鲜牛奶的自给率还非常低，90%左右的食品仍需进口。2004年文莱政府实施农业扶持计划，着力改善农业基础设施，提供优惠价格的化肥、杀虫剂以及咨询服务等。在该政策支持下，文莱的农户数量和稻田种植面积都有较大幅度的提升。同时，文莱政府还出台了农业投资促进法令，从事有关农业技术服务的公司享受免交所得税、免30%公司税、免部分原材料进口税等优惠政策。从事农业、林业或渔业的出口型生产企业（产品出口不低于其销售总额的20%，且年出口额不低于2万文元）享受6～8年的免税期限，并可申请续期。2008年文莱政府制定国家粮食安全战略和农业发展政策，确保国家粮食供应，要求将粮食自给率提升到20%。

新加坡的土地资源紧张，为了给工业经济发展提供土地，早在20世纪70年代就实行了"农业重置"计划，将农业生产逐渐集中到特定区域。从1980年开始，新加坡就发展农业集约经营，兴建农业科技园，利用技术力量提升生产率和产品价值。新加坡陆续兴建了10个农业科技园，每个园区都有不同性质的作业，例如养鸡场、胡姬花园（出口热带兰花）、观赏鱼场（出口）、牛羊场、蘑菇园、豆芽农场等。2002年，新加坡已经发展了263个农场，但是仅占全部国土面积的1.18%。新加坡还积极发展海水养殖场，2008年新加坡建设有40个深水鱼养殖场，年生产鲜鱼4万吨。为了扩大种植面积，新加坡还积极发展垂直农业，即利用立体空间种植农产品，一些高楼大厦开始建设垂直农场。例如，松下生产科技亚太（Panasonic Factory Solutions Asia Pacific，PFSAP）室内农场是新加坡首个室内菜园，建于2014年，占地1 154平方米，利用可以控制温度、湿度、光照时间的LED灯来培植蔬果，完全不依赖阳光，每年能够生产 81 吨蔬菜。目前在新加坡建成并投入使用的农场数量高达 30 多家。这些都市农业的发展有效地提升了新加坡的农产品自给能力。

三、新兴经济体：印度尼西亚、马来西亚、菲律宾和泰国

印度尼西亚、马来西亚、菲律宾和泰国均为东盟的新兴经济体。从 20 世纪 80 年代开始，它们的经济有了较大发展，积极进行经济结构调整，发展以经济作物种植为主的现代化农业。印度尼西亚是东盟的最大经济体，农业、工业和服务业均在国民经济中发挥重要作用。马来西亚是开放型的经济体，它以国家利益为导向大力发展出口贸易，农业种植以经济作物为主。菲律宾为出口导向型经济，对外部市场依赖较大，第三产业在国民经济中地位突出，农业和制造业也占相当比重。泰国是一个新兴经济体，被认为是一个新兴工业化国家，泰国是东南亚第二大经济体，仅次于印度尼西亚，农业是泰国的传统产业、优势产业，无论政府高层还是普通民众都重视农业发展。泰国也是世界上稻谷和天然橡胶最大出口国。

（一）早期发展

二战之前，东盟国家（除泰国外）是西方列强的殖民地，主要从事殖民地农业。比如，在独立之前，印度尼西亚是西方国家的热带作物产品的生产基地，主要种植咖啡、甘蔗、茶、烟草等，而影响民生的粮食种植产业薄弱，严重依赖进口。

在国家独立后，东盟国家的农业发展以粗放型农业为主，根据国家总体发展计划，大力发展本国优势农产品。1970 年，印度尼西亚实行第一个 25 年长期建设计划，经济获得快速增长，政府加大了农业领域的投入，将石油部门的部分收入分配给农业部门，发展经济作物种植和稻米生产。

早在 1966 年，马来西亚就是世界上最大的棕榈油、天然橡胶的生产国。20 世纪 70 年代以后，马来西亚着重发展可可生产，1960 年可可种植面积只有 567 公顷，但是到了 1985 年，种植面积在 30 万公顷以上，可可豆的产量也从 1960 年的 4 000 吨提升到 1990 年 25.3 万吨，成为世界第四大可可生产大国。

20 世纪 60 年代，菲律宾农业部门与美国洛克菲勒财团和福特财团资助的国际水稻研究所合作，培育和推广高产的稻米品种，菲律宾成为"绿色革命"

的策源地之一。在高剂量的化肥投入下，菲律宾的稻米产量大幅提高，粮食增产年均达到 5.2%，于 1966 年实现了大米自给。不过，化肥等的使用也带来了严重的环境污染问题，削弱了农业的可持续发展能力。

泰国政府非常重视科技在促进农业发展中的作用。1959 年泰国设立国家经济发展委员会，开始以五年为期制定经济发展规划。普密蓬国王重视农业发展，推动了水稻、奶牛场、淡水鱼良种培育和研究中心的设立，主持了一系列的皇家开发计划，实施了 4 000 多个农业经济项目，修建水库等基础设施。在国王的推动下，泰国不断进行农业改革，提升农业竞争力。1960 年以前，泰国以种植稻谷为主。

（二）中期发展

各国经过 20 世纪 60—70 年代的快速经济发展之后，农业发展也实现了较大的突破，不再满足于单一结构的农业，而向多元化农业发展转变，加大种植各类经济作物。印度尼西亚政府在坚持发展以水稻为主要粮食作物生产的同时，也考虑到自身资源优势，大力发展多元化农业，棕榈油、橡胶和热带水果最具代表性。1978 年印度尼西亚政府制定了发展种植园的十年规划，1981 年印度尼西亚的蔗糖、椰子和椰干、橡胶、可可、咖啡、棕油等的出口值有了大幅提升，橡胶产量居世界第二位，胡椒、藤条、奎宁等产品的产量占世界首位，也成为印度尼西亚外汇收入的重要来源。

1966 年，马来西亚政府推出第一个五年计划，鼓励采用现代化农业耕作方法和模式，并鼓励作物多样化。在此期间还成立了国家水稻和大米管理局，负责协调水稻和大米的生产、加工和销售等各方面工作。1975 年，马来西亚政府实施了第二个五年发展计划，其发展目标是通过合理开发土地、水和木材资源来增加就业机会，同时通过提高生产力和经营规模来提高农场和种植园工人的收入。1984 年马来西亚实施了第一个国家农业政策，政策的关注点在于食品安全和可可、油棕等作物的出口扩张，农业生产也得到大量补贴。不过，马来西亚的经济重心在 20 世纪 80 年代发生了转变，致力于建立现代化的工业国家，农业发展受到劳动力不足等问题的困扰，农业在国家经济中的地位有所下降。

在整个 20 世纪 70 年代，菲律宾政府等相关部门垄断了大米、糖和玉米等农产品的贸易，打击了农业经营主体的积极性。20 世纪 80 年代中期开始，菲律宾逐步放宽了对农业生产经营的管制。1987年推行"稻米99丰收计划"。1993年政府制定了《中期农业发展计划》，该计划包括《谷物增产计划》和《重要商业性农作物发展计划》，还成立了跨部门的出口发展委员会，推动包括新鲜水果、加工食品等有较大增长潜力的产品项目发展，给予重点扶持。

（三）近期发展

多元化农业和现代化农业是东盟国家农业发展的目标。2010年，印度尼西亚政府制定了新的农业发展五年计划，明确要求继续发展水稻为主的粮食作物，同时积极发展畜牧业和水产养殖业，加大农业种植园建设，在保证国内市场需求的同时，扩大出口，将印度尼西亚打造成世界级的粮食生产基地。政府政策的目标是：增加农民收入，提高粮食自给率，同时提升优势产品的国际竞争力。为了调动农民种粮的积极性，2013年印度尼西亚制定《农民保护与赋权法案》，规定自2014年起，每户失地农民将获得由政府分配的2公顷农业用地并在购买生产工具时享受补贴，土地不可更改功能。法案还规定从2014年财政预算中调拨3 500万美元用于支持农业保险项目，该保险项目为拥有土地面积2公顷以下的农村家庭（可覆盖全国五分之一稻田）提供保障。每个种植期内，农民仅需支付3.6美元即可投保，当遭遇自然灾害、病虫害导致歉收时，他们可获得每公顷600美元的补偿。法案还要求政府为农民购买农用工具和种子提供补贴或贴息。土地分配法案和农业保险项目极大地增强了农民种粮的积极性，推动了农业的全面发展。同时，印度尼西亚正分阶段推进耕地新增计划，计划在2045年前新开垦1 400万公顷耕地，将沼泽地和旱地新开垦为耕地，并每年投入数十亿美元用于建设相应的基础设施、水库和专用道路，推动现代化大型农业机械的使用。

2010年，马来西亚政府推出经济转型计划（ETP），涉及十二大国家关键经济领域，农业被鉴定为马来西亚的国家关键经济领域（NKEA）之一，将分步骤推进农业转型，所涉及农业领域包括养殖、海草培植、观赏鱼、草药、蘑菇、园艺及蔬果业等。2000年以来，马来西亚政府大力推动现代农业和都市农业发展。2011年，马来西亚政府颁布《国家农业食品政策（2011—2020）》，要求用现代技术使农业食品产业能够灵活地适用于城市和城郊环境等有限空间。2017年马来西亚已经建立起1.1万个都市农业型社区。马来西亚政府还高度重视观光农业的发展。早在 1986 年马来西亚创办了世界上第一座国家级农业公园，占地 1 295 公顷，在丰富多彩的原始森林中，展示了农业生产的方式和形式。马来西亚还先后建有水稻园、可可园、动物园、鸟类动物园、水产园、畜牧园、热带水果园等，每年吸引观光者数百万人。

1997 年菲律宾政府制定了《农业与渔业现代化法案》，确立了农业发展的重点：一是加强农业基础设施建设，改善资讯和信贷服务；二是扶持稻米、饲料、多样化种植的发展。菲律宾在 1995 年加入 WTO 之后，其优势产品水果出口也获得了快速发展。2018 年的香蕉出口金额达到 15 亿美元，椰子油出口金额达到 11.1 亿美元，产品出口到美国、日本、韩国、中国等地。菲律宾通过推动实施各项灌溉工程，扩大灌区面积来实现粮食增产。2000—2010 年，菲律宾大米产量每年增加超过 42.8 万吨；2010—2011 年，菲律宾大米产量增加 91 万吨。2016 年，菲律宾政府正式提出了“2040 愿景”，还制定了《2017—2022 年菲律宾发展规划（PDP）》。菲律宾的中长期发展目标为：到 2040 年，菲律宾成为富足的中产国家，“2040 愿景”将农业、制造业等作为首要发展领域。

早在 1960 年，泰国政府就制定了外向型经济和“农业多元化”发展战略，鼓励民众广泛种植各种经济作物，扩大农产品出口。为了提升出口产品的竞争力，泰国重视产品质量的提升。例如，1998 年泰国首次颁布了《泰国茉莉香米标准》，对出口香米的纯度作了明确的规定，提高了出口香米的质量。泰国在发展农业的过程中非常重视政策引导与质量管理。为了满足出口欧美市场、日本市场的要求，农业企业积极获取 HACCP 和 ISO 标准认证，以高标准来管理生产。政府也及时制定政策，引导农业转型。例如，泰国政府推出“一村一品”（OTOP）计划，即在政府统一规划下，全国 5 000 多个乡各自开发出一种充分体现自身优势的特色产品。

为了提升农产品在全球的竞争力，泰国政府高度重视有机农业的发展。1997 年在泰国实施的第八个经济与社会发展五年计划中，将有机农业作为国家农业政策的一大主题，并且着力推动有机农产品出口贸易。到 2003 年，泰国所有通过有机认证的农产品都实现出口，其中，最主要的农产品是大米，其次是玉米笋。自 2005 年 10 月起，有机农业已成为泰国农业发展的主攻方向，泰国政府把重点推进有机耕作作为重要的举措之一，以保证国家食品安全和农产品对外贸易出口规模。2012 年 3 月泰国组建了国家有机农业委员会，负责制定泰国有机农业未来发展的政策和战略，包括 2014—2016 年的新国家规划方案，旨在将泰国打造成集有机农产品生产、交易、消费为一体的重要有机农产品生产贸易中心。泰国有机农业发展战略总体分为 4 个方面：①开阔视野，关注有机农业前沿知识与技术创新，为本国有机农业领域组建详尽数据资料库。②关注生产、供应链的发展，使泰国有机农产品生产与销售紧密联合起来，构建流线型一条龙产销网络。③加大营销力度和提高认证标准，这一举措不仅提高了泰国有机产品的地位和价格，更为重要的是，增强了泰国政府及国民对有机产品的信心。④政府相关部门协调统一开展工作，组建中心协调单位，组织监管其他部门以及有机农业相关活动和项目。政府还提出了农业快速转型的泰国农业 4.0 发展战略（2017—2021 年），确立向有机农业转型战略，进一步提升泰国农产品的质量和竞争力。尽管泰国的工业经济在东盟国家中也相对发达，但是它的农业地位并没有弱化，相反，农业一直是泰国经济的"增长引擎"，包括稻米、天然橡胶、木薯、甘蔗、菠萝、榴莲等很多产品的生产与出口都位居世界前列。

四、后起之秀：越南

越南属于经济发展中的后起之秀。2019 年 GDP 增速为 7.02%，是全球 GDP 增速最高的国家。越南的农业、工业和服务业都处在快速发展阶段。越南是传统农业国，国家经济依赖于农业发展。在经济发展的各个阶段，政府都极为重视农业发展，制定农业发展规划，实施多项支持政策。

1975 年以前，越南一直经历战争，南北分裂，北越和南越采用了不同的经济发展政策。1953 年 12 月，越南通过了《土地改革法》，1955 在北方 22 个省开展土地改革运动，1958 年越南劳动党提出开展农业合作化运动，通过农业合作化运动把生产资料私人所有制转变为集体所有制。虽然战争在一定程度上破坏了农业经济发展，但是合作社还是得到了迅速发展。南北统一之后，有97%的农户加入到合作社当中。不过，合作社并没有带来农业经济的快速发展，相反正在酝酿经济改革。

从 1980 年开始，越南实施"家庭承包制""三五承包制"等改革措施来提升农业生产积极性。1988 年 4 月，越南政府做出关于改进农业生产承包制的10 号决议，逐步取消粮食和食品统购、统销制度，放开价格，促进市场流通。

1989 年 9 月，越南政府出台 64 号决议，允许企业自行出口产品和进口生产所需原料，国家不再进行直接干预。开放政策给了农民和企业更多的经营权，促进了农产品的自由流通。1993 年 7 月，越南政府又出台《土地法》，确立了农民的土地使用权，并可进行变更、转让、出租等。其后，越南深化农业改革，进一步扩大了企业经营权，同时加大基础设施建设，为农产品生产和出口创造了有利条件。

2000 年以来，越南朝向特色农业、出口农业方向发展。2000 年 2 月，越南政府颁布了关于家庭庄园经济的 3 号决议，旨在促进庄园经济的发展。2007 年 1 月越南正式加入世贸组织，5 年内逐步削减农产品出口补贴，削减农产品进口税。同时越南也是东盟经济共同体（AEC）的成员，并与欧盟签订了自由贸易协定（EVFTA），为自由贸易创造条件。越南的农产品也获得了更多的出口机会，大米、咖啡、橡胶、木薯、茶、蔬菜、水果和腰果等出口到中国、日本、美国、韩国等国家，为越南创造了巨额的收入。2008 年 8 月 5 日，越南共产党中央十届七次会议做出关于农业、农民和农村问题的 26 号决议。这是关于"三农"问题的又一个举足轻重的决议，是越南革新开放进行了 20 多年后，又一次决定越南农业改革发展的一个里程碑。此项决议回顾了越南1986 年实行革新开放以来所取得的成就，也指出了当前农业存在的挑战和问题，提出了各项解决措施。该决议为越南农业改革发展指明了方向。

五、奋力追赶的国家：柬埔寨、老挝、缅甸

柬埔寨、老挝和缅甸是东盟国家中经济发展相对落后的国家，它们的经济结构以农业为主，工业和服务业相对薄弱。柬埔寨是传统农业国，贫困人口占总人口 28％，农业是柬埔寨经济第一大支柱产业。老挝以农业为主，工业基础薄弱。缅甸自然条件优越，资源丰富，农业为国民经济基础，农业产值占国民生产总值的 40％左右。

（一）初期发展

第二次世界大战结束后，柬埔寨、老挝和缅甸实现国家独立，得以恢复经济。1953 年 11 月，柬埔寨获得了国家的独立，开始探索自主发展道路。1956年 1 月柬埔寨计划委员会成立，加强对国家经济建设的领导与宏观调控；并实

施两年经济发展计划（1956—1957 年），农业合作社也纷纷建立起来，1958 年柬埔寨建立起 120 个生产合作社，稻谷、玉米、橡胶、棉花等作物的产量得到提升。

柬埔寨、老挝和缅甸深受战争的迫害，在二战结束后的较长一段时间内虽然实现了国家独立，但国家政局动荡。政局不稳定严重影响了经济发展，农业恢复异常困难。在 1970 年以后，柬埔寨政权更替，经历了多次战乱，经济遭到了严重破坏。农业生产倒退，曾经的大米生产大国和出口大国成为了进口大国，1994 年柬埔寨进口大米 18 万吨，1995 年进口大米 30 万吨。

老挝在 1975 年以前处于长期内战状态，经济发展举步维艰。1975 年，老挝人民民主共和国成立，走上社会主义道路，实行社会主义计划经济。在农业方面，政府推动建立农业合作社，并规定在全国征收农业税，每年征收一次，主要依据粮食缴纳。500 千克以下征 8％的税收，501～1 000 千克征收 12％的税收，1 001～1 500 千克征收 16％的税收，1 501～2 000 千克征收 20％的税收，2 001～2 500 千克征收 25％的税收，2 501 千克以上征收 30％的税收。高额的税收曾引起很多农民的不满，老挝政府在 1980 年修改了农业税法，将水田根据土地的优、中、劣分为三等，每公顷产量在 1 600 千克以上者为优等水田，征收 100 千克稻谷；每公顷产量在 1 300～1 600 千克者为中等水田，征收 80 千克稻谷；每公顷产量在 1 200 千克以下者为劣等水田，征收 60 千克。不过，老挝的农业生产并未有显著增长，依然面临粮食供应不足的问题，每年需要进口大米 7 万～8 万吨。

缅甸的农业发展经历了多个阶段。第一个阶段是 1948—1962 年。为了改变殖民地时期缅甸农业生产单一的不利情形，政府制定了多个四年计划，并推动了农村土地改革。但是这些计划由于各种原因未能完成，到 20 世纪 60 年代，缅甸还是以传统的农业为主，而农业上仍然是以稻谷为主的单一作物制，工业上从装备、技术到大部分原料都要依赖外国。第二阶段是 1963—1988 年。缅甸开始建设社会主义国家，采取了国有化和计划经济措施。政府把农业经济纳入其计划和控制的范围之内，农户种什么、种多少以及主要农作物的收购价格也都由政府规定，这极大地挫伤了农户的积极性。在对外经济关系方面，政府采取了封闭政策，禁止外国投资，大米出口受阻，物价持续上涨，人民生活水平进一步降低。此时的缅甸农业发展远落后于泰国等东盟国家。

（二）中期发展

进入 20 世纪 90 年代，柬埔寨、老挝和缅甸的政局趋于稳定，国内经济进入快速发展阶段。1993 年，柬埔寨举行大选，建立新的政府，开始了和平发展时期。各届政府总理都非常重视农业发展，把农业作为柬埔寨的基础，优先发展。1994 年政府制定了第一个国家重建蓝图，农业和农村发展项目得到了 26％的政府拨款（1.25 亿美元）。同时，将柬埔寨农村发展委员会升格为农村发展部，获得更多支持。为了发展橡胶等优势产业，柬埔寨政府制定了重建计划，1996 年开始实施 10 年更新橡胶园计划，即将原 7 个老橡胶园（约为 25 806 公顷）老橡胶树用 10 年时间全部更新。政府还大力推动实施家庭种植橡胶树工程，成立橡胶种植户合作社，通过提供贷款鼓励农民种植橡胶树，无偿培训种植和管理技术。

1988 年缅甸新的军人政府上台，建立了"缅甸法律与秩序委员会"，缅甸把发展农业放在第一位，并开始推行以市场为导向的经济改革和对外开放。缅甸政府先后颁布了《缅甸私营企业法》《缅甸发展家庭手工业法》《缅甸公民投资法》《缅甸外国投资法》《缅甸外国投资法实施细则》，并提出扩大稻米种植、食用油自给、扩大豆类及工业原料作物的产量及出口的三大目标，加强农田水利建设，推广农业机械应用，扩大农作物种植面积，鼓励农作物出口来增加收入。新加坡、中国、日本等国投资者也开始进入到缅甸农业的开发中。随着稻米产量的增加，缅甸的稻米出口获得增长。

（三）近期发展

2000 年以后，柬埔寨、老挝和缅甸的农业经济有了较快发展。2004—2012 年，柬埔寨农业产值的年均增长率为 5.3％，成为当时世界上农业产值增长最快的国家。经过多年发展，柬埔寨的农业生产有了很大提高，2019 年的水稻产量为 1 088 万吨，2020 年水稻种植面积为 333 万公顷，不仅能满足自给，而且出口大米 62 万吨，出口总值 5 亿美元。除此之外，柬埔寨的橡胶、木薯也成为重要的出口产品。2019 年，柬埔寨的腰果种植面积为 22 万公顷，木薯种植面积为 15 万公顷，芒果种植面积为 12 万公顷，柬埔寨的农业生产开始从单一向多样化转型。

1986 年老挝开始经济革新，实行"农林业、工业和服务业相结合，优先发展农林业"的发展道路。在经济体制方面，政府取消了集中经济管理体制，开始发展市场经济，逐步向国家经济、集体经济和私人经济等多种经济成分并存的方向发展。从 2001 年开始，老挝政府制定了"五五"（2001—2005 年）计划和十年计划、二十年计划，提出要加快农村开发，提高农业生产效率，实现农业生产现代化，到 2020 年完全消除贫困的总目标。2009 年老挝政府提出"资源变资金战略"，出台了新的《投资促进法》，为外国投资者提供了更为有利的激励政策，老挝投资环境得到极大改善，农业领域的投资机会越来越多。在农业税方面，规定粮食耕地每年每公顷交稻谷 50 千克；种植咖啡、砂仁、烟叶、茶叶和畜牧业等按实际收入 5％纳税；种植水果等其他经济作物，按实际收入 3％纳税。另外，用于农副产品加工的机器、设备进口等免征进口关税。中央政府还减少了对农业发展项目的管制，将行政权力下放，基层政府可以因地制宜地实施各项农业发展支持措施。2016 年老挝政府制定了"2030 年愿景规划"，表达了对农业发展的长期支持。

2010 年，缅甸建立民主政府，政府部门制定了农业振兴计划，鼓励农业领域的跨国公司在缅甸投资，放宽农业领域外资比例（2018 年生效的《公司法》），对进口和销售农业相关产品免征商业税，给普通农户提供小额贷款，依靠这些改革措施来促进现代农业的发展。

总体而言，在 2000 年以后，柬埔寨、老挝和缅甸这三个国家的农业获得较快发展，但是受制于科技发展水平等因素的影响，农业发展水平与东盟其他国家仍存在较大差距，农产品竞争力相对弱，农业现代化发展水平较低。

第二节　农业公共管理体系

一、各国农业管理体系

（一）文莱的农业管理体系

文莱的农业管理主要由初级资源与旅游部（Ministry of Primary Resources and Tourism）负责，它设立于 2015 年 10 月。初级资源与旅游部负责四个领域的管理，分别是农业、渔业、林业和旅游业，对应设了多个部门。该部门的管理人员主要由部长、常务秘书、三个副常务秘书以及四个部门主任组成，四个部门主任分别对应农业与农产品局、渔业局、林业局和旅游业局。另外，还包括管理与金融局、政策与计划局。

其中农业和农产品局负责农业领域的发展与管理，下设种植、畜牧、农业基地开发和市场评估、水稻产业与农业发展以及政策、管理和技术服务六个部门。农业和农产品局的主要职责是进一步发展农业，特别是畜牧和农作物生产，农业和农产品局正在鼓励外国直接投资的参与和增加出口市场的机会，通过采用高新技术以提高生产率来进一步提高农业和农业食品产业的产量。

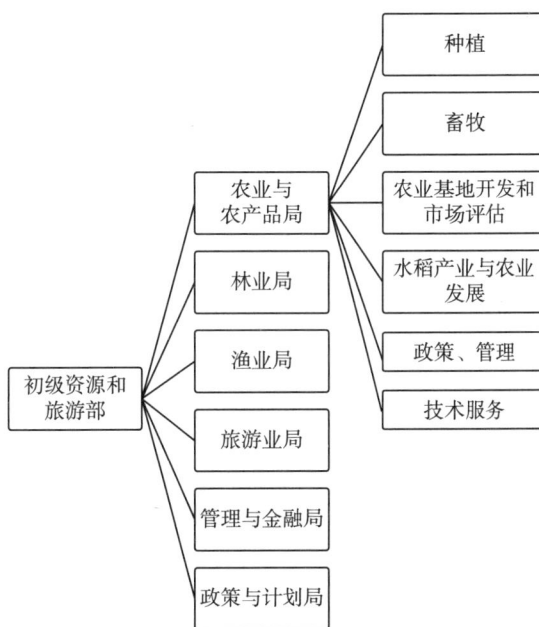

渔业局下设有市场便利和投资促进部门、水产养殖

图 5-1　文莱农业公共管理体系结构

资料来源：文莱农业部 . http://www. agriculture. gov. bn/ Theme/Home. aspx.

发展部门、渔业捕获部门、许可与执行部门、研发部门、法律和内部审计部门、战略和政策部门等（图 5-1）。

（二）柬埔寨的农业管理体系

柬埔寨的农业管理主要由农林渔业部（Ministry of Agriculture Forestry and Fisheries）负责，该部下设国际合作局、农业产业局、农业立法局和科研机构。在柬埔寨的各个省，还设有各个地方的农林渔业局（Provincial Department of Agriculture，Forestry and Fisheries）负责管理各个省的农业事务。

柬埔寨农林渔业部的职能包括：起草和实施农业发展政策，以提高人民生活水平；参与制定土地改革和使用的政策；制定农业开发计划；协调、跟踪和评价政策执行情况和农业开发活动；监测农田自然资源的变化，确保自然资源产业满足国家的需求，并保持生态平衡；制定管理、保护农田自然资源的规章，并跟踪执行情况；对农业开发的人才状况进行评估，并通过推广技术知识提高这些资源的使用效率，开展人力资源培训；向农民提供宣传和必要的技术指导，以提高产量和生产效率；制定和跟踪有关政策执行情况，完善农业职能机构的功能；在所有农业部门研究和推广科学、经济的技术；管理土地开发和土地品质改良，根据地形、气候，管理农业土地的合理利用、种子培育、品种繁殖、化肥使用、农药使用，以获取高产和保护自然环境；在农业开发的所有领域，与国内全国性或国际性政府组织、非政府组织开展合作；参与鼓励和促进农业投资、农产品和食物的出口；参与制定农产品价格，并寻找农产品市场；收取有关收入并上缴国库，或与财经部合作为国家收取收入。

柬埔寨农林渔业部的组织结构包括：部长办公厅、监察总局、行政局、会计财务司、计划统计与国际合作司、人事与人力资源司、农业法规司、农艺学与土地改良司、农业产业局、生产和兽医司、农业推广司、农业机械司、林业局、渔业局和橡胶种植总局等。另外，柬埔寨农林渔业部还下辖多个农业大学和科研机构，包括皇家农业大学、柬埔寨农业发展研究所、磅湛农业学校、柬埔寨橡胶研究所以及7个橡胶种植农场等（图5-2）。

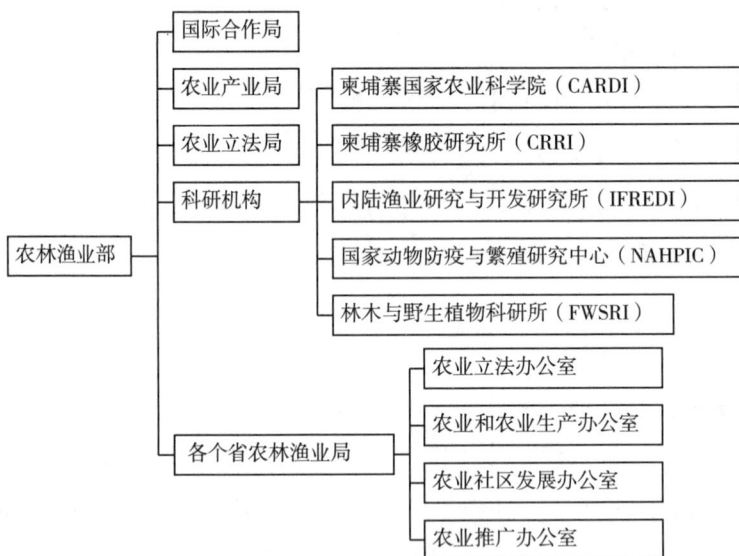

图5-2 柬埔寨农业公共管理体系结构

资料来源：柬埔寨农业部．https：//web. maff. gov. kh/？lang＝en.

各个省的农林渔业局下设农业立法办公室、农业和农业生产办公室、农业社区发展办公室、农业推广办公室。地方农林渔业部门的主要职责是根据农林渔业部的政策，制定计划以促进各省的农业发展；计划和衡量农业部门的发展、收入和支出，监督农业部门预算的执行；向下属市、区、农业中心和乡镇传播与指导农业技术；鼓励农民和合作伙伴参与与农业有关的专业组织和协会，以提高农业各部门的生产力等。

柬埔寨的农业科研机构主要有：柬埔寨国家农业科学院（CARDI）、柬埔寨橡胶研究所（CRRI）、内陆渔业研究与开发研究所（IFREDI）、国家动物防疫与繁殖研究中心（NAHPIC）、林木与野生植物科研所（FWSRI）。

（三）缅甸的农业管理体系

缅甸农业管理体系主要由农业、畜牧与灌溉部（Ministry of Agriculture, Livestock and Irrigation）负责。农业、畜牧与灌溉部下设部门包括：计划局、农业局、农业土地管理与统计局、灌溉与水利用局、农业机械局、渔业局、畜牧局、农村发展局、合作局、农业研究局和四所农业大学，这四所大学分别是缅甸耶津农业大学（Yezin Agriculture University）、兽医科技大学（University of Veterinary Science）、实皆合作大学（Sagaing Cooperative University）、丁茵合作大学（Thanlyin Cooperative University）（图 5-3）。

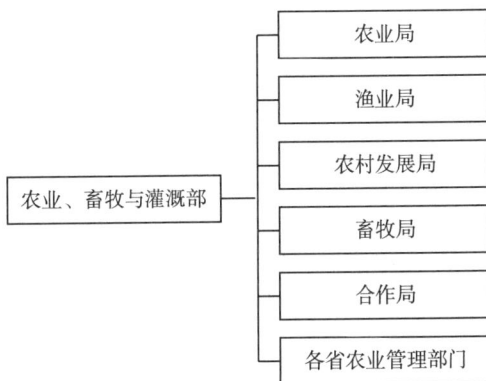

图 5-3　缅甸农业公共管理体系结构

资料来源：缅甸农业部 . https://www. moali. gov. mm.

农业局的主要职责是：传播科学的耕作方法，推动农村发展与扶贫，向农户提供种子和技术，开展农民权益维护与促进活动；推动水稻种植的发展，增加现代技术应用培训；开展研发工作，使用优质新品种、训练农民用科学的耕作方法增加产量；开展种子培育活动，根据《种子法》和相关程序对种子培育活动进行监督和检查；解决阻碍农业生产的土壤问题；开展水土保持活动等。

渔业局的主要职责是：根据现行法律或现代渔业法律对渔业生产进行监督，促进渔业部门的持续发展；对水产养殖、捕鱼活动进行管理；发展水产养殖业；保障鱼类食品安全等。

农村发展局的目标是：促进农村基础设施发展和农村生计发展，改善农村人民的社会经济生活；通过对农民进行能力建设和技术培训，实现可持续发展。

畜牧局的职责是：促进畜牧业发展；确保牲畜生产质量符合邻国的生产标准；鼓励畜牧业商业投资；扩大动物疾病的预防和控制活动，并遵守国际组织的动物健康法规；促进畜牧生产中的对外合作。

合作局的职责是将个体农民和渔民组建成合作社；为合作社的进一步发展提供技术和资金支持；协助合作社获得支持和贷款。

（四）马来西亚的农业管理体系

马来西亚的农业管理主要由农业与农基产业部（Ministry of Agriculture and Agro-based Industry），它下属 3 个主要部门，分别是：农业局（Department of Agriculture）、渔业局（Department of Fisheries）、兽医服务局（Department of Veterinary Services）。农业局专注于种植产业发展，渔业局专门负责海产品、海鲜等发展。除此之外，农业与农基产业部还下设马来西亚农业研究与发展研究所（Malaysia Agricultural Research and Development Institute，MARDI），建立 MARDI 的主要目的是开发和推广新的、适用和有效的技术，以促进粮食、农业以及粮食和农业产业的发展。马来西亚还在 2010 年建立了马来西亚检疫检验局（Malaysian Quarantine and Inspection Services，MAQIS），对所有在马来西亚开展进出口业务的公司都会提供检验检疫服务，包括对于市场、从业人员、农产品的认证，检验检疫进出口许可的发布等（图 5 - 4）。

马来西亚的农业与农基产业部成立于 1955 年，并于 1957 年改名为农业与合作部（Ministry of Agriculture and Co-operatives），1970 年又改名为农业与土地部（Ministry of Agriculture and Land），其后又经过多次改名，最终在 2004 年重组并命名为农业与农基产业部（Ministry of Agriculture and Agro-Based Industries）。其主要职能是执行政府制定的农业政策。在最初阶段，农业与农基产业部的工作仅集中在作物研究和向农民提供技术知识，以及为小规模农民提供业务扩展服务。1957 年马来西亚独立后，农业与农基产业部得到了发展和壮大，它成立了更多的分支机构，包括：联邦农业销售局（1965年），农业研究与发展学院（MARDI）（1970 年），农业发展委员会（LPP）（1973 年）等。

目前农业与农基产业部的主要职责是：加快向现代化农业转型进程，提升马来西亚农产品的国际竞争力；发展食品花卉种植业；提供咨询和技术支持服

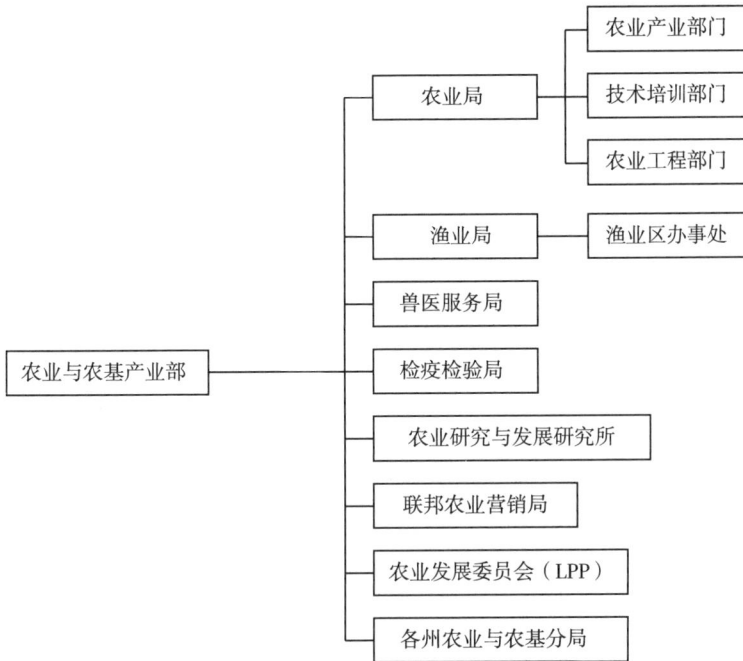

图 5-4 马来西亚农业公共管理体系结构

资料来源：马来西亚农业部. https://www.mafi.gov.my.

务；确保食品和环境安全；积极参加国际论坛，双向交流和技术合作；加强人力资本开发。

各州农业与农基分局的主要职责是负责各个州的农业发展，在农业的各个领域提供法律服务、技术支持和专业咨询服务，尤其是粮食作物和下游产业，以确保满足该国需求的粮食生产；引导并创建进步的农业企业家，以提高国家农场的生产力和农业生产水平；培训熟练劳动力，以满足农业需求；通过作物保护计划和检疫服务，保护本国农作物免受病虫害的威胁；确定安全的粮食作物的产量并控制环境污染；控制国家的农作物和种子材料被带出国家而面临灭绝的威胁。

（五）菲律宾的农业管理体系

菲律宾的农业主管部门是农业部（Department of Agriculture），它起源于1945年的农业与贸易部（Department of Agriculture and Commerce），1947年改名为农业与自然资源部（Department of Agriculture and Natural Resources），1984年改名为农业和食品部（Ministry of Agriculture and Food），

1987 年改名为农业部。农业部的主要职责就是为促进菲律宾的农业发展提供政策框架、公共投资和支持服务。农业部要致力于提高私营部门的农业生产力和盈利能力，同时考虑菲律宾农业的可持续、有竞争力发展。

菲律宾农业部下设农业培训机构、农业研究局、农业和鱼类工程局、农业和渔业标准局、动物产业局、渔业和水产资源局、种植业局和水土保持局等八个部门。农业部还有很多附属机构，如农业信贷政策委员会、化肥与农药局、国家渔业研究与开发机构、国家肉类监督服务机构、菲律宾水牛中心、菲律宾橡胶研究中心等。还有13 个附属公司，包括国家乳品局、国家食品局、国家烟草管理局、国家椰子局、国家谷物保险公司、菲律宾稻米研究院等。农业部下设 15 个区域办事处，负责地方的农业发展事务（图 5-5）。

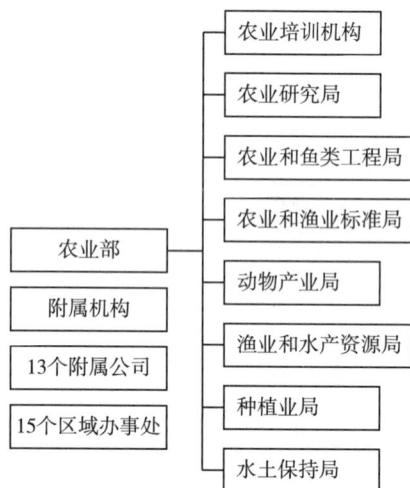

图 5-5 菲律宾农业公共管理体系结构

资料来源：菲律宾农业部 . https://www. da. gov. ph.

农业培训机构主要职责是领导和制定国家农业和渔业技术推广计划；推动农业和渔业方面的公共资助培训；与州立大学合作，为农业发展提供技术援助等服务。

农业研究局作为研发的中央协调机构，它承担以下战略和优先研发计划：促进研究和开发资源的整合，研发项目的开展；促进农民、渔民、工业和私营企业参与到国家研究项目中；协助制定农业发展政策，以确保可持续的粮食安全，减轻贫困，提高农业生产率；建立技术委员会、技术工作组，开展国际间交流合作。

（六）泰国的农业管理体系

泰国农业的主要管理部门是农业与合作社部（Ministry of Agriculture and Cooperatives）。农业与合作社部有权利和职责促进农业、水源和灌溉发展、促进农场主的经营发展、促进合作社制度发展。农业与合作社部除了负责农业行政管理，还负责科技推广，是行政与科技一体化的组织机构。

国家农产品和食品标准局（National Bureau of Agricultural Commodity and Standard，ACFS）是根据泰国 1991 年国家行政法于 2002 年 10 月 9 日成立的，作为控制初级农产品、食品和加工农产品的一个重要机构，主要职责是证明和执行从食品生产者到消费者涉及的标准，和国际伙伴进行谈判以减少贸易技术壁垒，促进提高泰国农产品和食品标准的竞争力。ACFS 由农业与合作社部部长任主席，设局长 1 人，副局长 2 人，顾问 2 人。内设秘书处、商品标准和质量体系办公室、农产品和食品标准政策办公室、农产品标准和质量体系认证办公室和信息技术中心五个处室。

为了促进有机农业的发展，农业与合作社部还设有农产品认证处（DOA）、畜产品认证处（DOL）和水产品认证处（DOF）。官方认证机构的认证权限仅限于泰国国内企业，产品销售也以泰国本国市场为主。

农业与合作社部还设有农业促进厅（或司），它主要负责农业技术推广。泰国农业促进厅下设 6 个大区推广局、73 个省级推广局、882 个专业推广局，而且在区和村一级也设有推广单位和人员。农业促进厅负责农业技术推广，直接向农民传播农业信息、培训相关农业技术。

农业与合作社部还管辖各府的农业合作厅，协助农业合作厅完成各府的农业相关工作。各府的农业合作厅的主要任务是：研究、分析和制定各府（市）农业合作发展战略、按产品分列的农业发展计划、综合发展计划；研究、分析和制定府的农业合作发展项目行动计划，指导、整合并监督府内机构预算的使用；监督、控制、协调和评估工作计划等（图 5-6）。

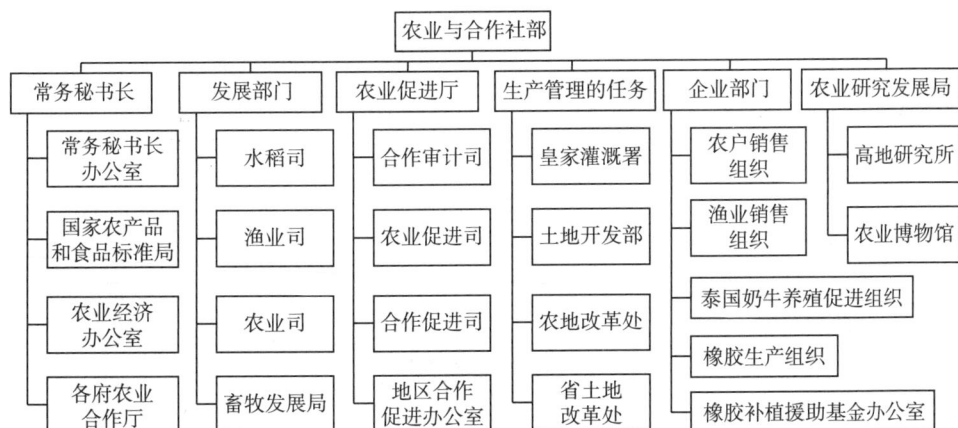

图 5-6 泰国农业公共管理体系结构

资料来源：泰国农业与合作社部 . https://www.moac.go.th.

（七）越南的农业管理体系

越南的农业和农村发展部（Ministry of Agriculture and Rural Development）于 1995 年成立，由农业和食品工业部、林业部和灌溉部合并而成。农业与农村发展部（MARD）负责越南农村发展、治理、推广和培育农业产业化的政府部门。该部门职责范围包括林业、水产养殖、灌溉等管理与服务，也参与水资源管理和防洪。

1987 年，越南农业和食品工业部成立，它由农业部、食品部和食品工业部合并而成。越南总理于 1987 年 2 月 16 日发布了第 782 NQ HDNN 7 号法令，成立农业和食品工业部，主要职责是按照党的法律方针和政策，负责全国农业、食品和食品工业的统一管理，保障人民对食品、国防和工业原料的需求，促进农产品出口。该部门下辖 46 个分局、办公室和委员会，下辖机构负责各个省的农业管理。

1995 年越南政府发布法令，设立农业和农村发展部，将林业、农业和食品工业、灌溉三个部合并。新的部门不仅承担农业、林业、水利等部门的早期职责，还负责农业和农村可持续发展、保护自然资源（包括土地、水和森林）、进一步巩固农业的基础地位。2007 年第十二届国会通过决议将渔业部与农业和农村发展部合并，组建新的农业与农村发展部（图 5 - 7）。

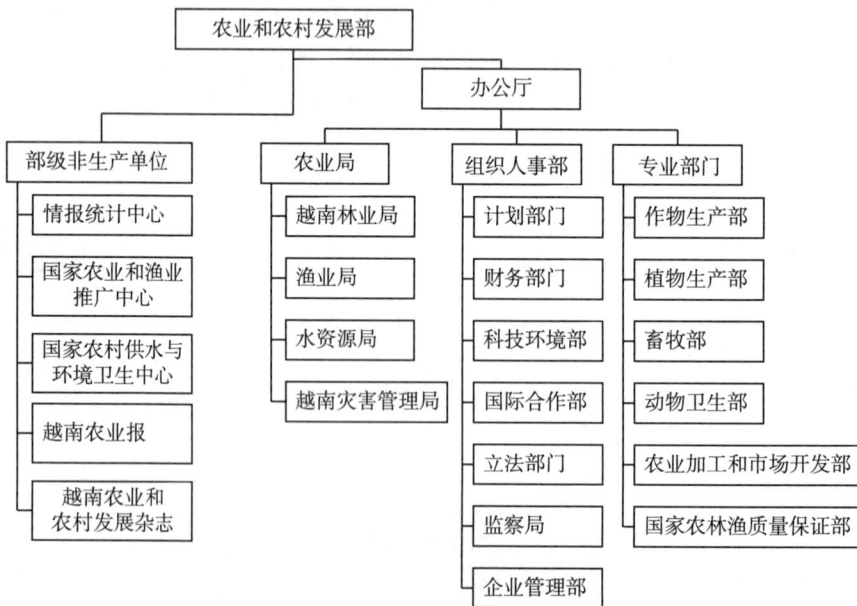

图 5 - 7　越南农业和农村发展部的组织结构

资料来源：越南农业部．https://www.mard.gov.vn/Pages/default.aspx.

二、各国农业组织和协会

在东盟国家，不仅政府的农业部门对农业、农村的发展进行管理和规划，还有各种农业组织和协会协助农业主管部门发展农业。著名的农业组织有：印度尼西亚棕榈油协会（GAPKI）、缅甸稻米联合会（MRF）、泰国大米出口商协会、越南海鲜出口商和生产者协会（VASEP）等。这些农业组织和协会推动了农业企业、农户的生产改进，提升了产品竞争力，特别是维护了农民的经济利益和社会利益，促进了东盟农业的长远发展。

（一）印度尼西亚棕榈油协会（GAPKI）

印度尼西亚棕榈油协会（GAPKI）成立于 1981 年 2 月 27 日。印度尼西亚是世界上棕榈油生产大国，随着棕榈油生产企业数量增加，棕榈种植产业越来越重要。为了维护生产者的利益，成立了棕榈油协会。该协会最初只有 23 个成员，现在 GAPKI 拥有的成员包括种植园公司、外国私营公司、本地公司以及合作社下的小农。印度尼西亚棕榈油协会的主要职责是与中央政府和地方政府合作，制定有利于棕榈油产业可持续发展的政策；鼓励成员在棕榈油行业实施善政和可持续性原则；提高棕榈油生产的竞争力，使其能够在国际市场上竞争。

（二）缅甸稻米联合会（MRF）

缅甸稻米联合会（Myanmar Rice Federation，MRF）是 2012 年在重组和升级缅甸大米行业协会（MRIA）的基础上成立的。MRF 是缅甸大米行业多家协会的联合机构，成员包括缅甸米粉商协会（MRMA）、缅甸稻米贸易商协会（MRPTA）、缅甸稻米生产者协会（MPPA）、缅甸农民发展协会（MFA）、缅甸农业综合企业公共有限公司（MAPCO）、大米专业化公司（RSC）和大米出口商，还包括农民、磨坊主、批发商和零售商等。MRF 的目标是通过优化和有效利用稻米业中所有可用资源来支持和实施缅甸稻米业的可持续发展。

（三）泰国大米出口商协会

泰国大米出口商协会成立于 1918 年，最初名称是暹罗莱斯协会。1927 年，暹罗稻米协会更名为稻米商人协会。随着越来越多的成员从事大米出口，泰国也成为世界上最大的大米出口国。1962 年更名为泰国大米贸易商协会，1980 年再次更名为大米出口商协会。该协会在促进泰国大米生产与贸易中发挥了重要作用。

除了与会员和商务部有密切和诚恳的合作外，该协会还与泰国贸易委员会、泰国商会以及其他相关协会（如泰国农民协会、泰国米农协会和泰国大米批发商协会等）保持密切联系。目标是在行业利益相关者之间建立合作和理解，并忠实地遵守政府的贸易政策和其他法规。政府的许多发展计划都得到该协会的积极支持或合作，例如每年举办一次"泰国香米大米比赛"，以促进香米的种植和质量提升。

大米出口商协会的主要目标是促进泰国大米出口业务，为此它还发挥许多重要功能：增进成员之间交流知识和信息；促进与泰国稻米厂协会、泰国农民协会和泰国稻米协会的合作；就稻米贸易政策向政府提供合作和支持；维护会员大米贸易业务的利益，促进公平竞争；与泰国贸易委员会合作，促进食品和农业贸易发展。泰国大米出口商协会还履行着另一个重要职能，即成为有关泰国和世界大米行业信息和统计的重要数据库。

（四）越南海鲜出口商和生产者协会（VASEP）

越南海鲜出口商和生产者协会（VASEP）是一个基于自愿、自治和平等原则的非政府组织。VASEP 的成员包括越南的海鲜生产商、出口商以及在海鲜生产领域提供服务的公司。在相互支持的基础上，该协会于 1998 年 6 月 12 日成立，旨在协调企业运营，以提高越南海产品的价值、质量和竞争能力，维护成员的合法权益。

VASEP 成员包括各种经济形式的企业、越南海产品出口和加工的行政管理部门。VASEP 的大多数成员都是有声望的海产品生产商和出口商，占越南海产品出口总额的 80%，其他是服务企业。VASEP 的主要任务是支持成员提高业务能力，开放市场并增强越南海产品的竞争力，为越南渔业的发展做出贡献；建立和发展联系机制，并基于共同利益协调成员的活动；保护协会和会员的合法利益；代表成员向政府提交有关发展海产品加工和进出口贸易的建议和请愿书；建立和发展国际关系。

第六章 CHAPTER 6
东盟农业政策 ▶▶▶

东盟国家的农业政策体系包括：粮食安全政策、农业贸易政策、农业保险政策、农业补贴与价格支持政策、环境保护与资源开发政策等，形成支持农业发展的政策体系。

第一节 粮食安全政策

粮食安全的概念产生于 20 世纪 70 年代。1976 年联合国粮农组织（FAO）在第一次世界粮食首脑会议上首次提出粮食安全问题。1996 年 11 月世界粮食首脑会议通过《世界粮食安全罗马宣言》和《世界粮食首脑会议行动计划》。《罗马宣言》重申了人人享有免于饥饿、获得充足食物的基本权利，并指出："所有人在任何时候都能够在物质上和经济上获得足够、安全和富有营养的粮食，来满足其积极和健康生活的膳食需要及食物喜好时，才实现了粮食安全。"粮食安全概念包括三个具体目标：一是确保生产足够数量的粮食，即生产安全；二是最大限度地稳定粮食供应，即供给安全；三是确保所有需要粮食的人都能获得粮食，即消费安全（孔志坚、寸佳莅，2018）。

粮食安全政策包括三个方面的政策：一是粮食增产政策；二是粮食流通政策；三是粮食储备政策。三个方面政策从三个环节保障粮食安全。粮食增产政策是从扩大自身生产角度来提升粮食供应能力，满足需求；粮食流通政策是从市场流通调配角度来满足需求，例如促进国内外市场的粮食流通、进出口贸易等来满足需求；粮食储备政策是通过国家粮食采购、粮食价格支持等保护生产，构建粮食安全网。

对于许多发展中国家而言，尽管它们可能拥有丰富的自然资源，但是并不能保证本国的粮食安全。因为粮食生产受到地理因素、历史因素、制度因素、技术因素、人口因素、市场因素、政策因素和社会因素等多方面的影响，粮食生产波动就很容易造成粮食安全问题。由于历史因素的影响，一些发展中国家的经济结构单一、农业生产技术与管理水平相对落后，一旦出现人口增长过快的情形，就会出现粮食供应不足的问题，饥饿、贫困和营养不足等问题也接踵出现。另外，对于一些中等发达程度以上的国家而言，当粮食数量安全问题得到解决时，它们需要提升粮食质量，满足更高层次的需求，对产品质量、营养和生态环境等问题也愈发重视。

2019 年国际粮食政策研究所发布的全球饥饿指数（GHI），是反映每年各个发展中国家相对于总人口的营养不足率、5 岁以下儿童的低体重率和死亡率等的综合指数。指数以百分制来衡量一个国家，其中 0 为最佳（不存在饥饿），100 为最差（即分数越高，该国的食物状况越差）。2018 年菲律宾 GHI 得分为 20.2，排名 69 位。与 2000 年的 25.9，2005 年的 21.6 和 2010 年的 20.6 相比有所改善，但仍属于 20～34.9 的"严重"范围内。缅甸的 GHI 得分为 20.1（68 位），印度尼西亚的 GHI 得分为 21.9（73 位），柬埔寨的 GHI 得分为 23.7（78 位），老挝的 GHI 得分为 25.3（83 位）。中国 GHI 得分为 7.6，排名 25 位。可见，部分东盟国家仍面临较严重的粮食安全问题。

一、印度尼西亚的粮食安全政策

印度尼西亚尽管土地肥沃，雨量丰沛，但是一直面临粮食不能实现完全自给的问题。特别是在 20 世纪 90 年代以后，人口快速增长、城市经济和工业经济也快速发展，使得印度尼西亚一方面出现农产品需求增加，另一方面农业生产面临劳动力减少、投入减少等问题，粮食自给反而无法得到保证。印度尼西亚政府颁布多项政策措施提升粮食自给能力，保障粮食安全。

一是制定粮食增产计划，提升粮食供给能力。印度尼西亚政府将粮食自给提升到国家粮食主权的高度。2014 年新上任的佐科总统要求政府解决大米、玉米、大豆、糖这 4 种农产品的自给问题，并在 2018 年实现粮食自给自足的目标。按照政府的计划，农业领域的首要任务是提高粮食生产水平，扩大耕地面积。政府计划在 2014—2019 年间扩大稻谷产量、玉米产量、白糖产量和渔业产量（吴崇伯，2017）。

二是提高农业预算开支，支持农业发展。政府要求继续提高农业预算开支，以支持农业发展。2014 年印度尼西亚农业预算只有 14 万亿印度尼西亚盾（约合 10.8 亿美元），2015 年增加至 32 万亿印度尼西亚盾（约合 24.6 亿美元）。新增的预算主要用于改善农业基础设施，修建水库，以应对气候变化带来的影响，提高粮食产量。

三是完善农田灌溉系统，扩大粮食作物种植面积。印度尼西亚农业生产的弹性很大，其中一个影响因素就是灌溉系统。由于许多灌溉设施年久失修，损坏严重，粮食生产受到自然因素的影响很大，且在旱季粮食产量减产十分严重。农业部在印度尼西亚 18 个省区 60 个县区的调查发现，农田水利灌溉系统损坏率超过 50％。如果灌溉系统改善，印度尼西亚的水稻种植面积可增加 300 多万公顷。政府在 2014—2019 年的中期建设计划中，将新建 100 万公顷耕地的灌溉系统和修复 300 万公顷耕地的灌溉系统。

四是为农民提供优惠贷款和农业机械，帮助他们优化选种，提高化肥质量，提高粮食生产效率。2015 年印度尼西亚政府为农民免费提供近万台拖拉机，2016 年提供的免费拖拉机增至 6 万多台。除此之外，农业部还免费提供可供 500 万公顷土地播种的优质种子及化肥，帮助农民提高产量及收入。

在一系列措施的支持下，印度尼西亚的粮食自给能力有了提升。依据联合国粮农组织的数据，2015 年印度尼西亚的稻谷耕种面积为 1 790 万公顷，2018 年增长至 2 124 万公顷，增加了近 400 万公顷。

二、缅甸的粮食安全政策

为了保障粮食安全，早在 20 世纪 90 年代缅甸政府就采取了一系列措施扩大农业生产。

一是提升空闲土地利用率，扩大种植面积。土地是粮食种植的基础条件，缅甸政府为了增加粮食产量，对土地政策进行了调整，颁布了一系列法规。1991 年 11 月颁布《缅甸中央关于空地、闲地、荒地管理委员会职责与权力的命令》，同年 12 月又颁布《缅甸空地、闲地、荒地管理实施细则》，鼓励农民利用空地、闲地、荒地从事种植业、养殖业及相关经济发展。经过多年的发展，缅甸的空闲土地从 1991 年的 191 万公顷下降到 2008 年度的 26 万公顷。

二是发展良种培育，增加生产投入，提高产量。为了扶持水稻生产，缅甸政府从资金、化肥、灌溉用水等方面对水稻生产给予支持。

三是成立缅甸农产品贸易公司，加强粮食储备的计划管理。1989年成立缅甸农产品贸易公司，该公司的主要职能是：执行中央政府的粮食政策；制定全国的粮食需求计划；管理国家粮食进口；负责粮食等农产品的收购、加工、储藏、包装和运输等。缅甸农产品贸易公司是缅甸最大的经济组织（孔志坚，2010）。缅甸的粮食储备也由农产品贸易公司负责，该公司和地区分部做出各地区粮食需求的估算，在此基础上再制定全国总需求计划。

四是改善粮食流通，提高保障能力。一方面，缅甸政府为了调动农民种粮的积极性，在2003年4月颁布包括出口条例在内的稻米自由交易法令，规定政府不再直接从农户手中征购稻谷。缅甸农民可以自由从事稻谷或大米交易，交易价随行就市，不允许垄断经营。另一方面，为了保障粮食安全，政府规定贸易商必须将其从农户手中购买的稻谷中的10%按市场价格卖给政府，作为国家粮食储备。

三、老挝的粮食安全政策

直到最近10年，老挝的农业生产才有很大发展。由于国内80%的土地是山地，老挝的耕地面积比例并不高，再加上灌溉系统不完善，老挝的稻谷耕地面积会在旱季有较大的减少。在老挝政府制定的《2025年农业发展战略计划和2030年愿景》中，要求用现代农业生产方法，以帮助推进老挝粮食安全和减少农村贫困。

一是调整土地政策，提升农民生产积极性。老挝实行土地公有制，国家是土地的唯一所有者。老挝政府将农田和林地的使用权划分到户，农民获得长期使用权和继承权，充分调动农民种粮积极性，确保本国粮食安全。

二是加强农田水利基础设施建设，扩大稻谷种植面积。除了保持传统雨季稻谷种植区域，老挝还扩大了北部川圹等七个旱稻主要产区生产，以增加粮食产量。老挝政府投入资金对农业灌溉系统进行升级改造。2010年全国水利灌溉面积仅15万平方千米，2015年提升到31.5万平方千米（孔志坚、寸佳苢，2018）。

三是积极争取国际社会的合作、援助与投资，保障老挝粮食安全。老挝与中国的粮食安全合作包括：共建农业科技示范园、中国企业加大对老挝农业的投资以及罂粟替代种植项目等。老挝和泰国政府的合作主要是共建农业协作试验中心，推广泰国"茉莉香"粳米种植。老挝和越南的合作主要是在老挝援建农业技术服务中心和畜牧养殖。2016 年 3 月，老挝万象农林厅与越南胡志明市农业与农村发展厅合作，致力于帮助老挝牲畜饲养者养殖用于消费和出口的肉牛。2016 年 12 月 16 日，由越南政府无偿援助的老挝川圹省农业技术服务中心建成。2017 年 7 月，新西兰政府向老挝提供超过 360 万美元的援助，用于提升老挝牛肉的质量和数量（孔志坚、寸佳苤，2018）。老挝政府还积极与亚洲开发银行、联合国粮农组织等合作，获得它们的帮助。2017 年 6 月，老挝政府与亚洲开发银行签订合同，亚洲开发银行援助 3 650 万美元以帮助老挝北部四省改善农村基础设施。

四、菲律宾的粮食安全政策

菲律宾也为粮食安全问题困扰多年。根据英国 Maplecroft 风险分析公司发布的《2010 年世界粮食安全风险指数报告》，在报告调查的 163 个经济体中，菲律宾被列入"高风险"国家。该报告采用的标准主要有粮食产量、人均 GDP、极端气候发生率、农业生产水平、物流基础设施和政府效率等。菲律宾的粮食安全风险与极端气候频发、人口快速增长和政府应对不足有关。根据菲律宾《星报》（Philstar）的报道，2019 年菲律宾的大米自给率下降至 79.8%，同比下降了 6.4 个百分点，很难为不断增长的人口提供足够的粮食。与此同时，菲律宾对主粮的进口依赖性持续增加，进口依存率从 2018 年的 13.83% 增加到 2019 年的 20.2%。

菲律宾政府制定了一系列政策措施保障粮食安全。一是政府在水利灌溉等生产所需的基础设施方面投入巨资，提升供给能力，争取实现大米生产的自给自足。为了实现该目标，农业部增加了投入预算。2020 年农业部的预算为 700 亿比索，2021 年农业部的预算总额超过 2 800 亿比索。2020 年，为了应对新冠肺炎疫情的冲击，菲律宾政府专门拨款 1 400 亿比索用于加快经济复苏和增强经济弹性计划，其中包括 170 亿比索用于资助农业，确保粮食安全。近年来，菲律宾新增的水稻种植面积相当一部分来自非灌区。在政府的各项灌溉工程的推动下，灌区面积持续扩大，提高了菲律宾大米生产的稳定性。

二是提高生产率，培育优质水稻品种。在国际水稻研究所的帮助下，菲律宾将大米单产从每公顷 3.5 吨提高到 5 吨。在大米竞争力增强基金（RCEF）的资助下，通过为农民提供化肥、扩大自交稻产量、提供种子等，增加水稻产量。

三是 2020 年政府实施"大种特种"计划，其中为粮食安全计划（ALPAS）提供 310 亿比索预算，目的是生产更多大米，将自给水平从目前的 87% 提高到 93%。2020 年菲律宾农业部召集农业、科技、经济等领域的知名专家，设立了农业专家组（SAGE），为农业部提供管理咨询，旨在粮食安全和防灾政策框架的指导下，就如何有效实施农业部主要规划（尤其是大种特种计划）提供建议，就农场集群合并、农业基础设施建设、农民合作社和协会发展、农作物保险机制等问题提供咨询。农业专家组成员包括多位前农业部长和大学校长。同时，菲律宾积极寻求国际援助和合作，提升粮食生产能力。2020 年菲律宾农业部与世界银行合作，寻求贷款，为农场现代化项目提供资金（3.8 亿美元贷款），资助粮食生产增强计划，即"大种特种"计划。

五、越南的粮食安全政策

与其他东盟国家不同，越南政府不仅强调为本国人民提供足够数量的粮食，还致力于提升农产品质量，满足更高层次的需求。越南近些年来经济快速发展，人民生活水平提升很快，对高质量产品的需求也大幅增加。2009 年 12 月，越南政府发布了《63/NQ-CP 粮食安全决议》，以确保国家粮食安全。该决议的目标有三个方面：一是确保为当前和长期的国家粮食安全提供充足的粮食供应来源，满足营养需求，结束粮食短缺和饥饿；二是改善粮食消费结构和质量，加强精耕细作；三是确保大米生产商获得更高的利润。为了实现这些目标，政府部门为各种产品制定了 2020 年的具体生产目标，例如保护 380 万公顷稻田，生产 4 100 万～4 300 万吨大米，满足所有国内需求，每年出口约 400 万吨大米。

越南政府还制定了对应措施实现这些目标。包括：一是制定粮食生产规划和稻田规划，统一协调全国生产；二是改善农业基础设施，实施灌溉工程和新的堤坝系统，扩大耕种面积；三是建造粮食储备和保存仓库，保障粮食安全；四是选择、创造和生产适当的高产优质植物品种和动物品种，提升粮食质量等；五是巩固食品流通和出口体系，提升粮食流通效率；六是食品生产组织模式的革新等。此外，越南政府还提供了降低生产成本、增加稻农收入等重要措施，确保水稻生产的利润比生产成本高 30％以上（农业部农业贸易促进中心，2017）。

第二节　农业补贴与价格支持政策

一、农业生产支持政策

OECD 公布有各国给予农业生产的政策支持力度的估值。其中，PSE（Producer Support Estimation）是重要衡量指标之一。PSE 包括两大项目，一是市场价格支持（MPS）；二是政府预算支持。政府预算支持包括基于产出量、耕种面积或牲畜头数的政府转移支付支持。其中，PSE 与农业总收入的比例是一个重要分析指标，它可以度量由于农业政策的实施为农业生产者提供的转移支付占农业总收入的份额。PSE 可正可负，负值表明政府对农业生产隐形征税。

从印度尼西亚、菲律宾、越南和世界主要国家的比较来看，近年来印度尼西亚和菲律宾政府对农业生产支持占农业收入的比重有所提升，超过了 OECD 国家的平均水平。2019 年 OECD 国家的农业生产支持占农业收入的比例为 17.75％，印度尼西亚、菲律宾和越南的这一比例分别为 23.35％、27.08％ 和 －9.66％。中国在 2019 年的农业生产支持占农业收入的比例为 12.10％。2019 年农业生产的政府支持力度较大的国家是日本（41.3％）、韩国（46.12％）、挪威（57.63％）。政府的支持力度水平不仅与一国的农业发展状况紧密相关，也与政府的财政收入状况紧密相关。发达国家的政府财政收入充足，有能力提供大幅度的支持，而发展中国家则面临相应的预算约束。另外，具有农产品出口竞争力的国家的支持往往较弱，或无需支持，出口由私营企业的市场竞争机制驱动。

自 2000 年以来，中国政府对农业生产的支持有所提升，不过自 2015 年以来，中国政府对农业生产的支持在逐渐下降，每年的下降幅度大约为 5％。从 PSE 规模上看，中国是其中农业生产支持数额最高的（表 6-1）。2015—2019 年，印度尼西亚政府的农业生产者支持（PSE）的主要形式是提供价格支持和对可变投入物品的预算补贴。自 2015 年以来，糖、大豆和水稻的政府最低收购价名义上一直保持不变。为促进水稻生产，政府对灌溉基础设施的投资持续增长，并且大米的市场价格支持是 PSE 最主要的组成部分。菲律宾的农业生产者支持包括市场价格支持和基于投入品使用的补贴支持这两类政策措施。政府一方面通过管控农产品的购销价格和流通渠道、积累和管理国家粮食储备来稳定国内生产者价格和供给；另一方面，菲律宾政府为使国内市场价格免受国际市场价格波动的影响，通过关税和关税配额及出口管制等非关税措施对外国农产品进口设置"门槛"，以避免国外农产品进口对本国农产品造成冲击。这一系列稳定国内农产品价格和供给的举措使得市场价格支持成为了农业生产者支持的主要组成部分，它的变动将对农业生产者支持估计及农业支持总量产生直接影响。另一类是基于投入品使用的补贴支持措施，主要是针对种子、化肥等可变投入品和农场设备等固定资产投入品提供补贴。越南的 PSE 为负数的主要原因是政府对农业生产者隐含征收了农业税，例如玉米、甘蔗和牛肉等进口竞争商品的生产者受到了关税保护，但是若干出口商品的生产者却被隐形征税（表 6-1）。

表 6-1　农业生产者支持（PSE）

单位：百万美元

国家	2015 年	2016 年	2017 年	2018 年	2019 年
中国	221 502	211 146	203 314	185 202	185 912
印度尼西亚	27 932	29 270	31 613	28 781	29 387
菲律宾	8 318	7 889	7 088	8 490	7 326
越南	−981	−1 827	5	−4 418	−3 745

资料来源：经合组织（OECD）网站。

二、部分国家的农业补贴与价格支持政策

（一）印度尼西亚的补贴与价格支持政策

印度尼西亚的农业补贴和价格支持政策可以分为：大米补贴与价格支持、橡胶补贴与价格支持、化肥购置支持、农业机械使用补贴和疫情补贴等。

一是大米补贴与价格支持。印度尼西亚的大米价格支持政策主要由 BU-LOG（印度尼西亚国家食品采购机构）管理，BULOG 以高于市场价格向农民收购大米，收购总量为大米年产量的 5%，收购来的稻米主要用于以补贴的价

格向贫困家庭出售以及通过公开市场操作购进或出售大米将价格稳定在合理区间（Tahlim Sudaryanto，2006）。

二是橡胶补贴与价格支持。印度尼西亚是全球第二大天然橡胶生产国，但是天然橡胶的价格经常波动，损害种植户的利益。例如，2016 年 2 月天然橡胶的价格触及七年低位，因为供应出现了长期过剩的情况。为了提高橡胶价格，政府和国有企业购买了 50 万吨国产橡胶以支撑胶价，同时政府还启动了一项重新种植计划。2018 年天然橡胶价格低位震荡，为此，印度尼西亚政府下令公共工程部 12 月起直接向农户和合作社采购橡胶，提振国产橡胶生产。

三是化肥购置补贴。肥料购置补贴计划旨在实现两个目标：一是提高农业生产率和维护国家粮食安全；二是提高农民优化肥料使用的能力。此外，肥料购置补贴对于保护农民福利、减少贫困和稳定农产品价格也起到重要作用。印度尼西亚政府对化肥补贴的金额从 2015 年的 30 万亿印度尼西亚盾（22 亿美元）增加到 2019 年的 37.3 万亿印度尼西亚盾（26.4 亿美元），补贴的化肥总量约为 888 万吨。总的来说，2019 年，化肥补贴占农业补贴总预算支出的 30.7%（OECD，2020）。

四是农业机械补贴。印度尼西亚政府为农民免费提供农业机械装备。2018 年，农业部向农民团体提供价值为 3.68 万亿印度尼西亚盾（2.55 亿美元）的 70 309 台机械，包括拖拉机、水泵、插秧机、耕耘机、挖掘机和喷雾器等。

（二）菲律宾的补贴与价格支持政策

菲律宾的农产品价格支持政策的目标：一是保护农民免受严重的产品价格波动的影响，特别是为了减轻收获高峰期价格降低的影响；二是为农户提供一个健康稳定的农业市场，提高农户种植的积极性；三是通过鼓励农民来提高农业生产效率（文双雅、高志强，2018）。

首先，国家粮食署（NFA）的价格支持。菲律宾的农产品价格支持政策由国家粮食署来管控。通常由 NFA 建议一个农产品支持价格水平，待总统批准后由 NFA 实施。NFA 的主要作用在于：保障农户获得合理的农业生产种植收益，鼓励粮食生产；确保国家粮食安全，稳定供给和市场价格，保障国家缓冲库存储备。NFA 的大米收购一般在每年的收获高峰期（10—12 月）进行，此时大米市场价格最低，大米价格支持政策也在此时发挥了重要的作用：

NFA以支持价格向农民收购稻谷，该价格可以让农民获得30%～35%的生产回报。此举稳定了大米市场价格，也不至于使农民遭受亏损。2010—2014年，菲律宾政府的稻谷收购量占总产量的比重平均约为3.2%。国家粮食署收购回来的稻谷将全部纳入政府缓冲库存。

其次，支持水稻生产补贴。为提高稻农生产力和提升菲律宾大米在激烈的国际市场上的竞争力，2019年，菲律宾政府设立了大米竞争力增强基金（RCEF），在未来六年内每年拨款100亿比索（合计1.923亿美元），分别用于水稻农业机械和设备（50亿比索），水稻种子开发、繁殖和推广（30亿比索），信贷和扩建（10亿比索）。

再次，其他农作物种植补贴支持。一方面，支持橡胶种植。为了促进本国天然橡胶业的发展，菲律宾农业部在2000年提供政府预算6 100万比索用于更新1万公顷胶园。此外，菲律宾Ouedan信用和担保公司提供3 000万比索信贷给小胶农和橡胶加工合作社（唐仕华，2000）。2011年，菲律宾巴西兰省（Basilan）政府制定了一项"先种树、后付款"的政策，从财政支持和技术支持上鼓励农民种植橡胶树。当地政府从该省发展基金中拨款500万比索，用来修建一座苗圃和示范农场，改进橡胶树苗（扬子江，2011）。2015年，菲律宾农业部及和平进程计划总统顾问办公室联合发起橡胶园支持计划，预算230万比索（约4万美元），向菲律宾东纳卯省附近地区的胶农免费发放橡胶树苗以改善生计。此外，支持烟草种植。根据菲律宾预算部（DBM）的资料显示，截至2018年，烟草基金已达到625亿比索。

最后，农业机械补贴。2011年政府推出了"稻米机械化计划"，为符合条件的农民提供85%的农业机械设备补贴，该计划主要提供机械干燥机、手扶拖拉机、水稻联合收割机等农业机械。2011—2016年，该计划的预算支出达160亿比索（3.69亿美元）。2013年，菲律宾通过了《农渔业机械化法》，并在2016—2022年实施"国家农渔业机械化计划"，以提高农业生产的机械化水平，减少产后损失（姚燕，2019）。

（三）泰国的补贴与价格支持政策

1. 大米价格支持政策

泰国是世界上大米出口大国之一，历届泰国政府都很重视大米价格支持政策，提升大米出口的竞争力。

一是初步建立大米价格支持系统。早在 20 世纪 90 年代，泰国开始实行系统的大米价格支持计划，包括稻谷典押计划和稻谷购买计划。稻谷典押计划是 1984 年制定的"仓储及典押计划"的延伸，该计划规定：在稻米收获季节，如果稻米市场价格低于政府规定的目标，农民可以利用收获的稻米作为抵押品，向商务部的公共仓储组织（PWO）和农业与合作社部的农民市场组织（MOF）获得低息典押贷款凭证，并从泰国农业与合作社银行（BAAC）获得贷款。在典押期限内，如果市场价格高于贷款价格，农民能以贷款价加上较低的贷款利息将典押粮食赎回，在市场上自由销售。反之，如果市场价格始终低于贷款价格，农民可以不必赎回。政府完全获得典押大米的所有权，农民免除此前的贷款负债。这种典押计划给予了农民更多的选择权，避免了价格下跌风险，也大大激发了他们的生产积极性。

2001 年政府从稻谷典押计划向价格支持政策转变。农民与泰国农业与合作社银行（BAAC）、大米加工商合作，规避价格风险。大米价格支持计划中的另一项政策是稻谷购买计划，即政府部门或者国有企业向市场直接收购粮食，2000 年泰国农业与合作社部的农业合作社司、农业推广司下属的农民协会等购买了 19 亿泰铢的大米。

二是稻谷保价计划。2008 年 12 月泰国政府推出了"价格保险计划"。在该政策框架下，市场价格由国内大米市场供求决定；政府设定最低收购价，当市场价格低于政府设定的最低价格时，政府将从国内市场收购大米。不过，政府设定的最低价格参考曼谷过去 15 天的平均历史零售价格决定，会经常变动。为了保障农民的收入，政府还设定了一个收入保险价格，即收入保险价格在减去单位生产成本后仍能使农民获得 30%～40% 的利润。如果政府设定的最低价格低于保险价格，会给予农民补偿款以保障农民收益。

三是大米典押计划。2011 年 10 月 1 日，政府实施大米典押计划，政府以高于市场价格 50% 的价格收购大米，试图通过减少市场供应，推高国际市场的大米价格，刺激农业生产。截至 2013 年，泰国的大米总仓储量达到 1 200 万吨，同比增长 25%。但是，该项政策最终失败，它没有考虑到国际市场的弹性，国际大米的价格非但没有上涨反而下降了，给泰国带来了大米库存积压和财政负担等问题（钟钰等，2014；龚锡强，2014）。

四是稻谷价格补救措施。2014 年政府实施种稻补贴计划和软贷款措施，扶持农民生产。补贴计划对 15 莱（即 2.4 公顷）耕地以下的农民每户每莱补贴 500 泰铢，即每公顷补贴 3 125 泰铢（约合 96 美元），占种植成本的八分之一。根据每公顷 2.85 吨稻米单产计算，补贴金额约折合每吨稻米 34 美元。软贷款措施是指为稻谷生产提供低至 3% 的贷款利息，农民仅需承担 50～90 铢/莱的利息。作为稻谷价格补救措施的一部分，泰国农业与合作社银行于 2014 年 7 月为稻农筹备了 1 370 亿铢低利息贷款。除此之外，2014 年 10 月，政府又实施"每莱千铢助农计划"，给予农民总计 400 亿铢的补贴。

五是稻谷价格支持政策。2019 年 10 月 15 日，政府开始实施价格保护计划。根据该计划，如果市场价格低于保护价，则由负责管理该计划的机构——泰国农业与合作社银行（BAAC）向农民支付差价。保护价从每吨 10 000 泰铢至 15 000 泰铢不等，补贴水平取决于稻谷的类别，包括非黏性白米、黏米、玫瑰香米和其他香米。此外，政府对享受保护价格计划的数量加以了限制，每户 14 吨至 30 吨不等，取决于稻米类别。该措施的目的是扶持生产并确保农民获得的价格得有所偿。根据 2020/2021 年度的稻农保价计划，保价预算总金额增至 468 亿泰铢。

2. 橡胶种植补贴与价格支持

泰国是橡胶种植和出口大国，保持泰国橡胶的供应稳定和价格稳定对泰国农业发展来说十分重要。近年来，泰国政府为促进橡胶种植、稳定橡胶价格出台了许多支持政策。在 2009 年，泰国农业与合作社银行（BAAC）投资 80 亿泰铢，以提振不断走跌的橡胶价格。根据这项计划，政府将预算资金发放给合作社和其他监督橡胶和油棕的组织，它们用这笔钱购买 20 万吨橡胶直至其价格回升。2013 年 9 月，泰国政府决定拨款 10 亿美元（300 亿泰铢）补助胶农。其中 100 亿泰铢将用于降低生产成本，150 亿泰铢用来为橡胶深加工企业配置新的机械设备，另外 50 亿泰铢用来帮助农业合作社设立更多的橡胶生产工厂。2014 年，橡胶价格从原来每千克 100 泰铢跌至 50 泰铢，农户缺乏偿还债务能力。泰国农业与合作社银行对 36 万户橡胶种植客户实行债务展期，涉及债务款项累计 400 亿泰铢。2018 年，泰国政府制定了未来五年内每年减少其国内橡胶树种植面积 3.24 万公顷的计划。同时，泰国橡胶管理局提交了一项 90 亿泰铢预算，向 30 万户胶农提供经济补贴的胶农补贴方案。此次补贴方案主要针对胶林面积不超过 10 莱的胶农，每莱每月补贴 1 000 泰铢，合计补贴 3 个月。

此外，泰国政府还为橡胶种植户提供橡胶树更新替代种植补贴、橡胶差价补贴等，支持橡胶种植产业发展。

3. 其他农作物补贴与价格支持

其他作物补贴包括：①玉米保价补贴。泰国政府给玉米种植者补助 9.23 亿泰铢，补贴标准是按照每千克 8.5 铢给每户玉米种植者补助款项，每户累计最多不超过 30 莱。②棕榈保价支持。早在 2009 年 3 月，政府就开始干预棕榈果价格，规定市场收购价为每千克 3.5 铢。此外，政府向炼油厂收购 20 万吨棕榈油。2018 年上半年，棕榈油的价格呈大幅度下跌，棕榈农场主平均每千克损失 1.3 铢，每莱损失约 5 000 铢。泰国政府采取了多项措施稳定棕榈价格：一是利用中央紧急经费 5.25 亿铢帮助提高国内棕榈油的出口竞争力；二是加速推广使用 B20 生物柴油，帮助消化国内超过 30 万吨的棕榈油库存量，以利于棕榈油行情复苏。③木薯产业补贴。2014 年，政府对木薯产业实施扶助，其中有两项短期措施：一是提供利息补贴；二是提供流动资金贷款，政府对贷款进行利息补贴；三是为推广利用点滴式灌溉系统提供贷款，改进种植和提高产量；四是为木薯加工提升生产标准计划提供 24 个月总额 9 亿铢的贷款。

4. 农业机械补贴

为了提升农业生产率，泰国政府为农业机械利用提供补贴。2015 年，泰国政府提供总额为 2.54 亿泰铢（约合 4 529 万元人民币）的农业机械补贴分配给农民，以期降低他们购买农机的负担。这笔款项被分配给泰国 21 个省份的农民和合法注册的农民合作社，补贴机械的范围涵盖收割机、拖拉机、稻田平整机械等。2015 年，泰国农业与合作社银行推出总额为 200 亿泰铢（约合 35.44 亿元人民币）的贷款计划，支持农民购买农机（马铮，2015）。

5. 新冠肺炎疫情补贴

2020 年，新冠肺炎疫情对泰国农产品的消费、价格、出口以及农民收入带来不利冲击。泰国政府对大米、木薯、玉米、橡胶、甘蔗、棕榈果等重要农产品实施最低价格补贴，政府划拨 677.54 亿泰铢，对符合保价计划要求的 730 多万农户进行价格补贴。2020 年 5—7 月，泰国政府向不超过 1 000 万农民发放每户每月 5 000 泰铢生活补贴。同时，对农民的贷款给予暂缓还贷及利息补贴 3％。泰国政府还实施 2020/2021 年度稻米保障计划，补贴总预算为 919.1 亿泰铢。对全国 50 个水果加工厂，每个加工厂补贴 50 万泰铢，给予水果出口商每千克补贴 3 泰铢。截至 2020 年 9 月，泰国农业与合作社银行向受新冠肺炎疫情影响的农民发放补助金，总金额超过 1 130 亿铢。

（四）越南的补贴和价格支持政策

一是渔业补贴。为了鼓励和支持近海渔民水产养殖和海洋捕捞，越南政府在 2010 年颁布了第 48/2010/QD－TTg 号决议，给予渔业生产补贴。政府不仅为船体保险、海员意外保险和购买船舶通信设备的费用提供支持，并且根据船只的容量，给予 1 800～6 000 万越南盾的补贴支持（OECD，2019）。

二是农业设施补贴。越南政府在 2012 年 9 月 10 日通过了第 67/2012/ND－CP 号法令：如果个人和家庭将地表水用于农业目的，则免除灌溉费，这意味着农民的生产成本降低了约 5%～10%。2018 年 5 月，政府颁布了第 77/2018/ND－CP 号法令，支持发展小规模灌溉。该法令为灌溉基础设施的建设提供支持，助力发展先进的节水灌溉系统。对于投资禽畜集中养殖项目，越南政府给予每个项目资助 30 亿～50 亿盾（约合 14 万～23 万美元），用于基础设施建设；对于海产品养殖投资项目，每个项目资助 100 立方米的网箱水域面积。

三是农业机械补贴。为了鼓励越南农业机械制造，2013 年 6 月，越南政府通过了关于修订和补充《企业所得税法》若干条款的第 32/2013/QH13 号法律。该政策旨在支持农业机械制造企业的发展，从而提高机械化程度，提高农产品生产率和质量，并增加农民收入。这为农业、林业、渔业和盐业的生产机械设备制造企业提供长达 10 年 20% 的优惠税率、2 年的免税优惠、4 年减税 50% 的扶持。

（五）东盟的农业补贴与价格支持政策的总结

与其他东盟国家相比，泰国的农业补贴与价格支持政策更为精细，政策效果更好。其原因包括：一是泰国引入商业银行等市场主体参与价格支持，例如泰国农业与合作社银行以提供农业优惠贷款的形式支持农业生产，而政府对农户的贷款利息进行补贴，不仅减轻了农户的生产投入成本，也激励了生产。二是泰国的支持政策引入了更多的市场因素，并非政府的直接收购和财政补贴，它以农户参与市场活动（例如进出口贸易等）为基础，补贴和支持力度随市场行情变化，不仅减轻了农户受市场波动而承受的负面影响，也在一定程度上减轻了政府实施补贴和支持的财政负担。三是补贴和价格支持政策更为精细，引导性强。例如，泰国政府实施的稻米价格保护计划中，补贴水平取决于稻谷的类别，包括非黏性白米、黏米、玫瑰香米和其他香米，这种差异补贴能够在一定程度激励农户调整产品结构，使其农业生产与国家农业发展的大方向保持一致。

第三节　农业保险政策

农业风险可分为三类，即生产风险（由于天气、生物或劳动力不足导致的风险）、市场相关风险（由于产品价格、市场供求波动导致的风险）和经营环境风险（由于政策和政治波动导致的风险）（Sinha，Tripathi，2014）。农业保险是为农业生产者在农业生产过程中遭受自然灾害、疫病、市场风险等保险事故所造成的经济损失提供保障的一种保险。农业保险也是农业补贴的一种有效替代方式，能减少自然灾害的影响，稳定农民收入，降低农业生产风险，提高农民生产积极性。

政府在构建农业保险体系方面发挥重要作用。政府对农业保险计划的支持类型有：提供保费补贴、国家再保险保护、价格支持机制、退税；提供作物和天气数据、数据处理、精算、产品设计和保险绩效分析等服务；改进基础设施，例如气象站、灌溉系统等（Lopulisa等，2018），增强风险的预警能力和应对能力。

一、印度尼西亚的农业保险政策

印度尼西亚容易遭受自然灾害的影响，例如病虫害、地震、海啸、洪水和干旱等，这些灾害对农民的生产活动和收入产生很大的影响。

在2012/2013年种植季节，印度尼西亚农业部实施了第一个试点水稻保险计划（AUTP），该保险涵盖了由虫害、疾病、洪水和干旱引起的风险。AUTP是一种基于稻谷赔偿的作物保险，主要提供给南苏门答腊省、西爪哇省和东爪哇省的农民。然而，由于技术原因，试点项目仅在南苏门答腊省和东爪哇省进行，这两个省每公顷土地的生产成本为500美元。只有当作物总损失大于或等于总成本的75%时，农民才能提出保险索赔，并且赔付金额等于保险金额乘以受损种植面积。总保费成本为每公顷15美元，其中政府补贴80%（或每公顷12美元），农民只需支付20%（或每公顷3美元）（Fadhliani、Luckstead、Wailes，2019；Mutaqin、Usami，2019）。

2013 年，印度尼西亚国会通过了《农民保护与赋权法案》（第 19/2013 号法律），农业保险在印度尼西亚有了法律依据。农业保险是为了保护农民免受以下原因造成的作物歉收损失：自然灾害，植物病虫害，动物传染病的暴发，气候变化的影响以及法规中规定的其他类型风险。政府从 2014 年财政预算中调拨 3 500 万美元支持农业保险项目，该农业保险的对象是土地面积 2 公顷以下的农户家庭，该项目可以覆盖到全国五分之一稻田。根据保险方案，农户每种植期内仅需支付 3.6 美元即可投保，一旦发生自然灾害和病虫害导致作物歉收，农户可获得每公顷 600 美元的赔偿[①]。

2014 年，为了补偿农户因自然灾害造成的农作物损失，政府提供了每公顷 69.3 美元的援助。省和县政府也制定了类似的政策，但根据地方政府的预算能力不同，其援助金额也不同。对于那些只遭受部分作物损失的农民，农业部以种子的形式提供援助，以刺激农民补种（Sudaryanto，2016）。

2015 年底，政府开始正式实施 AUTP 农业保险。在 AUTP 计划中，农民获得 80% 的保费补贴，自己只需支付总保费的 20%。印度尼西亚农业生产成本保险的保费由政府根据成本方法直接确定（生产者价值），如估算管理成本、赔偿和利润（Manik，2016）。截至 2016 年 5 月，印度尼西亚为全国 23.7% 的土地投保，目标为 100 万公顷（Ambarawati 等，2018）。不过，该保险计划在实施过程中，农民参加保险的比例较低。一方面，大额保费农民负担不起，他们不愿意加入和支付农业保险；另一方面，如果保费低于农民的支付意愿，政府补贴分配比例过高，就会导致政府支出效率低下（Mutaqin、Usami，2019）。

二、菲律宾的农业保险政策

菲律宾地处环太平洋火山带和台风带的中心位置，也是台风和其他自然灾害的多发地带，台风、泥石流、洪涝、地震等自然灾害给农业生产带来的影响都是破坏性的。例如，2020 年发生的台风"莫拉菲"（Molave）给农业带来的损失已上升至 26 亿比索；台风"天鹅"（Goni）给农业带来的损失已上升至

---

① 资料来源：热带农业对外合作信息服务平台．印度尼西亚．http://taicip.catas.cn/Item/36.aspx；http://finance.eastmoney.com/news/1351，20130807313008964.html.

29 亿比索，全国 7.8 万名农民和 11.5 万个农业地区受到影响，造成 26 万吨农产品损失，价值 100 多亿比索的基础设施遭到破坏，包括灌溉和农业设施①；台风"黄蜂"给菲律宾农业造成了大约 7 900 万比索的损失②；台风"巴蓬"给菲律宾农业造成了近 10 亿比索的损失，有超过 62 000 名农民和渔民遭受了损失③；台风"北冕"给菲律宾农业造成了近 19.3 亿比索的损失，影响了 47 639 公顷的农业用地和 20 830 名农民④。因此菲律宾政府对农业保险尤其是农业灾害保险十分重视。

一是"全国农业保证计划"。20 世纪 70 年代初，为了避免给农业提供贷款的银行因自然灾害而遭受损失，菲律宾设立了"农业贷款保险基金"。对因自然灾害造成农业生产损失且导致银行无法收回贷款的，农业贷款保险基金负责向银行赔偿无法偿还贷款的 85%。农民在申请贷款担保时，应按贷款金额缴纳 1%～2% 的保险费，才能获得担保（姚壬元，2009）。但这一保险计划也存在不足，即主要是为了维护银行的利益，并没有免除农民的还贷责任，自然灾害仍会导致农民承担贷款额的 15% 损失。基于这一不足，1978 年 9 月，菲律宾政府颁布《关于成立菲律宾农作物保险公司的总统令》，亦即《农作物保险法》，并依法于 1980 年 6 月成立了菲律宾农作物保险公司（PCIC），为农作物生产提供保险（姚壬元，2009）。

二是菲律宾农作物保险公司（PCIC）。菲律宾农作物保险公司在菲律宾的省级行政单位设立了区域组织。PCIC 从 1981 年开办农作物保险业务，首选水稻作为保险作物，1982 年 7 月 1 日开始增加了玉米保险，负责赔偿由于台风、洪水、干旱、地震等自然灾害以及病虫害所导致的农业损失。水稻和玉米作为菲律宾的两种主要农作物，其播种面积最广，影响国计民生，并且水稻、玉米种植在技术、投入水平、耕作方式等方面较为规范，有利于保险业务管理。此外，水稻和玉米都有长期的产量和损失统计资料，这有利于厘定费率和确定赔偿水平。1991 年 9 月，增加了烟草保险作物，1993 年 10 月开始对高价值经济

---

① 台风"莫拉菲"和"天鹅"对菲造成农业损失近 54 亿比索. 驻菲律宾共和国大使馆经济商务处. 2020 - 11 - 06. http://ph. mofcom. gov. cn/article/jmxw/202011/20201103013869. shtml.

② 台风"黄蜂"造成菲农业损失至少 7 900 万比索. 驻菲律宾共和国大使馆经济商务处. 2020 - 05 - 18. http://ph. mofcom. gov. cn/article/jmxw/202005/20200502965738. shtml.

③ 台风"巴蓬"对菲农业造成近 10 亿比索损失. 驻菲律宾经商参处. 2020 - 01 - 02. http://ph. mofcom. gov. cn/article/jmxw/202001/20200102927510. shtml.

④ 台风"北冕"造成菲农业损失近 20 亿比索. 驻菲律宾经商参处. 2019 - 12 - 06. http://ph. mofcom. gov. cn/article/jmxw/201912/20191202920169. shtml.

作物（包括芦笋、香蕉、甜瓜、甘蔗、西红柿、花生、马铃薯、大蒜、洋葱和工业木材等）提供农业保险业务，并与畜牧保险集团、私营非寿险公司联合开展了牲畜保险，承保范围包括牛、猪、山羊和家禽[①]。

菲律宾的农业保险费由国家、银行和农民三方缴纳，政府按保险费金额的80％发放保费补贴。如果农民需要通过银行贷款支付保费，银行将承担1.5％的保险费率，政府承担4.5％的保险费率。如果农民不贷款，政府将承担6％的保险费率。PCIC负责测算每年政府对保费的补贴金额，并将其纳入当年国家预算。同时，为了鼓励农业保险的开展，政府免除了农作物保险公司的一切税收（李超民，2006）。

三是2000年以来的农业保险发展。进入2000年以后，菲律宾农业保险迅速发展。2005年至2014年，参保作物总面积持续增加，2014年达到79.22万公顷，约占农业总用地面积的7％，是2005年6.86万公顷的近12倍。相应地，参保农民人数从2005年的53 883人增加到2014年的917 814人，增长了17倍。与此同时，政府在保险方面的预算支出也在迅速增加，从2005年的5 700万比索（100万美元）增加到2014年的12亿比索（2 700万美元）（姚燕，2019）。2016年PCIC因厄尔尼诺、台风和洪水造成的农作物和财产损失支付了16亿比索，使23.5万农民受益。这也是PCIC连续第二年支付超过10亿比索的保险赔偿金，2015年这一数字为13.79亿比索。2016年PCIC总投保人数107.5万人，保险面积达91.98万公顷，保费收入25.87亿比索，保险总额410.02亿比索[②]。2017年，菲律宾全国大约有15％的农民获得了农业保险补贴，在2018年农业保险覆盖率提高到了20％（OECD，2018）。

三、泰国的农业保险政策

根据世界银行的估计，2011年泰国农业在洪灾中的损失为12.603 3亿美元。除了洪涝，泰国几乎每年都面临旱灾，泰国的水稻作物受到的影响尤其巨大。根据泰国土地发展部的数据，泰国长期干旱地区占农业总面积的40％左

---

① 菲律宾农业保险和外商农业投资保险政策具体内容. 土流网. 2016 - 04 - 11. https://m. tuliu. com/wnews/read - 25878. html.

② 2016年菲农业保险赔付16亿比索. 驻菲律宾经商参处. 2017 - 02 - 10. http://ph. mofcom. gov. cn/article/jmxw/201702/20170202513273. shtml.

右（Sinha、Tripathi，2014）。2015 年，泰国经历了十多年来最严重的干旱之一，农民因干旱造成的直接净损失高达 237.88 亿铢，农业消费性损失达 222.02 亿泰铢，合计 507.07 亿泰铢[①]。受大范围干旱少雨和降雨延迟影响，2020 年泰国的农业经济综合损失估计在 763 多亿泰铢，旱灾影响了约 20 万公顷的农业用地，其中甘蔗损失 388 亿泰铢，稻米损失 331 亿泰铢，而木薯损失 43 亿泰铢[②]，农业损失高达 8.4 亿美元，占泰国全年 GDP 约 0.2%。

早在 1978 年，泰国的银行、农业推广开发部和农业保险三大机构联合开展农作物贷款保险以保障农民权益。1978 年开展小范围的棉花保险，1980 年开展奶牛保险，1982 年开展玉米保险试点，保费直接从农民贷款中扣除固定数额。

一是天气指数保险（Index-based weather insurance）。天气指数保险是把一个或几个气候条件（气温、降水、风速等）对农作物损害程度指数化，保险合同以这种指数为基础设定赔付标准。2008 年，泰国农业与合作社银行（BAAC）与日本国际合作银行（JBIC）合作开发泰国天气指数保险产品。在泰国气象部门等支持下，保险公司获取泰国各地的雨量等信息，并提供农业贷款保险。根据干旱的时间和严重程度设定了三种不同的支付门槛：早期干旱、干旱和严重干旱。如果 7 月份的降水量低于早期干旱的阈值，农民将获得 10% 的贷款补贴，然后终止保单合同；如果 7 月份的降水量仍高于这一阈值，保单合约将继续有效；如果 8 月和 9 月的降水量低于干旱或严重干旱的阈值，则分别给予 15% 和 40% 的补贴。截至 2013 年，天气指数保险在 9 个省份采用，为 2 800 多名农民提供了保险（Shweta、Nitin，2016）。

天气指数保险适用于缺乏灌溉基础设施的泰国东北部，因为在这一地区，农作物产量与年降水量紧密相关。不过，获取数据是这一保险业务发展面临的主要挑战。除了获取气象站的历史天气数据，还需要结合卫星天气数据等对降水量与农作物产量的影响做出评估。另外，农民对天气指数保险的认识不足，致使该保险业务的普及率不高。此外，天气指数保险只是在银行贷款时提供的一种选择，贷款保险在泰国并不是强制性的，因此大多数农民认为这是一种额

[①]　泰国干旱致财政损失 500 亿铢. 驻泰国经商参处. 2015 - 05 - 12. http://th.mofcom.gov.cn/article/jmxw/201505/20150500968859.shtml.

[②]　干旱少雨致泰国农耕经济损失 760 亿. 泰国中华网. 2020 - 08 - 11. http://th.mofcom.gov.cn/article/jmxw/202008/20200802991225.shtml.

外的成本（Sirimane、Srivastava、Kim，2015）。

二是大米灾害保险项目。2011 年 6 月 28 日，泰国启动大米种植保险项目，为农民面临自然灾害风险投保，如水灾、旱灾、风暴、冰雹和火灾等，但是不包括虫害。泰国农业与合作社银行及保险业促进管理委员会、保险业协会合作推出大米种植保险项目，共有 8 家保险业者参与，每莱土地保险金为 129.47 铢，政府将支付 60%，其余费用由农民负担。该保险业务覆盖泰国 40% 的稻田和 200 万户种植稻米的农民。为了进一步减轻贫困农民的负担，除了政府负担 60% 保费，泰国农业与合作社银行为贫困农民负担剩余 40% 保费。索赔触发条件包括：当地政府现行的灾害警报以及灾害现场的损失程度。理赔分为两部分，如果自种植日起，60 天内发生自然灾害，每莱可以获得 606 铢赔偿；60 天后到收获前遇到自然灾害，每莱可获得 1 400 铢赔偿。政府 2011 年为大米种植保险项目筹资 40 亿泰铢[①]。2014 年，大米灾害保险已吸引超过 5.4 万农户参与投保，覆盖稻米种植面积超过 80 万莱。尤其是东北部地区稻米种植农户参与投保较为踊跃，当地 73% 的稻米种植面积已经投保[②]。2016 年 9 月，泰国保险委员会办公室宣布，2016—2017 年度 416 万公顷的水稻农场全部纳入了免费作物保险计划。在这一计划下，政府和农业与合作社银行（BAAC）分担 60% 和 40% 的保费（Ricks，2018；Bunyasiri、Sirisupluxana，2018）。

三是农作物收入保险计划。农作物收入保险包括五种农作物：大米、橡胶、棕榈、木薯和玉米，涉及 205 万户农民，用于支持农民的生产运作。2019 年 10 月 15 日，泰国政府开始实施大米价格保险计划。根据该计划，如果大米市场价格低于保护价，则由负责管理该计划的泰国农业与合作社银行向农民支付差价。茉莉香米的保价为每吨 15 000 泰铢，大白米的保价为每吨 10 000 泰铢，糯米的保价为每吨 12 000 泰铢。此外，政府对享受价格保险计划的数量加以限制，每户 14～30 吨不等，取决于稻米类别。该措施的目的是扶持稻谷生产并保障农民生产收入。2020 年国家稻米政策管理将 2020—2021 年度的稻农保价计划预算总金额增至 468 亿泰铢[③]。

---

① 6 月 28 日泰国大米种植保险项目启动 . 2011 - 06 - 30. https：//www. jingu. net. cn/html - 18236. html.

② 泰国农业与合作社银行推稻米自然灾害保险计划 已有 5.4 万农户投保 . 驻泰国经商参处 . 2014 - 09 - 23. http：//th. mofcom. gov. cn/article/jmxw/201409/20140900741302. shtml.

③ 泰国政府批准 287 亿稻农保价计划预算 . 泰国中华网 . 2020 - 12 - 07. http：//th. mofcom. gov. cn/article/jmxw/202012/20201203020714. shtml.

2019 年 10 月 15 日泰国开始实施橡胶种植者收入第一阶段保险项目，该项目覆盖了 140 万户种植橡胶的农民，种植总面积达 1 700 万莱，政府投入 240 亿泰铢的总预算。2019 年 11 月 3 日泰国政府实施第二阶段的橡胶种植者收入保障计划，总金额 100.42 亿泰铢。保价办法也是补差价，其中优质生胶片的保价是每千克 60 泰铢；新鲜乳胶（DRC 100%）的保价是每千克 57 泰铢；碗胶（DRC 50%）的保价是每千克 23 泰铢。同时，对产量作出明确的规定：干胶（DRC 100%）每莱每月保价的产量不超过 20 千克；碗胶（DRC 50%）每莱每月保价的产量不超过 40 千克[①]。此外，2020 年农作物收入保险计划中规定棕榈果保价为每千克 4 泰铢。

四、越南的农业保险政策

暴雨、台风、洪灾、旱灾和病虫害等经常给越南农业造成损失。例如 2006 年暴发的水稻恶苗病感染，波及 21 个省市，超过 50 万农户的 50 万公顷水稻遭受损失，导致了 10 亿美元的经济损失；2008 年越南农业遭受了 10 次台风，2009 年遭受了 11 次台风。由此可见，农业保险对于越南农业的稳定发展十分必要。

农业保险起步阶段。2000 年越南国会通过了 24/2000/0H 号的保险经营法，规定："国家将会投入人力、资金助力经营保险的国家公司进行发展，以保持其在保险市场上的主导作用。""为服务农、林、渔业发展计划的保险业务提供优惠政策。"越南农业和农村发展部（MARD）负责审核、确定所保险的灾害项目，财政部从国家预算中拨付资金，各省人民委员会开展实施保险补贴（OECD，2015）。保险补贴水平基于受损种植面积、受损牲畜数量和受损整体程度来评判。不过，由于农业保险运营成本较高且农民对农业保险的意识普遍较低，到 2010 年，农业保险公司的覆盖率还不到 1%。

三年期的"国家农业保险试点方案"。2011 年，越南政府开始了为期三年的农业保险试点计划，称为国家农业保险试点方案，即《关于 2011—2013 年试点实施农业保险项目》（第 315/QD‑TTg 号），该试点计划对 20 个省和

---

① 泰国胶农收入保障计划第二阶段实施标准 . 2020 ‑ 11 ‑ 05. http://www.qinrex.cn/news/show‑43373.html.

5 个生态区（红河三角洲 6 个省，北中部 3 个省，南中部沿海 2 个省，东南部 2 个省和九龙三角洲 7 个省）的 9 种农业产品进行保险，包括稻米、家禽、猪、牛、博氏鲶鱼、凡纳滨对虾、草虾等试点实施农业保险方案。国家农业保险试点方案是：对农业生产的低保户和低保对象给予全额补助，对接近贫困线下的农户和农民给予 90％保险金补助，对全部农户和农民给予 60％保险金补助，对农业生产组织给予 20％保险金补助，所有资金由政府预算筹集。同时，为了鼓励保险企业，政府规定保险企业因参与农业试点计划发生亏损超过企业当年所有者权益的 10％以上，财政部将给予补助（梁廷海，2014）。截至 2013 年，超过 30 万农民参加了国家农业保险试点方案。贫困农民占参与者的 77％，近贫困线的农民占比 15％。78％的参与者选择了大米保险，20％选择牲畜保险，其余 2％选择水产养殖，共投保 77 480 亿越南盾（3.7 亿美元），直接保险费总收入为 3 940 亿越南盾（1 900 万美元）（OECD，2015）。

农业保险深化阶段。在 2013 年的农业保险试点基础上，越南进一步扩大了农业保险业务。2018 年，越南政府发布了关于农业保险的第 58/2018/ND－CP 号法令以加强农业风险管理、促进农业发展，扩大农业保险补贴的对象和补贴水平。新的保险方案包括：①在特定省份和中心城市从事农作物（大米、橡胶、胡椒、腰果、咖啡、果树和蔬菜）、牲畜（水牛、奶牛、猪和家禽）和水产养殖的个人将获得最高 90％的保险补贴，其他人最高可获得 20％的保险补贴。②将高新技术应用于农业规模化生产的企业，最高可获得 20％的保险补贴。③农作物和牲畜生产者将获得高达 20％的保险费补贴，而被归类为贫困或接近贫困的生产者将获得高达 90％的补贴。④保险支持的事件类型包括自然灾害、动物疾病和植物害虫等（OECD，2019）。2019 年政府颁布的关于实施农业保险支持政策的第 22/2019/QD－TTg 号法令完善了 2018 年颁布的农业保险的法令（OECD，2020）。

五、东盟国家农业保险政策的启示

菲律宾和泰国农业保险可借鉴之处在于：一是政府高度重视，将农业保险以立法形式确立，使得农业保险的发展做到有法可依、有章可循。二是政府的农业保险预算支出每年都在增加，一定程度上减轻了农民参保负担。三是菲律宾和泰国的农业保险由多方机构参与，农业保险费由国家、银行和农民三方缴纳，各部门共同推进农业保险的持续健康发展。不过，东盟国家的农业保险发展面临的一个问题就是参保率低。例如，2010 年越南农业保险的覆盖率还不到 1％。覆盖率低的主要原因：一方面在于农业保费太高，农民难以支付高额的农业保费，另一方面农民的参保意识不强。

对中国农业保险的启示：一是加强政府对农业保险的重视和支持力度。总体来看，农民是低收入群体，当农业保险保费较高时，农民负担较大。政府对农业保险业务的补贴，可以降低农业保险的保费，提升农民投保的可能性和积极性。二是拓宽农业保险的覆盖面，让更多的经营活动纳入到农业保险中，促进农业多领域发展。三是加强农业保险的宣传力度，提升农民的投保意识，提高农业保险覆盖率。

第四节　农村与农业金融政策

发展中国家的农业生产规模小，农业生产的周期长，且受到自然环境因素和市场供求变化的影响较大，收益不确定性较大，收益稳定性较弱。要促进农业发展，就需要资金支持，跨越生产瓶颈。农村与农业金融政策非常重要，它有助于农业转型升级发展。

一、印度尼西亚的农业融资政策

印度尼西亚的小额信贷业务的知名度较高。根据世界银行扶贫协商小组的报告，印度尼西亚拥有超过 6 万家小额信贷机构，服务人群超过 5 000 万，截至 2013 年发放贷款 112 亿美元。印度尼西亚政府也鼓励小额信贷发展，印度尼西亚中央银行要求各个商业银行在 2018 年设立不少于 20％的专项贷款组合用于小额信贷。印度尼西亚政府还通过立法的方式推行农业小额信贷，先后颁布了《小额信贷法》和《银行法》，农业小额信贷有力地支持了印度尼西亚的农业发展（曾丽萍，2015；曹俐，2020）。

印度尼西亚人民银行（Bank Rakyat lndone-sia，BRI）成立于 1895 年，是一家有 100 多年历史的国有银行。早在 20 世纪 70 年代，BRI 就为从事稻米生产的农户提供小额贷款，用于粮食生产和新技术的采用。先后在全国建立了3 600 个村行（即农村小额贷款分支机构），但是有一段时间年年亏损。中央银行以 3％的利率向 BRI 提供资金，而农民向 BRI 支付 12％的利率，但是由于还款率低、存贷款利差较小，BRI 的小额贷款项目连年亏损。1984 年 BRI 的贷款违约率达到 50％以上（崔德强、谢欣，2008）。

此后，经过市场化改革，BRI 开始盈利，并成为印度尼西亚最大的小额信贷提供机构。BRI 在 1984 年 2 月推出 Kupedes 小额农村信贷，它具有以下特点：一是相比于农业贴息贷款，虽然其利率更高，但村行具有自主审批的权力，且贴近农村，更了解实际情况。二是 Kupedes 贷款的违约率低，抵押物范围较广，对借款人实行奖励机制，提高了借款人的偿债意愿（曹明尧，2019）。三是 BRI 对农户和农业技术推广人员进行奖励，将村行年利的 1.25％奖励给农户小组，年利的 1％奖励给技术推广人员（韩俊等，2005）。四是 BRI 的资金来源更广，开展了农村储蓄业务。自 1987 年起农村储蓄一直是乡村信贷部存款的主要部分。到 20 世纪 90 年代末，Kupedes 的贷款余额已经是农业贴息贷款余额的 14 倍，BRI 存款客户数量也从 1984 年的 400 多万增加到 2006 年的 3 000 多万，贷款客户数量从 1987 年的 130 万增加到 2006 年的近 350 万，存贷比从 1987 年的 0.67 上升至 2006 年的 1.60。

除了 BRI 提供小额信贷服务之外，还有其他农村银行和非银行金融机构提供小额信贷服务，例如村信用机构。BRI 的服务对象主要是农村占 60％的中小农户，不包括高收入的 10％的农户和最穷的 30％的农户。村信用机构是由村所有、自我经营的村民信用机构，主要服务于贫困线以下接近贫困线的个体农户（韩俊等，2005）。

二、柬埔寨的农业融资政策

柬埔寨农村发展银行（ARDB）是柬埔寨主要的农村与农业金融政策机构，为橡胶种植户提供低息贷款。2013 年，柬埔寨农村发展银行向 4 家农业企业发放总额为 300 万美元的低息贷款。其中，3 家稻米加工企业和贸易企业共获得 150 万美元贷款，1 家橡胶加工企业获得 150 万美元贷款[①]。2020 年 2 月，为了应对疫情冲击，柬埔寨农村发展银行提供 5 000 万美元资金，向从事

---

① 柬农村发展银行发放低息贷款支持农产品加工业. 驻柬埔寨经商参处. 2013 - 01 - 17. http://cb. mofcom. gov. cn/article/jmxw/201301/20130100005453. shtml.

农业、农村工业、蔬菜种植业、家禽和牲畜饲养业的中小型企业发放优惠贷款。由于柬埔寨农村发展银行的特别贷款审批程序复杂且发放速度缓慢，柬埔寨农村发展银行作用有限。

三、缅甸的农业融资政策

缅甸农业发展银行（MADB）是主要的农业融资银行。MADB 会在不同的季节为不同农作物的种植户提供贷款。例如，缅甸农业发展银行会在季风前后或者冬季对农业提供贷款。在 2010—2014 年四年间，缅甸农业发展银行逐步增加水稻的季节性贷款，同时，还为甘蔗种植户、油料作物种植户和豆类种植户等提供季节性贷款。缅甸的农业发展银行还以五年分期付款方式提供 12.96 亿缅元（约 663 万人民币）贷款，支持农民购买大型拖拉机、收割机以及其他农业设备。

四、老挝的农业融资政策

老挝的农村金融体系包括正规农村金融机构、半正规农村金融机构和非银行金融部门。其中，老挝农业促进银行（Agriculture Promotion Bank，APB）是老挝影响力最大的正规农村金融机构。APB 提供农林、畜牧养殖等相关的融资服务。半正规金融机构主要是村银行、村发展基金等；老挝还有典当行及民间金融组成的非银行金融机构。

老挝农业促进银行是建立于 1992 年的国有政策性银行，主要向农林业、手工业企业、集体以及个体经营者提供贷款。其提供的贷款有：联组贷款业务，即为同一村的农民自愿组织的集体生产活动提供融资，组织成员分享同样的利益和承担共同还款义务；国有企业贷款，为从事农林业和手工业、规模较大的国有集体企业提供贷款；个体贷款，为有固定生产场所（农场等）的个体提供贷款。贷款分为短期贷款和长期贷款，其中短期贷款具有季节性，主要用于农民购买苗种、肥料、杀虫剂、维修机械设备、配件等；中长期贷款主要用于改善农场条件，扩大生产规模，或投资于土地开垦、修补农场、建蓄水库、购买大型机械设备、林果业工程项目等。

老挝政策银行（Policy Bank）是 2006 年成立的非营利和独立自主经营的

专门银行，主要为老挝 47 个农村贫困县及周边地区提供低息贷款业务。它的资金来源是农村贫困专项资金，财政部根据国家对农村贫困县和村的资金补助计划需求，提供资金给该银行。政策银行以略低于市场利率的贷款利率将资金提供给贫困群体和企业。截至 2010 年，老挝政策银行已经发放 8 850 亿基普的低息贷款，覆盖了 47 个贫困县和村级的 76 760 个家庭。这些贷款涉及的行业包括：农作物种植（稻谷、玉米、木薯等粮食作物和甘蔗）、牲畜养殖（牛、山羊、水牛、猪、鸡等）以及手工业和服务业等（曾丽萍，2015）。

五、马来西亚的农业融资政策

马来西亚农业银行成立于 1969 年，是由马来西亚政府全资所有的农业政策性银行，业务范围主要包括：为农、林、牧、副、渔业发放贷款，支持农、林、牧、副、渔业生产、加工和物流的发展；吸收公众储蓄存款，筹集农业政策性信贷资金；各种投资活动。马来西亚农业银行设有三级职能组织，在全国 12 个州设有分行，并在州以下设有支行。

六、菲律宾的农业融资政策

菲律宾在 20 世纪 80 年代中后期开始了金融自由化改革，金融机构数目增加，但是农村银行和农村合作银行的发展相对滞缓。为此，菲律宾政府出台强制性规定，要求银行对农业的贷款应占 25%，加大对农村和农业的信贷投入。不过，这一法令未在执行中兑现。1998—2002 年，在所有正规金融机构发放的贷款总额中，服务业贷款平均占到贷款总额的 85%，工业贷款占到贷款总额的 11%，而农业贷款只占到贷款总额的 4%（于丽红，2007）。

菲律宾土地银行（Land bank）是菲律宾的农业政策性银行。它成立于 1963 年，资本金来自政府的全额投资，也通过发行债券等形式向社会募集资金。菲律宾土地银行为农渔民提供贷款，用于农业加工和贸易活动、培训等融资。2010 年菲律宾土地银行、农业部和土地改革部共同执行了"土地改革信贷计划"，资助 10 亿比索用于帮助农民购买农机具，为期 5 年。目前土地银行是菲律宾的第五大银行，截至 2016 年，它的总资产为 308.3 亿美元。

除了要求正规金融机构提供一定的农业信贷，菲律宾政府制定了一些针对特定农产品的定向信贷计划，并将资金交于菲律宾土地银行等金融机构予以具体实施，例如农业竞争力增强基金（ACEF）、大米竞争力增强基金（RCEF）下的扩大大米信贷援助（ERCA）以及针对稻农的生存和恢复援助（SURE-Aid）计划等。1997 年菲律宾政府颁布《农渔业现代化法案》，并制定"农业现代化信贷融资计划（AMCFP）"，它是菲律宾当时主要的农业信贷，为小农户和渔民提供融资。该计划的融资模式有两种：一是由农业信贷政策委员会（ACPC）、政府金融机构和其他金融机构合作向经认可的合作银行、合作社、农民组织等信贷零售机构提供资金，再由它们向合格的小农户发放贷款；二是政府提供的信贷资金作为合作银行的特殊定期存款，用于满足农户的融资需求。AMCFP 最终通过一系列的信贷计划得以实现：包括合作银行的农业贷款计划、Sikat-Saka 计划、农业小额信贷计划、农渔业融资计划和灾难援助计划等。在 2003—2015 年 5 月期间，AMCFP 已经向 232 371 名小农户发放了超过 80 亿比索（1.68 亿美元）的贷款（姚燕，2019）。

2020 年，全球受到新冠肺炎疫情的冲击，菲律宾农业部也采取多项措施扶持农业发展。2020 年 3 月，农业部下令暂停支付未偿还的农业贷款，为期一年，以缓和农民和渔民受吕宋岛加强社区检疫的影响[1]。2020 年 4 月 3 日，农业信贷政策委员会（ACPC）批准了对农渔业微型和小型企业共 10 亿比索的贷款援助，用以在新冠肺炎疫情下提高农场生产力并确保粮食充足。根据贷款计划，符合条件的微型和小型企业（独资、合伙、公司、合作社、协会）可以零利率借入至多 1 000 万比索，期限为 5 年。个体农渔民可以零利率借入 25 000 比索的非抵押贷款，期限为 10 年[2]。另外，菲律宾国有土地银行也增加了对农业部门的贷款，它在 2020 年上半年的农业贷款增加了 3%，以满足小型农渔民、中小型企业的资金需求。

七、泰国的农业融资政策

泰国的农业融资政策在推动由单一的稻米种植向产品结构多样化转变过程

---

① 菲农业部批准延迟一年偿还农业贷款. 驻菲律宾共和国大使馆经济商务处. 2020 - 03 - 24. http://www.mofcom. gov. cn/article/i/jyjl/j/202003/20200302947994. shtml.

② 菲农业部同意提供 10 亿比索贷款用于农渔业微小型企业. 驻菲律宾共和国大使馆经济商务处. 2020 - 04 - 07. http://ph. mofcom. gov. cn/article/jmxw/202004/20200402952901. shtml.

中发挥了重要作用。1966 年，泰国农业与合作社银行（BAAC）成立，是泰国主要的农业政策性金融机构。BAAC 以政府资金为主并引导、鼓励社会资本流向农业部门，支持泰国农业的发展。1971 年，BAAC 采用农村小组联保机制为农户提供贷款。每 5 户农民组成一个联保小组，农民获得贷款无需任何担保物，但小组需要承担连带的保证责任。这种小组联保机制在资金回收等方面作用较大，使得 BAAC 盈利，并为后期发展打下基础。1975 年，泰国政府为了鼓励农业信贷的发展，制定了一项新政策，即强制要求全国其他各商业银行投放的农业信贷资金应该占其全年信贷额的 5%～20%，这些资金可以由商业银行直接贷给农民，也可以通过 BAAC 放贷。由于很多商业银行没有涉农信贷的经验，最终这一部分资金存放在 BAAC，BAAC 获得充足资金，也加快了业务开展。到 1988 年，来自于各商业银行农业信贷资金的强制存款与国际机构（亚洲开发银行等）的援助资金占到其资本总额的 50% 左右。1989 年，泰国金融改革，允许商业银行在农村开设分支机构，BAAC 也在全国兴建营业网点，吸收存款。BAAC 逐渐转变为一家业务经营多样化、资金来源广泛化的农村商业银行。

2004 年 BAAC 与政府合作，开始从事政策性金融业务，执行泰国政府的农业及农村发展政策，为农作物价格支持计划、农民收入保障计划等政府决策提供中长期贷款。例如，在农作物价格支持计划中，BAAC 为农民提供低息贷款，政府给予相应的补贴。

八、越南的农业融资政策

越南的农业融资主要由越南农业与农村发展银行（Vietnam Bank for Agriculture and Rural Development，AGRIBANK）开展。它成立于 1988 年，是越南第一大商业银行，在越南农业发展中起着重要的作用。

一是农资购置的优惠贷款。越南政府通过 AGRIBANK 为农业生产提供所需资金和优惠的信贷政策。2009 年，政府向农业生产者提供短期优惠利率贷款，以购买农业机械（包括烘干机、用于种植和收获水稻、咖啡、茶和甘蔗的机器以及用于水产品生产和冷藏的机器）、设备和材料，提高生产能力。对于农业机械，贷款可以等于货物价值的 100%，这些贷款最多 24 个月免付利息，从第三年起给予 50% 的补贴。对于化肥和杀虫剂，贷款额度也可以等于货物价值的 100%，但不超过每公顷 700 万越南盾（410 美元）。这些贷款的利率比商业贷款利率低 4%。优惠利率适用于 2009 年和 2010 年的贷款。2009 年，该方案下有 100 多万农民借款 7 760 亿越南盾（4 080 万美元），2010 年前四个月又有 1 470 亿越南盾（770 万美元）贷给了 6 424 名农民（OECD，2015）。

二是促进高科技农业发展的融资优惠政策。2017 年，为了支持高科技农业发展，越南商业银行将 100 万亿越南盾（约合 44 亿美元）贷款资金投放高科技农业项目（绿色农业等），优惠贷款利率低于 7%，其利率比市场利率低 0.5%～1.5%（OECD，2019）。

三是扩大无抵押、无担保信用贷款。2018 年越南政府修订了农业和农村发展信贷政策（第 116/2018/ND-CP 号法令），要求将无抵押贷款的农户和农场主的贷款额增加一倍。高科技农业企业可以在不提供担保物的情况下获得信贷，最高可达项目价值的 70%，扩大了可用的信贷限额（OECD，2019）。

第五节　农业资源与环境保护政策

一、印度尼西亚的农业资源与环境保护政策

印度尼西亚的环境保护政策分为两个方面：一是关于农田治理方面。印度尼西亚的人均农用土地面积较小，为了解决这一问题，政府出台了关于保护可持续粮食作物农田的第 41/2009 号法律。该法的主要内容是：①地方政府确定一个专门用于粮食作物生产的保护区，不能转为其他用途；②任何一方若想要转换保护区内的土地用途，必须提前准备好类似质量的土地；③地方政府负责监督该法的实际运行。在实践中，该政策并没有很顺利地执行。例如，由于棕榈油种植园提供了更高的回报，一些稻田转换为棕榈种植园。

二是关于环境保护的政策。砍伐森林可导致气候变化，并造成诸如野火、洪水、水土流失、荒漠化、水质退化和下游沉积等问题。印度尼西亚是世界上最大的温室气体排放国之一，其 75% 的排放来自毁林。印度尼西亚政府制定了相关法律，加强环境保护。例如，关于环境管理的第 23/1997 号法令中有多个条例：支持环境可持续发展的条例，促进预防条例，代际公平和污染者付费条例，并规定了对农业项目进行环境影响评估的规则和义务。第 32/2009 号法令赋予了环境部更多的权力，例如，环境部拥有为大型优先项目发放环境许可

证、吊销环境许可证、与警方合作逮捕和拘留人员以及起诉给国家造成损失的个人或公司的权力。它还加大了对破坏环境活动的制裁力度，规定了对不当或非法发放许可证以及失职政府官员的制裁法令。

二、老挝的农业资源与环境保护政策

老挝政府于 2011 年建立了自然资源与环境部，将自然资源和环境的保护与管理工作整合到一个政府机构。老挝政府先后颁布了多个法令，加强资源与环境保护力度，例如《国家环境第二个五年行动计划（2011—2015）》《国家关于 2020 年之前环境教育和意识的战略以及 2006—2010 年的行动计划》《老挝环境影响评价条例》《关于对受环境项目影响的居民的补偿与安置法令》等。

1996 年老挝人民革命党召开第六次党代会，会上讨论了包括农业、林业和农村发展在内的各种资源和环境保护问题，会议要求加强与其他各国的交流与合作，完善老挝的资源环境保护治理。

2005 年 3 月 9—10 日，老挝召开了国家环境保护和社会—经济发展会议。会议讨论了保护环境、自然资源和可持续社会—经济发展的相关政策和战略意义。会议指出，老挝的社会经济发展的优势主要体现在森林、土地、河流、矿藏和生物多样性等方面，需要合理开发、科学管理，保护现有资源，创造可持续的生态环境。[①]

三、菲律宾的农业资源与环境保护政策

菲律宾面临的土地退化和土地侵蚀问题逐渐严重，特别是海拔较高的农业耕地。根据防治土地退化、干旱和荒漠化的倡议，菲律宾政府出台了第 9003 号共和国法，即 2000 年通过的《生态固体废物管理法》，以及 2010 年颁布的第 10068 号共和国法，即《有机农业法》，加强农业资源的保护。

首先，关于土地保护方面。由于农业生产大量使用无机肥料导致土壤养分流失和土壤退化，从而导致农业产量降低，菲律宾政府推进有机肥料和生物肥

---

① 潘沙麦（Phansamai Oupady）. 老挝生态环境问题及环保措施研究［D］. 武汉：华中师范大学，2014.

料的广泛使用。根据《生态固体废物管理法》，政府鼓励使用堆肥技术，堆肥是利用各种有机废物和自然界的微生物，经堆积腐解而成的有机肥料。其中富含营养物质，有利于促进土壤颗粒结构的形成，增强土壤保水、保温、透气、保肥的能力。《有机农业法》中涵盖了土壤肥力管理、品种选育、有机种植与生产等。此外，为了鼓励更多的农民参与该计划，对农民采取了激励措施，对全国评分最高的有机农场发放现金奖励。为确保包容性增长，所有利益攸关方，如小农、非政府组织和地方政府单位，都必须参加为实施法律规定的环境机制并使之制度化而设立的委员会和理事会。

其次，关于渔业资源保护。渔业资源管理对于一个四面环水的国家来说非常重要，因为渔业资源在实现可持续生计方面发挥着关键作用。自 20 世纪 70 年代以来，菲律宾分别于 1974 年和 1975 年通过了第 534 号和第 704 号总统令，制定了旨在制止破坏性和浪费性捕捞的政策文书。第 534 号总统令规定了对非法捕鱼的处罚，而第 704 号总统令限制捕鱼，将距海岸线 7 千米的区域保留给小渔民，并禁止在 7 英尺①深的水域拖网捕鱼。此外，1979 年成立的沿海地区管理工作队，该工作队对沿海地区的旅游、采矿、工业发展、开垦等进行管理，并于 1980 年制定了生境保护措施。

一系列渔业资源保护政策的颁布并没有有效阻止对渔业资源的过度开发，因此政府在 1998 年颁布了《1998 年渔业法典》，是菲律宾渔业部门的标志性法律文件。这项法律的制定是为了解决资源退化和城市渔民持续贫困的双重问题。过度捕捞区或有过度捕捞危险的区域被确定为海洋生物保护区，在这些保护区内，捕鱼和其他可能损害生态系统的活动根据其损害程度受到管制、限制或禁止。此外，该法通过设立渔业和水产资源管理委员会，明确了地方政府在渔民参与管理和制度化方面的主要任务。该协会设在国家一级和邻近市政水域的所有城市，是一个咨询和建议机构，协助执行渔业法律、规则和条例。

2006 年，菲律宾政府通过了《沿海综合管理》，促进国家沿海区域和海洋资源的可持续发展。内容包括：①将综合海洋管理纳入中小学教育课程和其他教育材料；②出台地方政府部门综合海洋管理培训方案；③将国家经济与发展管理局（NEDA）和国家统计协调委员会（NSCB）纳入沿海和海洋资源核算；④建立由环境与自然资源部（DENR）维护的沿海和海洋环境信

---

① 1 英尺＝0.304 8 米，下同。

息管理系统和网络。

四、越南的农业资源与环境保护政策

农业是越南的支柱产业，政府十分重视资源和环境的可持续发展，并采取了一系列措施。首先是相关法律法规的颁布。1991 年越南政府通过《1991—2000 年环境与可持续发展国际计划》，1993 年 12 月 27 日越南国会九届四中全会通过了《环境保护法》。1994 年 10 月 18 日越南政府颁布 175/CP 法令，该法令规定了投资者和企业需提交环境影响评估报告以及运输工具的排放标准，从而加强了评估和监管职能。科学技术与环境部还颁布了有关贯彻《环境保护法》和 175/CP 法令的各种实施条例，如 1996 年 4 月 26 日颁布的《关于破坏环境的行政处罚令》、1995 年 12 月 22 日发布的《生物多样性行动计划》等。《环境保护法》及相关法规的制定和执行，对越南的环境保护起了关键的指导作用。

关于水资源保护方面，1996 年 7 月 30 日，政府发布了 487/TTg 号《关于加强水资源国家管理的通知》；1998 年颁布《水资源法》后，1999 年又颁布了贯彻该法的第 179/1999/ND－CP 号法令，2000 年成立了国家水资源委员会；1998 年 3 月 18 日颁布了 No. 63/1998/QD－TTg 号令《关于到 2020 年城市水供给和水卫生发展指南》，2000 年 8 月 25 日发布了 No. 104/2000－QD－TTg《关于农村水供给和水卫生的国家战略》。2018 年 10 月，越南政府总理批准"加强越南地下水资源保护项目（2018—2020 年阶段）"的投资主张。该项目将使用德国政府提供的援助资金。该项目的目的是确保地下水资源的有效和可持续开发利用，有助于加强当地的水资源治理能力；更新、补充信息和促进信息的交流与传播；建立地下水数据库平台。

其次是对土地资源的治理。越南在革新开放以前，实行的是计划经济，土地等资源归国家所有，农民对于土地等资源的保护激励不够，导致水土流失等问题。1986 年革新开放以后，越南政府实行市场经济体制，把土地使用权分给家庭，农民可拥有 50 年的土地使用权，并制定了关于承包林业用地的家庭、个人及村庄的权利和义务的政策，以鼓励造林和护林。由于荒芜土地已归家庭使用，调动了农民利用荒地种植和保护森林的积极性，使荒地面积不断减少。同时配套出台了一系列政策，例如，第 13/2003/2011 号《土地法》；《修订土地法》（2013 年 11 月通过）；2009 年 12 月 23 日关于确保国家粮食安全的第 63/NQCP 号决议；2011 年 11 月 22 日第 17/2011/QH13 号决议，关于 2020 年前的土地计划和 2011—2015 年国家五年土地利用计划；2012 年 2 月 2 日关于 2020 年和 2030 年农业生产发展总体规划的第 124/Qc-TTg 号决定；2012 年 4 月 12 日关于 2011—2020 年可持续发展战略的第 432/Qc-TTg 号决定；2012 年 5 月 11 日关于稻田使用和管理的第 42/2012/Ncp 号法令。1991 年越南共产党第七次代表大会决议为越南农业制定了中长期发展目标，即保持现有水田面积，确保国家粮食安全。政府还颁布保护和扩大稻田的政策，对水稻生产的地区或省份以及对稻农提供多方面支持。

第三是加强国际交流与合作。自然资源是全球的财富、保护环境是国际的责任。越南是《蒙特利尔协定》《气候变化公约》《生物多样性公约》《联合国海洋公约》（UNC-LOS）等环境保护国际公约的签约国，并与东盟其他国家加强了合作，参加了东盟环境部长会议，制定东盟环境保护、可持续使用和管理自然资源的发展战略，履行东盟地区环境保护的责任和义务，尤其是加强同周边国家如老挝、缅甸、柬埔寨、泰国和中国在森林资源和生物多样性保护方面的合作。

欧盟也通过各种合作方式为越南的环境和自然资源管理提供资金和技术支持。近些年来已经完成或正在进行的欧洲委员会资助的越南环境和自然资源保护项目有：义安省的"社会林业和自然保护计划（1997—2004 年）"；高平—北洲的"农村发展计划（1999—2004 年）"；山罗—莱州省的"农村发展计划（2000—2005 年）"；安江和昆嵩省的"建立越南石花菜供应基地（2001—2005 年）"；老街省的"山区生态体系的社区保护（2002—2005 年）"；越南全国性的"21 世纪越南生态保护区网络的扩建计划（1996—2001 年）"；"湄公河三角洲咸水养殖业的可持续发展计划（2000—2003 年）"；河内的"环境管理的能力培育计划（1997—2001 年）"；永福省的"Colline 整合农村发展计划（1997—2001 年）"；河内的"可持续的城市和污水处理改造计划（2000—2002 年）"；胡志明市的"胡志明市及周边地区可持续发展计划（2000—2002 年）"；安沛省的"公共健康、卫生、城市和城市周边地区的环境问题（2001—2003 年）"；胡志明市的"Resufe"环境管理和胡志明市第五城区的污水排放系统管理计划（2000—2002 年）"；全国性"城市环境计划项目（2003—2007 年）"；广平省的"越南中部地区减少贫困者的脆弱性计划（2000—2001 年）"等项目。

联合国和其他国际组织与机构对越南的环境和自然资源保护也给予了资助。如：由联合国发展计划组织管理的地区性"改善热带森林的小额资助计划（2001—2006 年）"；地区性的"东盟生物多样性中心计划（2001—2004 年）"；地区性的"亚洲可持续性的社区林业计划（2001—2004 年）"；由联合国食品和农业组织管理的地区性"南亚和东南亚的可持续森林管理的信息与分析的国内和国际合作计划（2000—2002 年）"；地区性"针对可持续性的实践和有效的生物多样性管理；建立一个保护和监控东南亚哺乳动物多样性的资料库和网络计划（2002—2005 年）"；由联合国粮食和农业组织管理的区域性的"联合国—欧洲委员会有关亚洲地区棉花害虫的整治计划（1999—2004 年）"；欧洲合作办公室管理的"欧洲—亚洲计划（2002—2007 年）"；"亚洲计划（1998—2003 年）"等项目，都对越南的环境和自然资源保护工作给予了资助。①

---

① 陈文.越南的环境管理及保护 [J]. 东南亚，2003（2）：16-23.

第七章 CHAPTER 7
东盟农业在世界农业中的地位 ▶▶▶

第一节　农业国际竞争力

一、东盟的大米出口具有国际竞争力

在东盟国家中，泰国、越南和缅甸是大米出口强国。依据联合国贸易数据库的资料，2019 年整个东盟国家的大米出口金额占全球总额的 33.27%，大米出口数量占全球数量的 35.37%。其中，泰国的排名位于东盟国家的首位，其次是越南、缅甸。在 2018 年的大米出口量排名中，印度的大米出口数量为 1 137 万吨，位列全球第一，泰国以出口 1 114 万吨排名第二，越南以 606 万吨排在第三位。泰国的大米在全球市场的知名度很高，其特种大米、有机大米、茉莉香米以及糖尿病人食用的低糖大米都是高品质的大米，其出口价格也相对较高。

近年来，越南的大米出口增长较快。2020 年越南出口大米 615 万吨，金额约 30.7 亿美元。虽然大米出口量同比减少 3.5%，但出口金额较上年同期增长 9.3%。越南不断改良大米品质，且成本低于泰国，因此产品的竞争力有较大提升。另外，越南与欧盟签订了自由贸易协定，每年以零关税向欧盟出口 8 万吨大米。这些因素也提升了越南的产品竞争力。

缅甸、柬埔寨和老挝也在积极推动其大米出口。2019/2020 财年，缅甸的大米出口达到 240 万吨，创汇约 7.4 亿美元。柬埔寨在 2020 年的前 8 个月出口 44.8 万吨大米到其他国家，且出口结构在不断优化，其中香米出口量自 2016 年以来持续增加，白米和蒸米的出口自 2018 年大幅度减少。

东盟国家的大米出口正在经历结构调整，不断向各类香米以及高附加值、

高售价的优质大米转变。农民和出口商也很重视提升大米质量的提升，积极构建产品溯源体系，以适应欧盟、日本、韩国与美国等的市场要求。

不过，东盟国家中的文莱、新加坡、马来西亚、印度尼西亚和菲律宾每年也进口大量的大米，以满足国内需求，在粮食供应方面未实现完全自给（表 7-1）。

表 7-1　东盟十国的大米出口占全球出口的比例

单位：%

国家	2017 年		2018 年		2019 年	
	数量比例	金额比例	数量比例	金额比例	数量比例	金额比例
文莱	0.00	0.00	0.00	0.01	0.00	0.00
缅甸	6.93	4.20	3.92	3.55	5.74	3.29
柬埔寨	0.89	1.39	0.99	1.58	1.37	1.77
印度尼西亚	0.01	0.01	0.01	0.01	0.01	0.01
老挝	0.11	0.13	0.10	0.12	0.09	0.08
马来西亚	0.00	0.00	0.04	0.03	0.06	0.05
菲律宾	0.00	0.00	0.00	0.00	0.00	0.00
新加坡	0.09	0.14	0.09	0.09	0.19	0.15
越南	12.04	10.74	6.51	10.09	13.51	10.24
泰国	24.15	21.14	24.98	21.64	14.41	17.69
东盟合计	44.23	37.77	36.66	37.12	35.37	33.27

资料来源：依据联合国贸易数据库的资料计算．https://comtrade.un.org/data/．

二、东盟国家的经济作物具有很强的国际竞争力

（一）棕榈油、天然橡胶、木薯

印度尼西亚和马来西亚在棕榈油、天然橡胶的生产方面具有很强的优势。2019 年东盟的棕榈油出口金额占全球总额的比例为 86.26%，其中印度尼西亚的棕榈油出口占全球总额的 54.35%，马来西亚的棕榈油出口占全球总额的 30.93%，两国几乎供应了全球市场的大部分产品。受 2020 年的疫情影响，两国的棕榈油出口略有下降，印度尼西亚的棕榈油出口量达到 3 200 万吨，马来西亚的棕榈油出口达到 1 737 万吨（表 7-2）。

表 7-2 东盟国家的棕榈油出口占全球比例

单位：%

国家	2017 年		2018 年		2019 年	
	数量比例	金额比例	数量比例	金额比例	数量比例	金额比例
文莱	0.00	0.00	0.00	0.00	0.00	0.00
缅甸	0.00	0.00	0.00	0.00	0.00	0.00
柬埔寨	0.06	0.06	0.05	0.07	0.15	0.09
印度尼西亚	58.04	54.86	58.47	54.78	43.64	54.35
老挝	0.00	0.00	0.00	0.00	0.00	0.00
马来西亚	29.03	28.80	29.02	28.73	41.53	30.93
菲律宾	0.03	0.04	0.08	0.07	0.08	0.05
新加坡	0.10	0.15	0.08	0.13	0.09	0.12
越南	0.67	0.64	0.73	0.74	0.56	0.55
泰国	0.10	0.14	0.08	0.15	0.12	0.17
东盟合计	88.03	84.69	88.51	84.67	86.17	86.26

资料来源：联合国贸易数据库. https://comtrade. un. org/data/.

注：该类产品的海关编码为 1511，即棕榈油及分离产品。

东盟国家在天然橡胶出口方面也具有很强的国际竞争力。2019 年东盟的天然橡胶（海关编码为 1301 和 1302）出口金额占全球总额的 6.5%。其中印度尼西亚和菲律宾的天然橡胶出口排名靠前，2019 年其天然橡胶出口分别占全球的 2.02% 和 2.7%（表 7-3）。

表 7-3 东盟国家的天然橡胶占全球出口比例

单位：%

国家	2017 年	2018 年	2019 年
	金额比例	金额比例	金额比例
文莱	0.00	0.00	0.00
缅甸	0.00	0.00	0.00
柬埔寨	0.00	0.00	0.00
印度尼西亚	1.35	1.73	2.02
老挝	0.03	0.03	0.03
马来西亚	0.16	0.13	0.12
菲律宾	2.31	2.04	2.70
新加坡	0.38	0.34	0.40
越南	0.61	0.55	0.88
泰国	0.38	0.35	0.35
东盟合计	5.23	5.18	6.50

资料来源：依据联合国贸易数据库的资料计算. https://comtrade. un. org/data/.

除此之外，东盟国家不断加强橡胶制品的生产，致力于向橡胶制品出口强国转变，经过加工的橡胶制品有着更高的附加值和利润。例如，2019年泰国的橡胶制品出口达到153.82亿美元，有相当部分的产品是橡胶手套和汽车轮胎。中国的轮胎制造企业在泰国和越南建有生产工厂，其他国际知名生产商例如普利司通、米其林、优科豪马等也在泰国建有轮胎生产厂商，它们大大提升了泰国的橡胶制品出口能力。越南、印度尼西亚等也是橡胶制品的出口大国，2019年两者的橡胶制品出口分别为42.63亿美元和60.26亿美元。2020年柬埔寨的橡胶制品出口为4.8亿美元，缅甸在2019/2020财年的橡胶制品出口为2.6亿美元（表7-4）。

表7-4 东盟国家的橡胶制品出口金额

单位：亿美元

国家	2017年	2018年	2019年
文莱	0.02	0.03	0.03
柬埔寨	2.56	2.25	2.25
印度尼西亚	77.43	63.81	60.26
老挝	1.55	1.70	2.19
缅甸	2.31	2.30	2.61
马来西亚	72.36	74.86	71.06
菲律宾			4.83
新加坡		20.74	18.87
泰国	162.80	156.26	153.82
越南		38.42	42.63

资料来源：依据联合国贸易数据库的资料计算. https://comtrade.un.org/data/.
注：该类产品的HS海关编码为40，即橡胶及其制品。

木薯是东盟国家的重要产品，是很多普通家庭的主粮，也可以作为制造饲料、淀粉、燃料乙醇等的工业原料。印度尼西亚、老挝、越南和泰国都是木薯生产大国。2019年，越南的木薯出口金额占到全球的27.05%。2020年越南的木薯及木薯产品出口额近10亿美元，中国是越南的木薯产品的最大出口市场，中国从越南进口木薯及木薯产品高达190万吨，合计7.72亿美元（表7-5）。

表 7-5 东盟国家的木薯出口占全球比例

单位：%

国家	2017 年		2018 年		2019 年	
	数量比例	金额比例	数量比例	金额比例	数量比例	金额比例
文莱	0.00	0.00	0.00	0.00	0.00	0.00
缅甸	0.04	0.11	0.10	0.16	0.24	0.07
柬埔寨	0.00	0.69	0.00	0.55	1.23	0.13
印度尼西亚	0.33	0.80	0.35	1.10		1.29
老挝		3.73	1.47	3.76	44.87	5.68
马来西亚	0.03	0.03	0.04	0.04	0.11	0.05
菲律宾	0.03	0.08	0.03	0.05	0.12	0.14
新加坡	0.00	0.04	0.01	0.05	0.03	0.06
越南	84.86	42.03	72.81	39.64		27.05
泰国	0.00	14.64	3.78	9.80		6.78
东盟合计	85.29	62.15	78.58	55.16	46.60	41.26

资料来源：联合国贸易数据库. https://comtrade.un.org/data/.

注：木薯的 HS 海关编码为 0714，包括鲜或干的木薯、竹芋、兰科植物块茎等。

（二）咖啡和可可

越南也是世界上重要的咖啡出口国。2019 年越南的咖啡出口金额占到全球总额的 7.94%。早在 1857 年，法国殖民者将咖啡种植引入越南，咖啡成为了越南的重要农产品之一。在 1986 年越南开始革新之后，咖啡生产得到迅速扩张，到 2019 年越南已经成为仅次于巴西的全球第二大咖啡生产国，产量超过 100 万吨。雀巢公司等是越南咖啡的大采购商，它在越南建立有 5 个咖啡加工厂。越南的咖啡主要种植在山区，以生产阿拉比卡咖啡为主。

同样是受到法国殖民者的影响，柬埔寨和老挝的咖啡种植历史也很长，有大量的农户从事咖啡种植。老挝是世界上第五大咖啡生产国，2018 年的咖啡产量为 2 万吨。印度尼西亚的咖啡种植由荷兰引入，在爪哇岛分布着许多历史悠久的咖啡种植园。印度尼西亚早在 1911 年就成立了咖啡和可可研究所（ICCRI），该所是世界上最早的咖啡和可可研究机构之一，直到今天，这一研究机构还在为种植咖啡和可可的农民提供服务，传授种植技术。除此之外，印度尼西亚成立了咖啡出口商协会、精品咖啡协会等组织，维护咖啡种植户的利益。印度尼西亚主要种植罗布斯咖啡和阿拉比卡咖啡，种植面积超过 100 万公顷，90% 的生产都是小农经营（表 7-6）。

表7-6　东盟国家的咖啡出口占全球比例

单位：%

国家	2017年		2018年		2019年	
	数量比例	金额比例	数量比例	金额比例	数量比例	金额比例
文莱	0.00	0.00	0.00	0.00	0.00	0.00
缅甸	0.01	0.01	0.01	0.01	0.01	0.01
柬埔寨	0.00	0.00	0.00	0.00	0.00	0.00
印度尼西亚	0.00	3.73	3.65	2.76	3.80	3.16
老挝	0.40	0.30	0.35	0.33	0.36	0.23
马来西亚	0.14	0.04	0.16	0.05	0.23	0.09
菲律宾	0.00	0.00	0.00	0.00	0.00	0.00
新加坡	0.07	0.12	0.10	0.17	0.08	0.15
越南	19.21	9.75	11.41	9.75	17.72	7.94
泰国	0.01	0.01	0.01	0.01	0.01	0.01
东盟合计	19.83	13.96	15.69	13.09	22.22	11.60

资料来源：联合国贸易数据库. https://comtrade.un.org/data/.

可可用于制作可可粉、可可脂和巧克力等，也用于制作沐浴露、美容与彩妆产品。在东盟国家中，印度尼西亚和马来西亚是世界上种植可可的大国，仅次于非洲的科特迪瓦、加纳和尼日利亚。2019年马来西亚的可可出口金额占到全球总额的3.26%，印度尼西亚的可可出口占到全球总额的2.29%。在20世纪80年代，马来西亚的可可年产量超过10万吨，其后由于可可的国际价格不断降低以及马来西亚的生产结构调整，可可的种植面积逐步减少。印度尼西亚的可可种植主要集中在苏拉威西，它是印度尼西亚的可可生产中心（表7-7）。

表7-7　东盟国家的可可出口占全球比例

单位：%

国家	2017年	2018年	2019年
	金额比例	金额比例	金额比例
文莱	0.00	0.00	0.00
缅甸	0.00	0.00	0.00
柬埔寨	0.00	0.00	0.00
印度尼西亚	2.36	2.54	2.29
老挝	0.00	0.00	0.00
马来西亚	2.73	2.80	3.26

(续)

国家	2017 年	2018 年	2019 年
	金额比例	金额比例	金额比例
菲律宾	0.03	0.03	0.03
新加坡	1.45	1.45	1.55
越南	0.04	0.04	0.05
泰国	0.07	0.11	0.15
东盟合计	6.68	6.97	7.34

资料来源：联合国贸易数据库. https://comtrade.un.org/data/.

（三）热带水果

近年来，东盟的水果出口快速增长。2019 年，东盟的水果出口占全球比例为 11.48%，其中越南（占全球比例 4.6%）、泰国（占全球比例 3.03%）、菲律宾（占全球比例 2.12%）是水果出口的大国（表 7-8）。东盟的优势产品主要是热带水果，包括火龙果、荔枝、红毛丹、椰子、香蕉、榴莲、龙眼、山竹、芒果等，大量的水果出口到中国、韩国、欧盟和美国等。2017 年越南的水果出口金额达到 35 亿美元，水果与海产品、大米、坚果、木材、家具、咖啡、橡胶和胡椒一同被越南农业与农村发展部列为重点出口产品。越南的水果生产主要集中在湄公河三角洲。由于水果种植的附加值较高，越南农业和农村发展部计划将部分稻米种植地改为水果生产基地。同时，政府鼓励果农采用符合全球良好农业规范（Global GAP）的标准开展生产，以促进水果向欧盟、美国、日本和韩国等国家的出口。

泰国是世界著名的热带水果生产地，它生产的榴莲、山竹、龙眼等产品享誉世界。2018 年泰国水果出口金额为 26.56 亿美元，同比增长 17.06%，主要出口市场为东盟和中国，这两个市场的出口金额为 21.32 亿美元，占水果出口总额的 80%。其中，对中国出口额总计 10.09 亿美元，较 2002 年增长 28 倍多。2020 年前 6 个月，泰国的榴莲出口金额达到 14.11 亿美元，其中 87% 的榴莲销往中国。泰国也是全球山竹生产及出口大国，出口位列全球第 6，仅次于西班牙、荷兰、墨西哥、美国以及智利。2020 年 1—5 月，泰国的山竹出口金额为 2.9 亿美元，有 70% 的产品出口到中国，金额达到 2.13 亿美元。

2018 年泰国政府制定水果集成战略计划，设定发展目标，将泰国打造成为世界热带水果贸易大国。该计划要求，泰国在发展水果生产业和加工业的同时，提升产品质量标准获得国际认可，通过出口优质产品，打造泰国品牌，并获取更高附加值。按照该战略计划，泰国将建立一个高效的销售系统，增加线上和边境市场销售渠道。泰国还将在东部经济特区建造大型冷库用于存放水果，并建立一个世界级的水果拍卖市场。2020年泰国不少果农生产受到疫情的影响，泰国政府对果农、水果加工厂、水果出口商都进行了补贴，支持它们的发展。政府积极搭建国内国际市场平台、线上线下销售平台，协助推销本国水果产品。泰国的农业与合作社部与中国的阿里巴巴公司合作，在线上大力推销泰国的水果。2020年泰国政府还建立"一站式出口服务中心"，除了提供各种商业信息，还简化出口审批程序，促进销量的提升。为了提升水果产品的竞争力，泰国政府力促农户提升水果质量，通过规范化生产和有机生产来提升产品竞争力，提高国际市场的占有率。

表7-8　东盟十国水果出口额占全球出口额的比例

单位：%

国家	2017 年	2018 年	2019 年
文莱	0.00	0.00	0.00
缅甸	0.21	0.34	0.54
柬埔寨	0.01	0.02	0.05
印度尼西亚	0.79	0.67	0.64
老挝	0.18	0.14	0.23
马来西亚	0.15	0.17	0.18
菲律宾	1.51	1.68	2.12
新加坡	0.12	0.09	0.09
越南	5.22	4.86	4.60
泰国	1.98	2.25	3.03
东盟合计	10.17	10.22	11.48

资料来源：依据联合国贸易数据库的资料计算. https://comtrade.un.org/data/.

注：该类产品的 HS 海关编码为 08，即可食用的水果，柑橘类水果或甜瓜。

菲律宾生产的香蕉、芒果、菠萝和椰子等水果产品在国际市场的知名度很高。菲律宾是仅次于厄瓜多尔的世界第二大香蕉生产国，香蕉种植历史悠久。2018年中国取代日本成为菲律宾最大的香蕉买家，中国从菲律宾进口的香蕉有127.3万吨，同比增长70%。2020年菲律宾的香蕉出口金额达到16.5亿美元。棉兰老岛是菲律宾香蕉的主要产区，60%以上的菲律宾香蕉产自于此。

Marsman 农场、Tadeco 基地、Uni 公司都是菲律宾重要的香蕉生产供应商。为了提升香蕉产品的国际竞争力，菲律宾在香蕉种植、生产过程中制定了规范操作，对施用化肥、农药都有严格规定，并对出口的每箱香蕉进行编码，保证来源可追溯。同时，菲律宾建有较为先进的冷库贮藏、冷链运输系统，采后加工技术相对先进，一些企业建立起全程冷链物流系统，在香蕉采收 1 小时后入库，从运输到包装均在冷链环节下，避免降低香蕉的品质。菠萝也是菲律宾的重要出口产品，菠萝的种植面积超过 80 万亩。

第二节　农业新特点和发展趋势

一、印度尼西亚致力于实现粮食自给

印度尼西亚农业发展目标是增加粮食安全并提升产品竞争力。截至 2020 年，印度尼西亚的人口达到 2.73 亿，粮食安全仍然是其发展重点之一。2019 年，印度尼西亚在全球粮食安全指数中的 113 个国家中排名第 62 位，属于排名中位的国家。由于印度尼西亚的人口众多，对于粮食的需求数量大，实现粮食自给具有很重要的意义。为了扩大粮食产量，印度尼西亚政府采取了多项措施，其中一项是扩大粮食产区。印度尼西亚的大部分人口、可耕地、大城市都集中在爪哇岛，其他岛屿有相当的土地资源未充分利用，限制了其农业发展。近年来，印度尼西亚政府鼓励创建粮食产区，提升粮食产量，积极建设相应的基础设施和专用道路，为使用现代化大型农业机械创造条件。除此之外，印度尼西亚还积极改进农业生产技术与管理。尽管印度尼西亚的农业生产自然条件优越，但是由于生产技术相对落后、缺乏熟练劳动以及管理粗放等原因，农业生产率较低。例如，中国的玉米平均亩产约 430 千克，而印度尼西亚只有约 300 千克。为了提升生产技术水平，印度尼西亚加大了农业技术开发与利用方面的国际合作，从中国、日本等引入先进的农业生产技术。

二、缅甸致力于扩大农业生产和出口

农业在缅甸的 GDP 中占 22.5%，有约 70% 的人口生活在农村，大多数人的生活依赖农业和畜牧业。在 2019/2020 财年，缅甸的农产品出口为 35 亿美

元，比 2018/2019 财年增加了 4.985 亿美元。农产品出口占到缅甸出口总额的22%。缅甸出口的农产品包括大米、豆类、玉米和果蔬等，其出口市场主要是中国、新加坡、马来西亚、菲律宾、孟加拉国、印度、印度尼西亚、斯里兰卡和欧盟等。2019/2020 财年缅甸的稻谷产量为 2 600 万吨，而国内全年的消费量仅为 1 500 万吨，缅甸计划出口大米 250 万吨。

为了支持缅甸的农业出口，缅甸贸易促进局在新加坡开设缅甸贸易中心。一直以来，外资在缅甸农业的比重很低，2017/2018 财年的农业领域的外资投入仅为 1.34 亿美元。为了吸引外资投入缅甸农业，缅甸《新公司法》于 2018年 8 月 1 日正式生效，新公司法将农业领域的外资股比从 49% 放宽至 80%。在种子生产方面，外资股比甚至放宽至 100%。

2020 年缅甸开始实施粮食生产和农业发展项目（NFASP），该项目将持续五年，其覆盖缅甸全国 14 个省邦以及内比都行政区，旨在提高项目区域内的农业生产力和产品质量。根据缅甸的自然气候及水土条件，其可耕种面积远远大于实际种植面积。近五年来，缅甸的水稻种植面积一直在 728 万公顷左右。缅甸政府致力于扩大种植面积、提高产量。政府加大在基础灌溉设施的投入，将部分地区的两季种植提升到三季种植，提高产量。除此之外，缅甸农业、畜牧与灌溉部还为农民提供优良品种以及技术支持，促进农业生产率的提升。例如，2020 年 11 月缅甸农业、畜牧与灌溉部在伊洛瓦底省和勃固省的七个城镇开展良好规范农业（GAP）种植项目（目前种植面积达到 964 公顷），并开展道路、灌溉渠道的建设和改善项目，推广机械使用，实现全年雨季、冬季和夏季作物的规模化种植。

三、泰国致力于有机农业、智慧农业发展

农业是泰国的支柱产业。2017 年仅大米的产量就有 1 148 万吨，为泰国创造了 51 亿美元的价值。泰国政府不断推进农业经济的结构升级，提升泰国农业的竞争力。在土地资源有限的条件下，泰国政府致力于提升农业生产率，利用现代技术改造农业，数字技术应用就是其中之一。数字技术可以实现农业生产的实时监控（对于温度、湿度、气压等监控），让农产品加工变得更有效率，成本更低，也能通过电子商务让农产品走向世界。泰国的多所大学（玛希隆大学、泰国农业大学）致力于开发农业生产的智能系统，将气候监测、温湿度调

节、灌溉系统等与互联网连接，实现远程调节与优化，并采用无人机喷洒杀虫剂（与中国武汉光谷北斗公司合作），降低成本和风险，引入区块链技术，跟踪大米质量。

泰国政府也将"Young Smart Farmers"（智慧农户）纳入到"泰国4.0"经济发展计划中，发展智慧农业和精细农业。泰国政府给予农业技术研发、人员培训、智能设备应用等方面的支持。截至2019年，泰国政府已经在828个城市开展智慧农业培训，并建立了多个智慧农业培训中心，向农户传授新科技。例如，泰国清迈的拉加芒加拉科技大学（Rajamangala Lanna）培训农户使用APP来控制农田灌溉系统。泰国投资促进委员会（Thailand Board of Investment，BOI）也为泰国的智慧农业投资提供促进计划，从上游到下游的投资都可以享受税收优惠，包括农产品加工、有机肥料生产和动植物育种发展。特别是智慧农业及其相关服务业的投资，即从事监测或跟踪系统、资源管理系统和智能温室系统等领域的企业投资都将获得5年的企业所得税免征优惠，同时免征用于生产的农业机械和原材料的进口关税。

为了促进数字经济发展，泰国在2016年专门成立数字经济与社会部（DES），进一步推广泰国的"4.0计划"，该部首要目标就是推动泰国经济与社会的数字变革。数字经济与社会部也致力于将泰国传统的农业种植模式转型为智能化农业，将传统中小企业转型为智能型中小企业，将传统服务业变成具有高附加值服务业。数字经济与社会部与科技公司合作，成立人工智能（AI）实验室、发展智能技术，以满足农业部门的需要。泰国农业与合作社银行（BAAC）也为智能农业发展提供支持，以低利率（仅2%）向农民提供贷款，帮助他们向智能农业转型。BAAC还提供低息贷款，帮助农民从事有机肥料颗粒制造等辅助产业的发展。整体而言，泰国正在朝向智慧农业方向发展，致力于保持世界农产品供应领先国家地位。

四、越南致力于外向型农业发展

近年来，尽管越南农业劳动力在不断减少，但是其农业发展一直呈上升趋势。过去10年，越南农业产值以每年5%～7%的速度增长，2019年的农产品出口额达到412亿美元，排名世界第15位，在东盟十国中排名第二。2020年越南农产品（也包括水产品、林业产品）出口也超过410亿美元。越南全国有超过 7 500 家企业从事农业加工，其大部分产品除了出口到中国，也出口到欧美日韩等市场，产品质量在不断提升。不少农户和企业按照全球良好农业规范（Global GAP）的高标准开展生产，其产品质量符合出口欧洲、美国、日本和韩国的标准。2019 年 1 月越南政府发布"关于实施社会经济发展计划及国家预算的关键任务和解决方案"的第 01/NQ-CP 号决定，要求越南农业在 10 年内进入到世界农业最发达前 15 大国家，并跻身十大农产品加工中心之一。越南农业与农村发展部也制定了具体的行动计划。

越南政府非常重视外向型农业发展，大力推动自由贸易。越南—欧盟自由贸易协定（EVFTA）在 2020 年 8 月 1 日生效，为越南商品出口创造了新的动力。越南的农产品对欧盟出口增长加快，仅在 8 月、9 月出口金额就达 7.66 亿美元。9 月，第一批享受越南—欧盟自由贸易协定的零优惠税率的农产品出口欧盟，包括 30 吨冻虾，对德国出口的 100 吨百香果，对英国、德国和荷兰出口的 2 200 箱水果和 15 吨柚子、火龙果，对捷克出口的 126 吨香米等。另外，越南的木材及木制品、大米、蔬果、腰果、咖啡等产品的出口额也在提升[①]。越南政府还致力于削减与中国、亚欧经济联盟、美国、巴西、沙特、澳大利亚等的出口技术壁垒，为农产品出口创造良好的市场环境。

为了提升农产品质量，越南政府制定了多个农业生产发展总体规划（包括 2015 年的"定向 2030 年及到 2020 年农业高科技应用区或地区总体规划"、2016 年的"越南稻谷产业 2020 年重建战略及 2030 年展望"等），提出以科技为核心，不断提升农产品质量，在确保国内粮食安全的同时满足出口需求，促使农业走全面、可持续发展的现代化道路。2013 年，越南政府发布了 899 号决定，批准了实现农业增值和可持续发展的农业结构调整计划，在各个省大力推行有机农业生产模式。为了提升大米的产量，越南开发了适应洪涝和干旱的水稻新品种，在越南中北部受洪灾影响的省份和中南部干旱多发地区种植，该品种生长周期短，可一年种植三季，大大提高了单位耕地面积的产量。同时，越南还加强与中国、日本等国的技术交流与合作，提高农业技术水平。

---

① 驻越南社会主义共和国大使馆经济商务处 . 2020 年越南农产品出口将达 410 亿美元 . 2020 年 10 月 14 日 . http://vn.mofcom.gov.cn/article/jmxw/202010/20201003007770.shtml.

第八章 CHAPTER 8
东盟农业合作社 ▶▶▶

第一节　农业合作社发展历程

一、东盟十国农业合作历程

（一）农业合作社的主要功能

农业合作社在促进农业发展方面发挥重要作用。农业合作社为农民和其他依赖农业的人提供技术、资金、就业机会和收入来源，促进农业生产的发展壮大。低收入国家的农民往往没有足够的资金支持农业发展，他们的经营活动面临很大的竞争压力和风险。因此，许多农民从农业合作社寻求支助，获得贷款以改良土地、购买农业资料、收割、储存和运输农产品。

所有国家的农业合作社都为其成员提供信贷服务。农业合作社以其自有资本和借贷资金向成员提供信贷。农业合作社提供的贷款往往是短期或中期贷款。在世界上大多数国家，合作信贷的利息都比市场利率低。农业合作社能为成员提供相对安全和公平的信贷服务。另外，农业基础设施的建设也需要农业合作社提供资金支持。

除此之外，农业合作社还为成员提供市场信息、农业生产技术和培训等方面的服务，积极为社员搭建销售平台。同时，农业合作社还积极与政府、企业沟通，为社员寻求各种政策支持，如农产品价格支持政策、补贴政策等，联合多方力量维护农民的利益。

（二）东盟国家农业合作社的发展历程

东盟一些国家很早就成立了农业合作社。泰国在 1916 年就成立了信用合作社，创办时仅有 16 个社员，它从泰国商业银行获得资金，并为社员融资。印度尼西亚在 1910 年就成立消费合作社，其后又建立了农村合作社，它在农业生产、水利建设、农产品加工和销售等方面发挥重要作用。到 1979 年，印度尼西亚成立了 3 350 个农村合作社。越南在 2016 年共有 21 家联合社和超过 1.07 万家农业合作社，其成员共有近 400 万名。截至 2019 年，菲律宾有 6 500 多个农民合作社，1 350 万农民参与了合作社。菲律宾的农民合作社以私营方式运作，为小农户提供更好的施肥方案、签订相关合同、保护农产品价格、提供培训与认证服务等。马来西亚在 2016 年拥有超过 12 000 家合作社，有 60% 的合作社处于活跃状态，其余都处于半活跃状态，实际社员人数是 400 万名。在柬埔寨设立有渔业生产合作社、橡胶种植户合作社、丝绸纺织合作社、手工艺品合作社等。缅甸在 1905 年建立了第一个合作社组织。1970 年缅甸开展社会主义经济建设时，颁布了有关合作社组织法，并在全国各地建立起消费者合作社。

除了各国内部的农业合作社，东盟还建立了东盟农业合作社发展中心（ACEDAC），它是一个由政府和成员国合作组织的代表以及东盟合作组织（ACO）的代表组成的具有国家法律地位的非政府组织。其发展目标是通过充当区域活动的联络点来最大限度地提高东盟国家间的农业合作计划，促进信息、技术和经验的交流；协助制定东盟成员国的各种农业合作项目，并确定可能的资金或技术援助来源；提供必要的培训、讲习班和研讨会等，更好地服务于东盟国家的农业合作计划。

二、各国农业合作现状

（一）印度尼西亚的农业合作社发展

印度尼西亚的合作社在推动农业发展方面发挥了重要作用。印度尼西亚的合作社最早设立于 1947 年 7 月 12 日。1992 年 5 月印度尼西亚制定了第 25/1992 号《合作社法》，给予合作社以法律保护。最初，印度尼西亚的合作社是 BUUD（Badan Usaha Unit Desa），其后逐渐转变为 KUD（乡村单位合作社，即 Koperasi Unit Desa，英语为 Indonesian-Village Cooperative Unit）和非KUD。省级合作联社称为 PUSKUD，全国的合作联合社称为 INKUD。BUUD 的最大作用是在生产领域和销售方面，为农民供应生产资料，促进销售。其后 KUD 朝向多功能方向发展，不仅提供农业生产服务，也提供其他商品与服务，包括蔗糖种植、木薯加工、渔业装备、发电设施建设等多方面，它掌握有仓库、水稻加工厂、烘干设施、交通设备等重要物资，也提供化肥、农业信贷资金等。非 KUD 主要是指非村级合作社，主要由公务员、军人、工业工人、商人等组成的储蓄信贷合作社。KUD 的个数从 1978 年的 3 332 个增加到 1982 年的 5 875 个，社员也有大幅增加。不过 KUD 的发展也遇到很多问题，例如，缺乏有能力的管理者，缺乏技术人员和资本，合作社的发展主要依靠有限的内部资金，在教育和培训方面也存在很多不足。截至 2012 年 5 月，印度尼西亚大约有 192 443 个合作社，成员总数为 3 368 万，占总人口的14.14%。其中，大多数合作社是由农村社员组成的基层合作社，其余是合作社企业组成的二级社。这些合作社大多数（约 70%）位于农村地区，它们是印度尼西亚最大的民间社会组织之一，在促进农村发展和创造就业机会方面发挥了巨大作用。

（二）柬埔寨的农业合作社发展

柬埔寨的农业合作社发展起步于 2003 年，当时只有一家农业合作社，社员 39 名。2013 年柬埔寨的农业合作社发展到 486 家，社员人数达到 46 330人。到 2017 年柬埔寨一共有 880 个农业合作社，社员达 89 474 人。2019 年，柬埔寨农业合作社的数量达到 1 116 个。柬埔寨政府重视农业合作社，希望合作社朝多元化方向发展，开展多种经营，帮助农民提高收入，改善农民生活水平。2013 年柬埔寨颁布《农业合作社法》，规定农业合作社是私人性质的经济企业，通过共同投资、共同所有、民主管理方式建立。柬埔寨农业合作社的组织原则是自愿和开放、社员民主管理。柬埔寨的农业合作社的主管部门是农林渔业部（MAFF），MAFF 也设立专门的部门，即农业合作社发展部门来促进合作社的发展。

农业合作社在多个方面发挥作用：①调节市场的农产品价格，避免价格过低对农民产生负面影响，拓展农产品贸易渠道，帮助农民解决各种困难，提高农民的收入等。②开展信贷业务、储蓄业务。合作社的资金来自储蓄存款，它以低利率为社员提供资金融通。③开展各种新兴业务。柬埔寨的农业合作社类型较多，既有数量众多的信息服务中介类合作社，还有种植类合作社、丝绸加工合作社、农资合作社、化肥农药合作社和饲料兽医兽药类合作社。近年来，榴莲种植能够获得较高价值，柬埔寨农林渔业部也鼓励组建榴莲种植合作社。

（三）马来西亚的农业合作社发展

马来西亚的合作社始于英国殖民时代。1922 年 6 月，英国殖民当局颁布了《合作社法令》，同年负责合作社注册的合作社发展部成立（葛书院，2015）。最早成立的合作社是马来西亚电信公司职工信贷合作社，为职工提供信用贷款服务。1948 年马来西亚政府修订了新的《合作社法令》。1954 年马来西亚成立了第一家合作社银行，即人民银行（Bank Rakyat），同年还成立了第一家合作社保险公司（葛书院，2015）。

1972 年马来西亚合作社联盟（ANGKASA）成立。1993 年，马来西亚颁布《合作社法案》。在 2000 年以后，合作社进入了加速发展时期。截至 2013 年底，全国共有合作社 10 914 个，社员 761 万人。马来西亚的农业合作社发展面临的一大问题是本土农民越来越少，人力资源不足。马来西亚的农业采用了很多外来劳工，这些劳工没有被纳入到合作社中。这使得马来西亚合作社的发展受到很大限制。

（四）菲律宾的农业合作社发展

早在 1915 年，菲律宾就制定了《农村信贷法》（Rural Credit Act），它是第一部关于农村信贷的法律，允许依法组织农村信贷协会。1927 年，菲律宾政府又制定了《合作销售法》（The Cooperative Marketing Law），赋予工商局组织农民参加销售合作社的责任。1936 年，菲律宾国家法案第 116 号规定，销售合作社可以从国家水稻和玉米基金得到优惠贷款。1952 年菲律宾的国家法案第 821 号要求组建农业信贷和合作社资金管理局，促进、资助和监督农民销售合作社的运营。1990 年菲律宾政府颁布《合作社法》，并成立了合作社发展局，支持多功能农业合作社的发展。1993 年成立了全国合作社运动组织（National Cooperative Movement），次年又成立了菲律宾合作社中心（Philippine Cooperative Center）。截至 2018 年，菲律宾有 6 500 多个农民合作社，以私营方式运作，1 350 万农民参与其中。菲律宾的农业合作社分为多功能合作社和专业化合作社，例如信用合作社、消费合作社、服务合作社等，服务合作社给农民提供农业技术培训、认证服务等。90% 以上的合作社都是小型合作社。

菲律宾最成功的农业合作社之一是 LIMCOMA 合作社。LIMCOMA 合作社成立于 1990 年，最初的注册资本为 2 850 美元，77 个社员。到 2000 年 6 月时，LIMCOMA 合作社的资本达到 205 万美元，社员发展到 4 200 人。LIMCOMA 合作社的成功可以归功于：社员数量多、专业管理和高效的生产与销售系统。

LIMCOMA 合作社拥有一个养殖场，占地 6 公顷，养殖奶牛 250 头，并配有人工授精实验室。LIMCOMA 合作社还拥有一个设备齐全的肉类加工厂、一个容量为 3 600 吨的谷物筒仓和一个服务兽医的动物诊断实验室，它建立起高效的饲料、生猪、家禽和牛生产与运营体系。LIMCOMA 合作社的营销网络包括 9 个分支机构，分布在三个省，它还建立起 LIMCOMA 食品店和新的服务网点，为社员提供各种商品。

（五）泰国的农业合作社发展

泰国农业合作社的历史可以追溯到 1916 年。由于常年的水灾、旱灾，许多农民陷入债务危机，甚至失去了赖以生存的土地，变成无地农民。泰国政府推动建立了"村级信用合作社"，合作社的唯一目的就是向重债农民提供贷款。1928 年泰国政府颁布了《合作社法》，把合作社运动纳入到法制轨道。1934 年对法律进行了修改，允许组织农业、土地、渔业、消费、储蓄和信贷等各类合作社。

1968 年，泰国修订了《合作社法》，这个法包含了两个重要特征：一是村级信用合作社合并为区级信用合作社，同时，将信用合作社改组为农业合作社，进一步扩大了合作社的经营范围；二是成立了合作社的最高机构——泰国合作社联合会（CLT）。另外，1969 年泰国政府规定农业合作社的无限责任改为有限责任，同年还成立了泰国农业合作社联盟（ACFT）。目前，泰国的合作社主要有以下七种：农业合作社、土地转让合作社、渔业合作社、消费者合作社、储蓄和信用合作社、服务合作社和信用联合合作社。泰国政府给予合作社多方面的支持，包括对农业合作社免除收入税、商品税、农产品交易税以及合作社登记费用等。

截至 2017 年，泰国共有 8 194 个合作社，社员有 1 157 万人。其中，非农业合作社 3 565 个，占 44%，成员 501 万人；农业合作社有 4 629 个，占 56%，成员 655 万人。在农业合作社中，有 108 家是渔业合作社（占 2%），社员 14 932

人；种植业合作社有 4 426 家（占 96%），社员 6 347 762 人；土地开拓合作社
（Land Settlement Cooperatives）有 95 个（占 2%），社员 193 311 人。

（六）越南的农业合作社发展

早在 1955 年 8 月越南开始试点发展农业合作社。1959 年 12 月，越南国会
通过并颁布《农业合作社组织条例》。不过，由于国内战争等原因，农业合作
社发展停滞。1988 年越南开始经济改革，农业合作社也迎来新的发展。1996
年越南政府颁布《合作社法》，新法确立了自愿入社、自主经营和民主管理等
原则。除旧合作社转制以外，新合作社也不断登记成立。新的合作社遍及农业
的各个细分领域。2012 年越南修改了《合作社法》，新法的最终目标是提高农
民和新型合作社社员的收入，在市场经济中打造有效活动的合作社与企业联动
模式。新法要求合作社在人员培训、市场开拓、农村农业发展项目与计划、合
作模式创新、农业基础设施建设、信贷、农产品加工、预防自然灾害和病虫害
等方面发挥作用。同时，新法给予合作社收入所得税减免和新社注册费减免等
优惠政策。

截至 2016 年，越南农业合作社有 10 756 个，平均每家合作社的社员有
376 人，合作社的平均资本为 56 839 美元。合作社提供各种服务，包括市场调
查、灌溉、兽医服务、土地翻新、合作营销与加工、电力和内部融资等活动。

第二节 农业合作社的法律支持

一、东盟对农业合作社的法律

东盟国家农业资源丰富，农业在经济中占有十分重要的地位。东盟国家十
分重视其农业合作社的发展。东盟国家关于农业合作社的政策可以分为两部
分：一部分是法律法规；另一部分是支持政策（表 8-1）。

（1）将农业合作社合法化，纳入到法制轨道，对其性质、组织原则等做出
规定。例如，1973 年印度尼西亚政府颁布的《关于成立农村合作社和农村事
业组织的指示》，指出农村合作社是农村社会的经济组织，在农业生产、水利
建设、农产品加工和销售等方面起先导作用。2013 年柬埔寨颁布《农业合作
社法》，规定农业合作社是私人性质的经济企业，通过共同投资、共同所有、

民主管理方式建立。《农业合作社法》的主要内容包括：农业合作社的定义与原则，支持农业合作社的机制、主管机构，农业合作社发展基金的筹集方式，建立与注册农业合作社的要求与程序，社员的权利、义务和运作方式，农业合作社的联合方式、程序等规定。

（2）规定合作社的组织模式。例如，越南1988年4月颁布《关于农业生产承包制的10号决议》。10号决议推动了合作社向市场化方向发展，理顺了国家、合作社、社员三者在土地上的所有权、使用权以及劳动组织形式等方面的关系。

（3）组织管理方式。例如，印度尼西亚的《合作社法》规定：合作社需要设立由3人组成的委员会。马来西亚2007年制定了《合作社法案》，为农业合作社、渔业合作社制定了专门的合作社管理规章，加强对合作社的监督和管理，加大对违法行为的处罚力度。

表8-1 东盟国家对农业合作社的法律法规与政策支持

国家	法律法规	政策支持
印度尼西亚	1. 1973年《关于成立农村合作社和农村事业组织的指示》，扩大合作社经营领域； 2. 1992年《合作社法》给予合作社法律保护； 3. 2011年《关于指导大型合作社发展的法令》要求提高合作成为大型合作社的可能性；增加每个省的大型合作社的数量；加强合作社之间的伙伴关系和商业网络；提高合作社在国民经济中的分配作用	1. 给予合作社信贷支持； 2. 指导合作社向规模化、多功能方向发展； 3. 国家银行向农村提供的低息贷款优先照顾农村合作社，国家向农村供应的化肥、农药和优良种子也优先供应农村合作社，国家收购粮食时优先购买农村合作社的粮食，并实行优惠价格
柬埔寨	2013年《农业合作社立法》规定合作社性质、组建原则等	1. 成立专门的农业合作社发展部门（DACP）指导合作社的发展； 2. 设立25个省级农业合作社促进办公室； 3. 免费注册
老挝	2010年颁布《农业合作社法》（No. 136/PM）	1. 设立农业扩展与合作部门，指导合作社发展； 2. 支持1 050个作物种植合作社成立；1 670个畜牧养殖合作社成立
马来西亚	1. 1922年英国殖民当局颁布《合作社法令》； 2. 1948年修订《合作社法令》； 3. 1993年颁布《合作社法案》； 4. 2007年颁布新《合作社法案》	1. 优惠贷款，中央流动基金向流动资金不足的合作社发放贷款； 2. 支持购买办公用楼和投资项目； 3. 资金支持，向新成立的合作社提供开办费用，新注册的合作社有5年免税期

（续）

国家	法律法规	政策支持
菲律宾	1. 1915 年颁布《农村信贷法》； 2. 1927 年颁布《合作销售法》； 3. 1936 年颁布国家第 116 号法令，给予合作社优惠贷款； 4. 1960 年农业信用合作社（Agricultural Credit Cooperative Institute，ACCI）成立； 5. 1963 年菲律宾土地银行设立； 6. 1990 年颁布《合作社法》，成立合作社发展局，支持多功能农业合作社的发展	1. 给予销售合作社优惠贷款，支持水稻、玉米种植发展； 2. 成立合作社发展局，指导合作社发展
泰国	1. 1925 年颁布《合作社法》； 2. 1968 年颁布《合作社法案》； 3. 1999 年颁布新《合作社法案》，对合作社的管理体制、设立合作社发展基金、合作社自身的运作、合作社联盟作出具体规定	1. 成立国家合作社发展局（或委员会），从资金、种子、种苗、生产资料供应、科学技术、水利设施、兴办农副产品加工业等方面给予合作社支持； 2. 成立合作社发展基金，为合作社发展提供金融支持； 3. 免交合作社注册费； 4. 合作社可以从政府获得低息贷款； 5. 资助会费，扶持合作社； 6. 为合作社提供各种免费服务，包括咨询、审计、政策指导、人才培训等
越南	1. 1959 年 12 月颁布《农业合作社组织条例》； 2. 1996 年颁布《合作社法》； 3. 2003 年修订《合作社法》； 4. 2012 年再次修订《合作社法》	1. 向合作社发放低息信贷； 2. 帮助合作社参加由政府出资的地方经济和社会发展项目； 3. 培训合作社管理人员，培训内容包括合作社的组织、决策、经营管理、会计和审计业务等

二、东盟国家给予合作社的支持政策

东盟国家政府不仅将农业合作社作为促进农业发展的重要组织，也将合作社作为扶贫的重要手段，通过鼓励、支持农民组建合作社来促进农业生产经营发展，帮助农民脱贫致富。为此，政府制定了各种政策支持合作社的发展。

（1）设立专门的指导部门，促进合作社的发展。很多国家都设立了政府的合作社发展部门，指导和帮助合作社的发展。在泰国，设立有专门的合作社注册办公室，注册员主管由农业与合作社部部长担任。泰国政府还设立合作社促进部，促进、支持和强化合作社的发展。同时还设立合作社审计部，作为政府机构，专司合作社审计之责。东盟国家，例如泰国和越南还推动合作社参与国家的农业发展计划，推进农业的转型发展。

（2）提供优惠贷款。国家银行可以向合作社提供低息贷款。例如，马来西亚政府设立针对合作社的中央流动基金，向那些流动资金不足的合作社发放贷款。

（3）直接给予资金资助。在马来西亚，合作社注册成立之后，政府会给予合作社一笔开办费用；在合作社正常运营两年之后，政府还给予合作社一笔优惠贷款，用于购买办公用楼和投资项目。在泰国，农业合作社的资金来源主要是会员股份、会员存款、合作社赢利盈余、外部借贷、外部补贴和资助（汤汇，2007）。泰国政府通过三个途径资助农业合作社：一是设立合作社发展基金。合作社发展基金是根据《合作社法案》设立，目的是促进合作社发展。合作社发展基金来源于国家财政预算，它向合作社提供低息贷款。二是通过农业与合作社银行（BAAC）为合作社提供低息贷款。农业与合作社银行也是国有银行。三是农业合作社之间的资金融通。

（4）向合作社提供土地、化肥、农药和优良种子等生产投入。泰国政府把合作社作为发展农村经济，解决农民就业、收入问题的有效途径。国家制定农业发展计划，运用合作社形式把土地分配、租赁给农民，在各地举办示范中心，从资金、种子、种苗、科学技术、水利设施等方面帮助农民改善生产条件。在泰国政府对大米和主要农副产品实施"保护价格政策"时，合作社可以从泰国农业与合作社银行（BACC）获得低息贷款。

（5）为合作社提供各种服务。包括人员培训、技术推广应用等服务；培训合作社的管理人员、普通成员等；为合作社提供审计服务、合作培训、营销培训和畜牧养殖培训等。

（6）提供免税优惠，免注册费用。在马来西亚，新注册的合作社有5年免税期；合作社社员股金总额低于一定金额时，可免税；社员对合作社的捐赠也可免税。在泰国，合作社的收入免征所得税，合作社被视为非营利机构。

（7）加强国内外交流与合作，为合作社开拓国内外市场提供帮助，帮助合作社寻求国际组织的援助、赠款和优惠贷款。例如，缅甸政府制定了合作社发展政策，包括：①组织初级合作社，为农民提供小额信贷，获取必要的资本；②接受国际组织的援助、赠款和优惠贷款，建立小额信贷银行；③促进合作社升级为有效的生产、贸易和服务合作社，以有效支持社会经济和国家经济的发展；④从合作大学中培养具有民族和社会精神的青年；⑤合作培训学校培育青年成为专业技术人员。

▓▓▓▓▓▓▓▓▓▓▓▓▓▓▓

第三节 农业合作社的管理模式

一、马来西亚的农业合作社管理模式

1922 年根据《合作社法》，马来西亚合作社发展部（CDD）成立，它指导合作社的发展。1990 年马来西亚政府将其置于土地与合作社部的直接管理之下，2008 年更名为马来西亚合作社委员会（SKM），是马来西亚最具权威的合作社运行指导、监管和执法机构。政府管理体系中，马来西亚合作社委员会接受贸易、合作社和消费者保护部（MDCCT）的业务指导，但保持相对独立。合作社委员会的成员来自政府各个相关部门，主要制定合作社的发展计划和促进政策，并出台相应的规章制度和业务规范；负责合作社的注册、合并和注销，负责审计合作社的发展情况；指导合作社的设立和管理；管理合作社发展基金，其中基金由政府注入，用于支持合作社发展（葛书院，2015）。马来西亚的合作社委员会将合作社的发展纳入到法制轨道，并利用政府政策和政府基金支持合作社的发展。

马来西亚的全国合作社联盟（ANGKASA）是众多合作社的联盟组织，它代表各个合作社，反映合作社的诉求，为合作社提供教育、交流的平台。全国合作社联盟（ANGKASA）的成员约占全国合作社的 50%，产值约占全国合作社产值的 80% 以上（葛书院，2015）。全国合作社联盟负责指导成员的业务发展，推动它们参与到政府项目中；促进信用合作社和信用银行的业务拓展；开展人力资源培训等。全国合作社联盟的资金主要来自政府资助。

合作社的内部管理主要分为两个层次：一是年度社员大会，它是合作社的最高权力机构，实行一人一票，选举产生理事会，在理事会的指导下设立内部审计委员会以及各个业务委员会；二是管理层级，由理事会任命总经理，总经理负责合作社的业务运营。

二、泰国的农业合作社组织模式

泰国合作社的官方管理机构是泰国农业与合作社部下属的合作社促进局。它是全国的合作社管理机构。其职责包括：根据合作社法案规范合作社的运

营，监督合作社的经营管理，支持合作社发展。合作社促进局在泰国的各个地区都设有合作社促进办公室。

泰国农业合作社运营体系由三个层级组成：初级合作社、地区合作社联盟以及国家层面的合作社联盟。初级合作社由个人会员组成。泰国农业合作社联盟（ACFT）是国家级的联盟，它的会员是所有不同层级、不同类型的合作社，包括一些国家级的专业合作社联盟，例如泰国甘蔗种植者合作社联盟、泰国生猪养殖者合作社联盟、泰国奶制品合作社联盟等。

合作社内设有理事会，理事会成员由合作社成员民主选举产生，并且必须为合作社成员，总共不超过 15 人。《合作社法案》规定，成员加入合作社，必须至少持有合作社 1 份股金。成员交纳的股金也是合作社资金来源之一。除此以外，合作社的其他资金来源包括合作社发展基金（CDF）、农业与合作社银行（BAAC）对合作社的贷款。同时，商业银行也可以为合作社提供贷款（许灿光等，2017）。

第四节　农业合作社面临的问题与对策

一、合作社发展面临的主要问题

（1）资金不足，贷款资金获取存在一定困难。在东盟国家，农业合作社面临的一大问题就是资金不足，以至于难以支撑社员的融资需求。农业合作社及其成员都需要信贷来开展农业活动。农业合作社往往从其自有资本、借贷资金或政府优惠贷款中融资，向其他成员提供信贷。农业合作社应有充裕的资金并以合理利率向成员提供信贷。但是就目前而言，东盟大多数国家的农业合作社规模小，缺乏资金与资本，且获得资金的机会有限。而且从银行和小额金融机构获得信贷服务的机会也较少。许多金融机构甚至尚未向农业合作社提供贷款，部分提供贷款的金融机构的贷款利率也处于一个较高的水平。

这一问题的深层次原因与合作社自身的特殊性有关。由于很多合作社规模小，且分散经营，经营地域不大，经济效益并不显著。另外，由于合作社本身具有一定的合作性质，与企业相比，治理能力和约束机制都相对薄弱，发展往往受挫。它们与正规金融机构或银行相比，所获得的资金渠道和数额非常有限。另外，合作社在提供专业的融资服务方面也弱于正规金融机构。从经济分工角度而言，农业融资服务应该由正规金融机构和银行提供，但是正规金融机构和银行在融资审核方面又会将个体农户（个体经营者）排除在外，农户的抵押物少、风险高，这一情况又背离了支持个体农户融资需求的发展初衷。因此，就需要一个居于正规金融机构、银行与个体农户之间的中间组织，合作社正是发挥这一作用。但是，如何有效地发挥合作社的融资功能、更好地为农业发展服务是一个难题。

（2）人才短缺，经营管理能力有限。东盟国家的农业合作社发展面临人才短缺，经营管理不善，甚至出现贪污、腐败和破产等问题。在马来西亚、印度尼西亚、泰国和菲律宾的合作社发展过程中，都出现了上述问题。一些国家修改了《合作社法》，加强了对合作社的财务审计，从组织制度、人员管理、治理机制等方面做出改进，政府设立专门的合作社促进部门来指导、培训合作社各类人员，促进合作社的发展。

一些合作社在财务管理、技术推广应用方面存在人才不足的问题，导致农业合作社的资金管理账户和相关文件记录不清楚，透明性较低。这些问题也会影响合作社的发展。首先，农民入社的积极性不高。农民对资金运用的规范性存在质疑，再加上农业生产合作社经营状况不理想，因此退出合作社的农民也不少。其次，农业合作社的管理人员受教育程度较低，合作社的领导、组织与管理能力较低，缺乏专门的财务发展计划、营销计划和业务发展计划。此外，政府指导、支持农业合作社发展的力度不够，不能深入了解发展过程中存在的问题，也未能及时解决这些问题。

（3）农业机械化水平低，基础设施不足。东盟国家的现代农业机械与设备使用有限，生产效率较低。大多数农业合作社缺乏种植、收获、加工和销售的设备与设施。即使是那些拥有农业机械的农业生产合作社，也会由于缺乏技术力量、零配件和燃料，导致农业机械得不到有效利用。

（4）与市场的联系不够紧密。由于缺乏提高产品产量和质量的能力和手段，农业合作社提供的产品数量和质量不能有效地满足市场需求。合作社在开拓市场渠道、构建营销网络方面的能力也相对不足。合作社并不强制要求会员将所有农产品销往合作社，会员也可自行寻找销售渠道。从合作社的运营情况来看，发展较好、规模较大的合作社具有较强的对外合作意向，并具备一定市场条件和合作基础。那些经营规模有限的合作社往往缺乏与市场的有效联系。此外，支持和促进合作社业务与市场拓展的联盟机构也较少。

（5）缺乏整体规划，法律框架尚未完善。东盟国家往往会设立合作社促进局来承担促进合作社产品销售的任务和提出合作社发展建议等职责，然而，合作社促进局也缺乏促进合作社发展的整体规划，在指导合作社对外业务发展方面乏力，政策支持力度也不大。虽然东盟大多数国家在成立农业合作社时都出台了相应的法律法规以保证农业合作社的良好运行，但农业合作社并没有建立充分有效的法律和政策框架，在管理方面的法规并不完善。

二、促进合作社发展的措施

（1）制定相关政策和战略支持框架，加强农业合作社的法制建设。柬埔寨、老挝、缅甸等国家进一步完善了促进农业合作社发展的法律和政策框架，确立合作社运行机制，促进其健康稳定发展。特别是在人员和技术资助、资金支持等方面做好预算规划。

（2）加强合作社能力建设。建立农业合作社的国家培训中心，为农业合作社开发教育和培训材料。加强农业合作社在领导、管理、计划、商业管理和市场营销方面的能力。

（3）加强金融机构、科研机构与合作社的合作，构建合作社之间的交流合作网络。合作社能够为社员提供的支持并不仅仅取决于自有资本和技术，还与合作社可以联结到的资源有关。加强金融机构与合作社的联系，能够为合作社发展提供更多的资金支持；加强科研机构与合作社的联系，能够将外部技术资源引入到合作社中，推动新技术应用。

（4）国家设立专门资金支持农业合作社和农村事业组织发展。国家可以以法律的形式规定每年投入一定的资金设立农业合作社发展基金会，用于支持合作社的发展。对于东盟国家，除了政府的支持，还可以拓展融资渠道，通过外部合作、内部挖潜的方式，加大资金积累，使农民将较多的资金用于扩大再生产。

（5）促进合作社的功能创新，鼓励合作社向多功能方向发展。农业合作社除了提供传统的融资信贷业务以及农业投入支持之外，还可以拓展新的业务领域和功能，适应经济发展新形势。泰国的农业合作社建设相对成熟，具备多项功能，但是在其他国家，例如柬埔寨，合作社的业务领域还有待拓展，合作社可以加强营销、加工、设施共享等方面的服务。

第九章 CHAPTER 9
东盟农业科技创新与推广体系 ▶▶▶

第一节　农业科研机构与科研体系

东盟国家的农业科研机构分为三类：第一类是国家或农业部所属的研究机构（例如菲律宾椰子研究所、林产品工业发展委员会，印度尼西亚科学院等），主要从事农业科学的基础研究，以及战略性、交叉性的多学科技术开发，协调科技活动，推广先进技术。第二类是农业学院或大学，是高等教育与科研机构，除了从事农业技术开发，还肩负有培养高级农业科技人才的重任。第三类是私营或非盈利的研究开发机构，包括国际研究机构，例如，设立在菲律宾的国际水稻研究所（IRRI）（表9-1、表9-2）。

表9-1　东盟各国农业科研机构

国家	农业科研机构
文莱	初级资源研究与开发中心、文莱生物创新走廊
印度尼西亚	印度尼西亚农业研究和发展局、印度尼西亚国家谷物研究所、印度尼西亚橡胶研究所、印度尼西亚油棕研究所
柬埔寨	柬埔寨农业研究与发展研究所（CARDI）、柬埔寨橡胶研究所（CRRI）、内陆渔业研究与开发研究所（IFREDI）、国家动物防疫与繁殖研究中心（NAHPIC）、林木与野生植物科研所（FWSRI）
老挝	老挝国家农林研究院（NAFRI）
缅甸	缅甸农业科学院、缅甸农业畜牧与灌溉部农业研究司
马来西亚	马来西亚农业研究与发展研究所（MARDI）、马来西亚橡胶研究委员会（Rubber Research Institute of Malaysia）
菲律宾	国际水稻研究所（IRRI）、菲律宾农业研究局、菲律宾椰子研究所
新加坡	新加坡农业科技园、淡马锡生命科学研究院

（续）

国家	农业科研机构
泰国	泰国国家水稻研究所、泰国植物疾病防控中心、泰国国家生物防治研究中心
越南	越南农业科学研究院

资料来源：作者搜集整理。

表9-2　东盟各国的主要农业高等教育机构

国家	农业高等教育机构
文莱	文莱大学
印度尼西亚	茂物农业大学
柬埔寨	柬埔寨皇家农业大学、磅湛国立农业大学、波雷列国立农学院
老挝	老挝国立大学、万象农业技术大学
缅甸	耶津农业大学
马来西亚	马来西亚博特拉大学
菲律宾	菲律宾大学、中央比科尔州立农业大学、菲律宾中吕宋大学、菲律宾达拉农业大学、棉兰老国立大学
新加坡	新加坡国立大学、淡马锡理工学院
泰国	泰国农业大学、宋卡王子大学、拉卡邦先皇技术大学
越南	越南农业大学（原越南河内农业大学）、胡志明市农林大学、北江农林大学

资料来源：作者搜集整理。

不同的科研机构在运作资金来源、运作方式和承担的职责等方面有所不同，国家科研机构和大学一般由政府预算拨款，也有些农业大学是私立大学，它们从企业捐赠和学费中获得运营经费。还有的研究机构获得国际赠款，例如欧美的基金以及联合国粮农组织等的捐赠。有的研究机构会从科研项目中获取收入，或从技术转让获得费用。大部分科研机构的人员采用公务员编制，与国家公务员无异，其研究任务与国家发展目标保持一致，从事专业领域的技术开发与推广应用工作，这些科研机构还承担大量的对外交流合作项目，通过合作引进国际上先进的农业生产技术、育种与耕种方法、设备，促进本国的农业生产。

一、文莱农业科研机构

初级资源研究与开发中心（Primary Resources Research and Development Centre）是文莱初级资源与旅游部下属的研究机构，隶属于农业和农产品局。

该中心的发展目标是开发、吸收和推广新的或改良的技术以及农场管理实践，增加文莱的可持续性产品、竞争性产品的生产。该中心下设五个部门，分别是：水果研发部，水稻研究与发展部，蔬菜研究开发部，作物保护部，植物生物技术处[①]。这些不同的部门在全国都设有农业研究站。它们的服务范围包括：①研究与开发大米、水果和蔬菜种植技术，开展农艺实践，加强病虫害防治；②提升农民的技术能力，为他们提供技能培训；③提供咨询服务和技术转让服务。

文莱生物创新走廊。2009 年，文莱政府建设了一个国际标准的农业技术园（BATP）。BATP 致力于吸引拥有顶尖农业技术的全球投资者，促进文莱的农业创新，提供健康和安全的农产品，并将绿色和出口导向型农业引入文莱。2014 年设立生物创新走廊（BIC），一方面从事文莱清真食品的生产，另一方面从事生物技术的开发，涉及食品、制药、化妆品等领域的产品开发，其目标就是摆脱过度依赖石油开采与出口，促使文莱经济朝向多样化发展。文莱政府从 1999 年开始就推动蓝虾养殖计划的执行，以无抗生素、无保鲜剂、无有害菌、无重金属的安全标准和规范来养殖蓝虾。这一项目取得了巨大成功，除了供应国内市场，相当部分的蓝虾出口到中国、新加坡、日本等国。

二、印度尼西亚农业科研机构

1974 年印度尼西亚设立农业研究和发展局（Agricultural Agency for Research and Development，IAARD），它是最大的政府研究机构。目前 IAARD 在印度尼西亚拥有超过 3 000 名研究员，其主要职责是制定农业技术政策和发展规划，并协调和指导下设的各个研究中心的工作。IAARD 设有从事粮食作物、园艺作物、动物、兽医、土壤、农业气候、农机、采后处理、生物技术和农业技术评估等领域的研究分支机构。这些研究中心又在全国各地设有研究所、实验站和评估机构。2005 年，IAARD 经历了重组。根据农业部第 299/Kpts/OT. 140/7/2005 号条例，IAARD 由 IAARD 秘书处和 4 个大的研发中心

---

① 资料来源：文莱农业与农业食品部. http://www. agriculture. gov. bn/SitePages/Primary％20Resources％20Research％20and％20Development％20Centre. aspx.

组成，即：①粮食作物研发中心，②园艺研发中心，③地产作物研究与开发中心；④动物科学研究与开发中心。这 4 个研究中心又分别下设：水稻研究中心、农业土地资源研究与开发中心、农业社会经济和政策研究中心、农业工程研究与发展中心、农业生物技术和遗传资源研究与开发中心、兽医科学研究中心、农业收获后研究与发展中心和农业技术评估与发展中心等。

印度尼西亚橡胶研究所致力于橡胶种植与产品开发，下设 6 个研究组，分别是植物育种与遗传研究组、农学生理学和应用研究组、植物保护研究组、土壤与农业气象研究组、社会经济学研究组、技术与橡胶处理研究组。主要研究方向包括：高产的种植与改良技术、乳胶收获技术与管理等。

印度尼西亚油棕研究所成立于 1900 年，设有种子资源、土壤、种植、农业工程、环境和经济等 6 个研究部门。印度尼西亚油棕研究所也是印度尼西亚最大的油棕种子资源供应商，每年生产和销售大约 2 500 万枚油棕种子，依靠销售种子、化肥以及提供油棕产业的相关服务获得收入。印度尼西亚油棕研究所的研究重点包括：育种、病虫害防控、土壤保护和产品加工等方向。印度尼西亚油棕所建有循环农业示范区，并使用卫星技术对油棕林进行大规模监控（汪佳滨，2019）。

三、柬埔寨农业科研机构

柬埔寨的国家农业研究体系在提高该国粮食生产力和农业多样化发展方面发挥了重要作用，它促进了渔业资源开发的多元化，强化了林业资源管理与保护（冯璐等，2010）。

柬埔寨农业研究与发展所（Cambodian Agricultural Research and Development Institute，CARDI）由柬埔寨农业部领导，政府提供部分研究资金。CARDI 创建于 1999 年 8 月，是柬埔寨最大的研究所。CARDI 年度财政预算大约在 90 万美元，每年的资金有 40％来自柬埔寨政府，40％来自合作项目，20％来自服务部门的创收，主要开展水稻品种改良研究。其研究包括：①水土资源科学；②植物育种；③植物保护；④经济社会研究；⑤农学和耕作体系研究；⑥农机研究。

柬埔寨橡胶研究所（CRRI）是橡胶种植总会的下属部门。1997 年 10 月，柬埔寨政府确认该研究所为拥有法人实体的半自治性质。CRRI 40％的财务预算由柬埔寨农业部提供，其余均来自其橡胶园的创汇。CRRI 的研究目标是：①支持促进橡胶种植发展的实施计划；②为橡胶产业研发高产品种；③参与协助提高柬埔寨橡胶质量；④为橡胶产业提供程序评价和分析研究；⑤新技术培训和推广。

内陆渔业研究与发展研究所（Inland Fisheries Research and Development Institute，IFRDI）成立于 2002 年，其主要发展目标是收集、分析和传播渔业科技数据；发展和提高国家管理内陆渔业的能力；促进渔民收入提升；实现渔业资源的可持续利用。IFRDI 的活动经费主要由湄公河委员会和丹麦的援助机构提供，还包括研究项目获得的收入，并受柬埔寨渔业厅的监管，提供水产养殖技术与市场信息服务等。

四、老挝农业科研机构

老挝国家农林研究所（National Agriculture and Forestry Research Institute，NAFRI）成立于 1999 年，隶属于老挝农林部（MAF），在地位上与农林部下属的其他部门相同。NAFRI 的主要职能包括：土地利用规划、分区以及土地管理；种子收集和筛选；种子品种改良、繁殖和其他服务的研究；为农业和林业生产开发更有效的技术、方法、模式；收集信息、交流合作，并向国内农民传递有关农业和林业的有价值信息和研究成果。

NAFRI 有 332 名人员，25 名博士，其研究机构分为两类：一是基于商品类研究中心，包括农业研究中心、园艺研究中心、牲畜研究中心、林业科学研究中心、玉米和经济作物研究中心、水生生物资源研究中心；二是非商品类研究中心，包括农林政策研究中心、农林信息交流中心、山地农业研究中心、咖啡研究与增值中心等。

五、缅甸农业科研机构

缅甸农业研究部（Department of Agricultural Research，DAR）于 1954 年 6 月成立，其最初名字为缅甸农业研究所（ARI）。1974 年 ARI 与联合国粮食及农业组织（FAO）、联合国开发计划署（UNDP）合作开展了多项研究，包括水稻、棉花、黄麻、食用豆类高产品种的育种和土地改革政策研究。2004

年 1 月，ARI 升格为农业研究部（DAR），成为一个独立的研究部门。缅甸农业研究部有 6 个部门，包括 16 个农作物和辅助部门，即植物品种保护研究科、收获后技术研究科、水稻生物园科、农民渠道科、农业微生物研究科等。研究范围包括：开发适应农业生态和气候条件的高产优质的农作物新品种和杂交种，利用优质种子提高农作物产量；病虫害综合防治研究；与有关机构合作开展农业研究和技术推广；研究智慧农业、有效利用土壤和水的农林种植模式；技术推广服务，培训和加强农业研究人员的能力等。

六、马来西亚的农业科研机构

马来西亚的农业研究与发展研究所（Malaysian Agricultural Research and Development Insititute，MARDI），它主要从事：①所有农作物（橡胶、油棕和可可除外）、牲畜等的生产技术开发与利用；②收集和推广与粮食、农业和农村工业有关的科学、技术和经济等的信息，提供咨询服务；③将最新技术（例如 ICT 技术）用于农场的管理和运营，例如开展水稻作物的"精准农业"技术研究以及通过成像技术估算作物产量。

马来西亚橡胶研究所（Rubber Research Institute of Malaysia，RRIM）成立于 1925 年，曾开发出橡胶高产品种 RRIM600、PR07 和 GT1 等，对橡胶产业发展做出了重要贡献。它的研究领域包括橡胶种子培育、胶园更新、胶油提炼、橡胶转基因研究。1998 年马来西亚橡胶研究所（RRIM）与马来西亚橡胶研究发展局（MRRDB）等合并，成立了马来西亚橡胶委员会（MRB）。其主要目标是从橡胶树的种植、原橡胶的提取和加工、橡胶制品的制造以及橡胶和橡胶制品的销售等各个方面协助马来西亚橡胶工业的发展和现代化。

七、菲律宾农业科研机构

菲律宾农业研究局（Bureau of Agricultural Research，BAR）是农业部的下属机构之一，主要从事农业和渔业的研究与开发，通过运用先进的农业和渔业生产技术，实现国家的粮食安全和减少贫困。菲律宾农业研究局成立于 1987 年，1997 年菲律宾颁布第 8435 号法案《农业和渔业现代化法案》（AFMA），进一步强化了 BAR 在领导和协调农业、渔业研究中的主导地位。

BAR 承担以下职能：①促进全国的研究和开发机构的协调、资源整合，促进农民、渔民、工业和私营部门参与国家研究；②在农业和渔业国家研究与发展方面制定政策，以确保可持续的粮食安全，提高农业生产率和发展具有国际竞争力的农业综合企业和渔业企业；③牵头起草国家研发计划和方案；④制定有关菲律宾的农业和渔业国家研究政策，促进与国际机构之间的关系和交流。

国际水稻研究所（International Rice Research Institute，IRRI）成立于 1960 年，位于菲律宾首都马尼拉，它是亚洲历史最长也是最大的国际农业科研机构。它的经费最初来自美国洛克菲勒基金会和福特基金会，后来亚洲发展银行、国际农业发展中心、FAO 等也资助其发展。国际水稻研究所是一个自治的水稻研究与教育组织。国际水稻研究所的发展目标是研究、传播与水稻有关的科学技术，提高与水稻生产有关的长短期环境，提高社会与经济效益，帮助各水稻生产国开展水稻研究。国际水稻研究所设有农学系、土壤与水科学系、植病系、遗传育种与生化系、农业工程系和实验农场等。

1966 年，国际水稻研究所推出高产的 IR8 水稻品种，每年可收获三季，它不仅比当时所有的热带水稻品种都高产，而且适应范围很广，被誉为"世界稻"。它还与墨西哥国际玉米小麦改良中心（CIMMYT）一起，成为"绿色革命"的发源地。国际水稻研究所在缅甸、泰国、越南、中国等开展了多项合作研究，推广多个品种的水稻种植技术。它还与联合国环境组织创建了"可持续水稻平台（SRP）"，制定了可持续稻米种植标准，减少水稻种植对环境的影响并满足消费者对于食品安全和质量的需求，促进环境可持续发展。国际水稻研究所和菲律宾科学技术部（DOST）合作，建立水稻社会经济数据库"Ricestats"，该数据库来自多个国家和国际组织，促进水稻研究，帮助政策制定者和研究人员创造新知识来提高水稻产量。国际水稻研究所建有水稻种质资源储存库。

八、新加坡农业科研机构

淡马锡生命科学研究院（TLL）成立于 2002 年，是淡马锡信托基金会的受益人，并隶属于新加坡国立大学和南洋理工大学。该研究所有 240 名研究人员和 31 个研究小组从事基础和战略研究计划。TLL 主要侧重于植物、真菌和动物的生长和细胞机理研究，为生物技术革新提供基础。淡马锡生命科学研究院的一个特色研究项目是水稻育种，该团队成功研发出一种耐淹和抗稻瘟病和白叶枯病菌的水稻改良品种。淡马锡生命科学研究院开展的另一项创新项目就是城市水产养殖，包括室内鲈鱼养殖。此项研究有助于提高新加坡的水产养殖技术水平，特别是在自然资源相对匮乏的情况下养殖可安全食用的鱼类。

林厝港（Lim Chu Kang）科技园是新加坡面积最大、包含种类众多、功能最完善的现代农业科技园区，下设的新加坡农业生物园（ABP）不仅有新加坡生物技术研发中心、产品开发中心，还包含兽医公共研究中心、动植物研究中心、海洋渔业研究部，为食品安全、动植物健康监测和生物技术研发提供了有力支持。双溪登加（Sungei Tengah）科技园，种植了 30 多种优质胡姬花。Qian Hu 养鱼场以工厂式水产养殖方式，不仅培育常见的观赏鱼（如孔雀鱼），还繁殖培育市场价值较高的金龙鱼。Qian Hu 养鱼场每年出口的观赏鱼占据世界观赏鱼总出口量的 35%。

九、泰国农业科研机构

1983 年泰国成立了直属农业与合作社部的国家水稻研究所，并在全国 77 个府设有 28 个水稻研究中心，形成了覆盖全国的强大水稻科研网络。在泰国东北部设有 9 个水稻研究中心，其中廊开府水稻研究中心是最大的。通过试验种植，研究中心不断推出优质新品种，淘汰退化品种。研究中心的主要职责就是水稻研究、品种培育和技术传播三大任务。研究中心向农民传授耕作栽培、植保、土壤肥料、农业机械等新技术。

泰国农业大学创办于 1943 年，是泰国规模较大的高等学府，学生人数68 508 人。该校在培养泰国农业科研人才、促进农业合作、技术成果转让等方面做出了巨大的贡献，在热带农业、热带雨林、农业工程、渔业和工程等领域的科研力量在亚洲地区乃至全球都具有竞争力。泰国农业大学有多个研究中心，例如热带蔬菜研究中心（Tropical Vegetable Research Center）创立于1989 年，一直从事优良品种培育和农业技术推广，将更好的蔬菜品种、更高效的生产模式带给当地农民，以获取更高质量的产品、创造更多的收益。研究中心按安全、生态、无污染的方式打造本土有机蔬菜园，全国近三分之一的有机蔬菜种植技术来源于该中心。泰国农业大学水稻科学研究中心的主要工作是提升水稻的品质和产量、培育抗虫抗病品种、提高产出潜力和附加值。泰国农业大学还在环境科学、生物化学、土壤肥料、种子技术实验等方面有很强的研究实力，为泰国农业科学研究做出了重要贡献。

泰国宋卡王子大学是泰国的著名高等院校，它拥有 39 个学院和研究所，提供 300 多个研究项目，它拥有包括农学院、园艺学院、水产养殖系、海洋渔业系、渔业工程系、食品加工系等在内的院系。宋卡王子大学现有近 35 000 名学生，有 2 500 多名教学与科研人员，67% 的博士学位持有者，培养了超过 10 万名毕业生。泰国宋卡王子大学成立于 1965 年，早期称为"南方大学"，1967 年 9 月命名为"宋卡王子大学"。

十、越南农业科研机构

越南农业大学（Vietnam National University of Agriculture，VNUA）又名越南农业学院、越南河内第一农业大学、越南河内农业大学。越南农业大学成立于 1956 年，1958 年与农学研究所、畜牧生产研究所、林业研究所联合组建农林科学院，是越南国家重点大学之一。2014 年 3 月，河内农业大学正式更名为越南农业大学，由教育培训部划归农业与农村发展部。越南农业大学拥有教职工 1 344 人，在校生 2 万人左右，包括 14 个学院，如农学、动物科学、渔业、兽医学、环境、土地管理、工程、经济和农村发展等。该大学有四个研究机构：农业生物学、作物研究与开发、经济与发展、工程研究与培训。自成立以来，VNUA 共培养了近 70 000 名本科生、3 500 名硕士、350 名博士生，是越南农业发展的重要人力资源。他们中有不少人曾在中央和地方的国家机关担任要职，或者是国内外学术机构和企业的著名专家。60 多年来，越南农业大学在规模、数量和质量上都有了明显的增长，被公认为越南国内高素质人力资源培训中心，先进科技、经济和农业与农村发展政策的研究中心。截至目前，越南农业大学所培训的农业与农村发展领域的科技干部和管理干部数量占全国 65% 以上，对农业与农村发展做出了积极贡献。

越南农业大学是越南第一个成功培育两系杂交水稻品种的机构，培育出高产、高抗的水稻品种，被农业与农村发展部认定为国家品种，在全国广泛应用。它也是越南第一家培育拥有独家商标 HT 的杂交番茄品种的代理商，该品种具有果皮坚实、无残留、满足出口加工企业和国内消费者的需求。该校开发的大豆、康乃馨、无籽木瓜等品种已在全国广泛应用于生产。在肥料领域，VNUA 的科研人员成功地从家庭和农业废弃物中分离出有效的微生物用来生产微生物肥料——叶面喷施肥料 POMIOR 以及颗粒肥料 NK，已获得农业与农村发展部认可。VNUA 还成功研制了鸭霍乱疫苗和猪蓝耳病诊断试剂盒，在生产上具有很高的适用性，有利于防病，最大限度地减少农民的损失。在农业工程领域，VNUA 的科学家们已经成功地研制出多种型号的农业机械，如"农业一号"笼轮系统、菠萝切叶埋叶机、林业植树挖坑机、木薯收获机、禽蛋孵化器等、农产品烘干机和谷物分类堆肥机等，这些设备已被各地的不同公司用于机械生产。VNUA 的其他技术也得到认可并广泛应用于实际生产中，包括无病马铃薯快速繁殖技术、兰花繁殖技术、组织培养法繁殖 cayen 菠萝品种技术、酶生产技术、耕作技术，有机肥料技术废物处理，地理信息系统和遥感在土地利用规划、流域管理、农产品保护和加工中的应用，信息技术在教学和管理、商品链分析、政策分析以及重组动物和作物生产系统中的应用。除了公认的科技产品外，VNUA 还是农业与农村发展部（MARD）以及全国其他地方的依赖性咨询机构。该大学大力协助政府解决农业生产和疾病控制方面出现的新问题。

第二节　农业科技项目与战略

农业项目是指在农业领域投入一定的资金和资源以提升农业生产力的活动。农业项目所涵盖的范围较广，例如退耕还林、综合开发、农产品加工与中低产田改造等。农业科技项目与其他农业项目最显著的不同是其具有创新性，将资金、人才等要素投入到与农业科技相关的研制、推广和应用中，以提升农业生产水平。

一、文莱的农业科技项目与战略

一直以来，文莱存在经济结构单一、经济发展过分依赖石油资源的问题。2001—2005 年文莱政府实施了第八个"国家发展五年计划"，主要目标是调整经济发展框架，实现经济多元化发展。不过，经济结构未得到有效改变。2008年1月文莱颁布了《文莱长期发展计划》，《计划》分三部分："2035 年远景展望"、"2007—2017 年发展战略和政策纲要"和"2007—2012 国家发展计划"。"2035 年远景展望"要求到 2035 年实现三大目标,即拥有最高国际标准衡量的受过良好教育和技术熟练的人民;人民生活质量进入全球前十位;充满活力的可持续发展经济,人均收入进入世界前十位。为实现目标,政府要求:发展非油气产业,促进本地中小企业发展,健全粮食安全政策,发展清真食品和生态旅游。主要项目有:建设粮食发展中心、农业实验室、森林公园、生态旅游点、海洋生态旅游公园、海水养殖研究中心等项目。在农业发展方面,要求促进农、渔、林业发展,包括:市场开拓、食品安全、农业和生物技术开发、相关基础设施建设、清真食品开发、发展渔业捕捞产业和海水养殖产业、建设实验室等。文莱政府拨款 2.83 亿林吉特用于 77 个项目,其中农业拨款 1.02 亿林吉特,林业拨款 0.65 亿林吉特,渔业拨款 1.16 亿林吉特。

二、马来西亚的农业科技项目与战略

(一)永久粮食园区

永久粮食园区是马来西亚第三个国家农业政策(1998 年)中的一项战略,旨在鼓励企业家和私营部门实施大规模的商业和高科技农业项目。1984 年马来西亚政府推出第一个国家农业政策,为农业部门的发展提供了一个综合框架。1992 年马来西亚政府推出第二个国家农业政策,要求通过有效资源的利用提升农民收入,扩大农业对经济的贡献。1998 年第三个国家农业政策(1998—2010 年发展目标)要求保证国家的粮食安全,满足国内粮食安全需求,减少粮食进口。州政府必须将部分土地列为永久粮食园区;联邦政府支持农业生产的基础设施建设;企业通过在园区内租用土地参与粮食生产。该计划的目标是:建立一个永久性的粮食生产区;鼓励私营部门参与大规模的商业性耕作,为提升马来西亚的粮食产量发挥作用。

永久粮食园区的营销策略是主动进行营销(包括国内市场和出口市场);开展合同农业计划;通过传媒公司进行营销;借助政府部门力量推广产品。重点发展项目包括:水果产业发展、稻业发展、椰子产业发展、蔬菜产业发展、农业综合体建设、潜在商品产业发展等。

2011 年马来西亚政府推出第四个国家农业政策,即《国家农业食品政策(2011—2020)》,要求发展都市农业,采用现代技术使农业食品产业能够灵活地适用于城市和城郊环境等有限空间。

（二）合同农业计划

合同农业是农民与销售公司之间根据远期协议来生产和供应农产品，它通常在预定价格下开展生产。这种安排主要是为了将经营风险在生产者、承包商以及营销商之间进行合理分配，鼓励农业生产。

早在 20 世纪 80 年代中后期，马来西亚就存在合同农业。在马来西亚的第九个五年计划（2006—2010 年）中，马来西亚政府提出大力发展合同农业，旨在振兴农业，使其成为马来西亚经济增长的第三大支柱。该计划的目标是提高水果和蔬菜的产量，在满足市场需求的同时确保优质的农业生产。合同农业发展计划涉及的部门包括：农业和农基工业部、农民组织管理局、马来西亚菠萝发展委员会、马来西亚农业研究与发展院等。

在合同农业发展的五年时间里，马来西亚的农业技术利用率从 66.36% 提高到 75.70%，合同农业的农民参与率增加了 25%，有效的买卖协议增加了 37%，参与农场培训的农民增加了 6.55%，获得技术援助咨询的农民增加了 11.22%。结果表明，合同农业发展计划提升了农民的收入，使得一部分农民从低收入者转向中收入者。除了市场收入保障之外，合同农业计划还为农民提供生产投入支持，包括贷款、技术咨询和管理系统。研究表明，农民已意识到合同农业计划的重要性以及从参与计划中获得的收益。

在合同签约后，大多数农民通过联邦农业市场管理局销售其全部产品。联邦农业市场管理局成为帮助中小型农民改善营销策略、促进产品销售的重要平台。

三、菲律宾的农业科技项目与战略

"大种特种"计划是菲律宾农业部在新冠肺炎疫情期间制定和实施的核心计划，其中包含 14 个组成部分，旨在实现更高水平的粮食供给。政府已经批准了水稻抗灾计划、稻米竞争力提升基金补充计划、自交和杂交水稻计划。农业部提出的一系列措施，包括增加粮食产量，改造采收、储存和物流系统，特别是在新冠肺炎疫情后，重启和振兴农渔业部门等。这些措施将在"大种特种"计划下开展，总计 660 亿比索。干预措施主要包括：粮食安全计划 310 亿比索，食品物流和市场计划 200 亿比索，现金补贴工作计划 150 亿比索。

食品物流和市场的干预措施包括六个组成部分：食品物流/食品市场项目、加强价格监测和执法制度、对"大种特种"计划的通信支持、扩大对地方政府部门的推广支持、农渔业商品交易系统、数字农业。现金补贴工作计划旨在通过确保贫困家庭的基本粮食需求来减轻新冠肺炎疫情的影响。希望能够为 100 万农渔民提供工作，满足以农业部为重点的项目和活动的交付成果，每个受益人都能赚取 15 000 比索，并维持粮食生产。

"大种特种"计划资助的其他项目包括：国家粮食署大米额外采购项目，针对稻农生存和恢复的扩大援助计划，农业保险扩大项目，农民和农场工人的社会改善项目，扩大北市直销计划的规模，畜牧和玉米综合抗灾项目，小型反刍动物和家禽扩大项目，基于椰子的多样化项目，渔业复原力项目，振兴都市农业项目，食用玉米项目，战略传播项目等。

另外，农业部将遵循以下八个范例，指导"菲律宾农业新思维"所奠定的道路：农业现代化、工业化、农场和渔场的集群整合、出口的系统性和战略性发展、加强农村基础设施计划、增加预算和公私部门投资、与立法部门合作、路线图开发。2020 年 6 月，菲律宾农业部宣布，从 2020 年开始在农业领域实施"无整合无援助"政策，以鼓励行业整合和扩大作物产量。开展行业整合的目的是促进农业资源的优化配置，支持向农民提供技术、投入、设备和培训等。除了提供常规援助，还对综合农场提供奖励。激励措施将以机械、加工设备和基础设施的形式出现。该政策将涵盖种植木薯和玉米的农民以及所有种植稻米、椰子、甘蔗、香蕉、咖啡、蔬菜的农民。玉米和木薯农场将分为五个级别，每个级别都有相应的干预和援助。这五个级别是指种植面积不同的农场集群。农业部将为这些农场集群提供有关培训，例如加工、增值和营销等方面的培训。农场集群发展是"菲律宾农业新思维"的八个范例之一。通过整合，农民有望节省生产成本，并且不易受到风险的影响。

四、泰国的农业科技项目与战略

泰国是世界农业大国之一，其一半左右土地为农业用地。2017 年泰国农业与合作社部制定了"2017—2036 年 20 年发展战略"，目标是推动国内务农人口达到 2 500 万、农民收入水平提高及农业具有可持续性，即"农民稳定、农业富余、农业资源可持续发展"。通过技术创新，让农业成为优质产品和高价值产业；推动泰国农民成为国际农产品市场的重要参与者；农产品质量达到国际标准，特别是推出更多的热带优质产品。

（一）泰国橡胶 20 年（2017—2036 年）发展战略

泰国橡胶 20 年发展战略规划的愿景是使泰国成为世界天然橡胶种植、生产和出口大国，其中包括橡胶产品和橡胶木产品。在第 20 年即 2036 年可以实现全国橡胶树平均年产量达到 360 千克的产胶率，国家橡胶局管理下的橡胶市场的交易总量达到年均 200 万吨。

国家橡胶 20 年发展战略规划可划分为 4 个阶段，每 5 年为一个阶段，在第 1～5 年期间实施发展策略规划的重点目标，提高橡胶生产效率继而提高橡胶产量；第 6～10 年，要向外扩展海外橡胶市场；第 11～15 年，加大对橡胶相关产业的研发力度，增强创新意识；第 16～20 年，则重点关注橡胶产业管理能力的提升，让泰国成为世界橡胶种植、生产和出口大国。

（二）"泰国 4.0"智慧农业战略

2016 年泰国总理巴育签署法令，要求在"泰国 4.0"经济计划中加入智慧农业战略。该战略将为粮食作物种植者、经济作物种植者提供研发、培训、设备等方面的支持，促进农业种植地区的发展，推动传统的农业种植模式向智能化农业转型升级。智能农业项目是"泰国 4.0"计划的一部分，该计划的终极目标是在 2036 年前，让每个泰国农民的年收入达到 39 万泰铢。此外，该计划还预计在 2036 年之前培训 10.16 万农户掌握智慧农业技术，2017 年已有超过千万农民注册了智慧农业培训计划，预计到 2021 年可完成目标任务的 50％。此外，泰国科技部、泰国农业与合作社部与大学进行合作，将大学研发的技术纳入智慧农业计划，并向泰国经济作物的重要地区进行技术推广。

第三节　农业技术推广体系

农业技术推广是通过农村人才培养和技术推广应用，使新技术在农业生产中得到应用，加速农业发展和农村社会进步。农业技术推广体系是农业科技运用与推广的有力支撑。

一、泰国的农业技术推广体系

泰国的农业技术推广体系主要包括政府、企业及社会组织三部分。政府又设有综合、产业、资源利用管理和农民合作组织发展促进4个机构。泰国农业推广体系从中央到地方各级层层递进，覆盖全面。全国有76个府设有农业技术推广办公室，负责当地农业技术推广工作，各县也有相关的农业技术推广机构。社会组织推广机构包括泰国的高等院校、科研机构及各种产业协会。

泰国农业与合作社部的农业技术推广司负责农业技术推广工作。在整体的组织架构上，泰国的农业技术推广系统具有中央垂直领导、地方分管的特点，共分为中央、府以及县三个管理层级，进行人员、资金和项目的统一管理。各个相关部门中，土地发展司在主管农业发展用地管理和控制的同时，还兼具技术推广的职能。在农业生产上，作为主力军的广大基层农民与主管部门的联系较为密切。

泰国政府扶植高科技农产品的开发和应用，每年都增加农业开发预算。政府为了稳定农业科技推广人员队伍，鼓励他们深入农村去推广农业新技术，科技推广人员一般都被列入公务员行列，与城市里其他行业的同级公务员享受同等待遇，免除了他们的后顾之忧。泰国政府还在原有科研推广网络的基础上，建立一个农业信息推广网，让农民能更快、更准确地了解农业生产资料和与农产品有关的供求信息，让农民更合理地安排农业生产，及时购买农业生产资料，安排好播种和销售等，促进农民收入提高。

二、越南的农业技术推广体系

越南在1992年进行了机构改革，在农业与农村发展部设立农业推广局，同时在各省农业厅设立了省级农业技术推广中心，在三分之一的县建立了农业技术推广站。在科技推广方面，形成了中央、省、区、村四级推广系统，建立了相对合理的项目推广机制。越南科技厅与相关政府机构密切合作，通过优惠贷款、广泛宣传、教育培训等方式，加快推广农业科技项目成果。种植业、畜牧业、林业、渔业、水利、盐业生产、加工和保鲜等都是科技推广的重点领域。另外，农业技术推广在农业科研单位、高等院校同时进行，设立奖励科研基金，有效地提升了农业科技推广工作人员的积极性。

在国家政策和金融支持方面，2000 年越南颁布了《科学和技术法》，其中的部分条例确保农业科技推广服务的持续发展。在农业科技推广服务的资金方面，越南央行做出了响应，将高科技农业贷款项目的法定准备金利率调低。除此之外，越南政府为保障农业科技推广服务的顺利进行，持续增加了农业扶持资金。

农业展会在农业科技的交流与推广中同样起着积极的作用。越南农业与农村发展部推动农业科技的推广与发展，举办了大量农业领域的展会，比较著名的展会包括越南国际畜牧业展览交易会、越南国际农业科技博览会、越南国际食品进出口贸易博览会等。其中，越南国际农业科技博览会是唯一由越南农业与农村发展部直接主办的大型农业贸促活动，每年在河内举办一届，至今已经成功举办 16 届。

第四节　农民教育与培训

农民需要接受持续的教育，以了解生产技术、管理方法以及其他影响农业运营的技能。拥有经验与技术的农民对于创造农村繁荣至关重要。

一、印度尼西亚的农民教育与培训

农业在印度尼西亚的国民经济中发挥重要作用。印度尼西亚的农业发展战略旨在扩大粮食产量、增加农民收入。为了在有限的资源条件下实现发展目标，就需要提高农业生产力，特别是增加对农民的教育与培训，使农民获得新的知识与技能。印度尼西亚对农民的教育与培训体系主要有农民田间学校、农业工程教育和学习农场等。

（一）农民田间学校

农民田间学校是农民学习稻米种植技术、病虫害管理和有害生物综合管理经验等技能的教育机构，农民田间学校的培训计划主要是通过参与式方法帮助农民发展农业生产技能。1982 年联合国粮农组织（FAO）在东盟实施水稻IPM 项目，为了促使农民转变观念、改变乱用化肥农药的状况，在联合国粮农组织的帮助下，印度尼西亚开始建立农民田间学校。

农民田间学校一般设立在交通较为便利且有活跃农民团体的村庄。在农民田间学校的建设初期，印度尼西亚的农业部官员会根据各地的水稻种植面积、农民团体的存在性、村领导的合作意愿、农民的读写能力以及田间学校的可达性等标准选择性地设立田间学校。农民田间学校计划不是培训整个地区的所有农民，而是通过培训部分农民并依靠他们来传播知识达到提升整个地区农民的技能的目的。技术的非正式传播主要依靠农民之间的交流来进行。

自从印度尼西亚成立农民田间学校以来，成千上万个村庄加入了该计划，约50万农民在田间学校接受培训。学校类型除了有水稻田间学校，还有大豆田间学校、棕榈田间学校等。在西加里曼丹，农民田间学校仍活跃在当地，培训师教授小农户种植棕榈的技能，特别是帮助农民由种植橡胶或水稻向棕榈种植转变，传授他们种植方法。农民田间学校的运作资金主要是项目基金，一些私营企业、非政府组织也为培训计划提供赞助和支持。例如，西加里曼丹的一些农民田间学校是巴斯夫公司和德国汉高公司以及荷兰禾众基金会（Solidaridad）共同开展的合作项目。所有的培训教师均是来自印度尼西亚的第二大信用机构（Credit Union Keling Kumang）的会员。田间学校不仅教授学员高效、可持续的种植方法，例如施肥和选种等，还包括职业健康与安全标准以及环境保护知识。田间学校教授小农户采用可持续种植模式并获得棕榈油可持续发展圆桌会议（RSPO）认证，获取更高的收益回报。目前，已有超过5 500名农民参加了培训项目。还有一些协会、非政府组织也为农民田间学校提供各种各样的支持。农村技术发展协会（LPTP）提供辅助技术支持，为田间学校的"培训师"提供计算机和数据库使用的技能培训。

（二）农业工程教育

印度尼西亚的茂物农业大学（Bogor Agricultural University）和加贾达马达大学（UGM）是最早开展农业机械化培训和教育的大学。1967年，印度尼西亚举行了一次全国会议来研讨农业机械化的作用，农业机械化教育被界定为六个细分领域：①研究农业动力和设备利用；②水土工程研究，研究农业用水和水土保持；③农业结构与环境研究，研究农业建筑、基础设施及相关环境的利用问题；④农业电气化，研究农业电气利用问题；⑤农产品加工机械研究；⑥食品加工机械研究。在这次会议之后，茂物农业大学和加贾达马达大学开展了农业机械化教育和人才培训，农业机械也逐渐在印度尼西亚的农业生产中得到应用。

在农业机械化发展中，农业教育发生了一些变革。一方面，印度尼西亚面临快速的人口增长、粮食和能源危机以及环境恶化等问题；另一方面，机械化活动被认为对土壤和环境造成破坏。印度尼西亚主要依靠进口机械，而进口机械通常不适合本国的土壤类型和基础设施。这种状况或多或少地影响了农业机械化教育的发展。后来，农业机械化更名为农业工程，其主要发展目标是寻求可持续生产方式，开发在国际市场上更具竞争力的农产品。

20世纪90年代初期，印度尼西亚有五所大学设立农业工程学科，并开设农业工程研究生课程。不过，印度尼西亚的农业工程教育发展相当缓慢，甚至出现了倒退。由于招生人数有限，两所私立大学的农业工程系被关闭。到了20世纪90年代末，印度尼西亚经历了非常困难的经济危机，造成广泛的裁员和失业。到了21世纪初，随着经济和社会发展的稳定，农业工程研究和教育得到发展，农业工程的研究领域也越来越广泛，例如水产养殖工程、蚕桑工程、可再生能源、生态环境控制等工程。另外，17所大学提供的农业工程教育计划也得到政府支持，得以进一步发展。

二、缅甸的农民教育与培训

农业教育是缅甸在独立之后逐渐发展起来的。在1974年通过的《缅甸联邦技术、农业和职业教育法》中，明确提出职业教育的总目标及具体的方针，农业技术培训、职业学校也开始有了较大发展。1990年，缅甸提出"全面教育"的政策以后，政府开始重视边疆地区的职业教育，政府通过扩大财政拨款的形式，使边界地区的人民拥有一定的农业、手工业、畜牧业等方面的生产技能，以更好地生存和促进自身发展。

缅甸的农业教育系统包括三所大学，均隶属于不同的部委，并针对农业部门的不同领域。农业、畜牧与灌溉部直属的耶津农业大学是最重要的高等教育机构之一，政府机构中的大多数农业科学家都从这所大学毕业。耶津农业大学位于新首都内比都（Nay Pyi Taw）以北约18千米处，拥有可灌溉的农场。1924年12月该校成立，提供3年农业专业文凭课程。1973年该校从曼德勒迁至现在的位置，并开始开设硕士学位课程。1993年，学校由农业、畜牧与灌溉部直接管理。在 2001 年之后，该大学开设了博士学位课程。该大学的目标是培养农业技术与管理人才，特别是培养合格的农学家。环境保护部下属的林业大学专门研究土地管理、环境和林业问题，并培养林业技术人才。缅甸教育部下属的七个州农业研究所为高中毕业生提供农业教育文凭课程。

三、马来西亚的农民教育与培训

马来西亚于 2002 年 10 月 1 日成立了国家农业培训理事会，并决定实施国家农业技能培训计划，以建立一支足够熟练的农业劳动力。通过 2017 年 2 月重组，农业培训理事会已更名为农业技能培训部。国家农业技能培训计划认证已获得人力资源部和技能发展部的认可，农业技能培训部也被任命为农业的行业领导机构。

农业技能培训部是开发、计划、协调和评估农业技能培训的机构，主要作用是制定政策、控制质量并加强农业综合技能培训，以满足该国农业领域的人才需求。农业技能培训的人才培养目标包括：培养有竞争力的、现代的和有创造力的农业企业家；培养农业部门所需的熟练劳动力——即熟练工人以及主管和管理人员等。迄今为止，有 14 个培训中心仍在积极开展长期培训计划，负责农业技能培训、兽医技能培训和渔业技能培训。其中，农业技能培训部提供九大类的农业技能培训，包括稻田生产、牲畜和禽畜养殖、食品加工和营销等。

农民教育基金会是 1995 年 5 月 23 日根据宪法第 49 条注册成立的。成立农民教育基金会的主要目的是：促进农民的子女教育，为农民子女提供学校设施，包括在市内建造宿舍；为农民提供培训，以提高其技能和生产力。农民教育基金会的资金来源来自于马来西亚国会、州的农民组织和地方农民组织的捐款。此外还专门设置了农民教育基金会教育卓越奖，奖励那些在专业考试中取得优异成绩的农民子女。

四、菲律宾的农民教育与培训

菲律宾大学的农业学院成立于 1909 年 3 月，是菲律宾的第一所农业学院。农业学院采用了美国土地赠款教育系统，为了补充教学，在大学附近或大学内部建立了研究站和合作推广服务。从那时起，菲律宾的农业教育由称为州立大学的高等教育机构提供，这些机构都是由《国会法案》创建的，从1980年的78个提供农业计划的州立大学到2012年，现在有110个州立大学和一所国立大学（菲律宾大学）。

菲律宾农业部有专业的培训机构——农业培训学院（Agricultural Training Institute，ATI）。在1987年，菲律宾根据第116号行政文件对农业部进行重组，当时的农业推广局、农业培训理事会和农村发展培训中心合并，建立了农业培训学院。ATI从1987年开始正式运营，当时菲律宾农村发展培训学院设有10个培训中心。一年后，又新增了9个区域培训中心和7个农民培训中心。

1989年，ATI开始扩展，再次增加7个农民培训中心，7个渔民培训中心，以及1个国际养猪培训中心。1997年，ATI通过菲律宾《8435号共和国法》和新的《农业和渔业现代化法》进一步加强了其作为农业部的扩展和培训机构的作用。1998年，菲律宾区域贸易中心移交给了渔业和水产资源局，而区域贸易中心则更名为省级培训中心。至此，ATI拥有16个地区培训中心和1个国际养猪培训中心。2016年，ATI因为成功建立了质量管理体系并获得ISO9001：2015认证，从而获得了政府质量管理委员会的认可。目前，菲律宾农业培训机构仍在不断发展并扩大其服务。

为了增强农业和渔业部门的竞争力，菲律宾农业培训部为不同种类的农业生产者设计了非常完善的培训体系，其中包括培训、教育和咨询等多项服务。基于不同商品与种类，可分为大米、玉米和木薯、高价值农作物和有机农业等。

（一）大米种植培训

菲律宾政府的目标是通过培训中心网络，为农业推广人员开展有关稻米生产各种技术的培训计划，同时，农业推广人员又将为稻农提供新的知识和技能。这有利于水稻推广专业人士和相关中介机构能力提高，以此培养出新的推广和发展官员，进一步确保农业发展的未来。目前，菲律宾水稻研究所已经和国际水稻研究所进行合作。在整个培训过程中，政府为农业推广人员和农民提供密集的培训计划，其中包括土地准备、作物管理、机械操作等方面的活动。

（二）玉米和木薯种植培训

在玉米与木薯种植方面，菲律宾政府正在积极开展农民科学家培训计划。旨在通过这个基于玉米的可持续农业发展伙伴计划提高贫困农民的状况。该培训计划是一种综合性的三阶段，即农业研究、开发和推广。通过提供有关农业技术的培训，使当地的农民有能力成为农民科学家。具体培训是通过网络的方式，以无线电为媒介，为农民提供了有关玉米生产的全套技术的远程学习计划。意在通过对各种玉米生产技术培训来不断增强玉米产业发展。之后他们将提高玉米种植者的技术水平，以提高生产力。此外，自2004年以来，每年召集玉米行业相关者，和菲律宾玉米联合会合作召开玉米大会，以产生新的见解和提高竞争力的建议。从2012年起，当地启动一年一次的国家玉米质量成就奖，旨在表彰、促进和发展玉米产业，生产安全优质玉米，增强玉米产业集群的参与度。木薯的培训与玉米相似，每年都定期开展木薯培训计划和研讨会，颁发一次国家木薯质量成就奖，通过培训活动和关于从生产到加工的各种木薯技术的研讨会，努力提高农民的生产能力。

（三）高价值农作物种植培训

在可可、香蕉、芒果、蔬菜和其他高价值农作物的生产中，菲律宾的农产品培训机构正在实施优良农业规范培训计划，确保农民能够不断学习技术。该机构会通过广播播出为期一个季度的培训课程，以提高农民对高价值农作物生产技术的技能和知识。

（四）有机农业种植培训

为了确保《2010年有机农业法》（第10068号共和国法）的要求能在菲律宾顺利实现，农业培训机构积极开展了研讨会和培训活动，为有机农业提供支持。与其他基于商品的培训计划一样，使用广播为有机农业从业人员提供他们获得竞争力和可持续性所需的知识和技能。自2003年开始，农业培训机构便与农业和渔业标准局合作，召集有机农业的各个利益相关者，每年开展全国有机农业大会，以促进可持续和健康的农业发展，并展示有机农业从业者的成功案例。

五、泰国的农民教育与培训

泰国的农业基础教育可以追溯到 1898 年，在义务教育的基础上，建立了正规的农业教育。农业基础教育始于小学的学校园艺活动，目的是使学生拥有基本的农业知识和实践。泰国还建立专门的学校来培训农业教师，以便在小学进行农业教学。然而，由于教育政策的突然变化以及预算的限制，教师培训项目在十年后被终止。在"绿色革命"之后，泰国开始引入美国的农业职业教育理念，发展高层次的农业教育（表 9-3）。

表 9-3 泰国农业教育的主要发展时期

年份	主要特定
1898 年：形成期	在 1898 年开始实行义务教育之后，首先在小学建立了农业正规教育，并开始了农业教师培训
1960 年：绿色革命期	开展为满足绿色革命所需的农业教育，尤其是更高层次的农业教育，采用了美国农业教育模式
1978 年：扩散期	农业职业教育和农业高等教育加快发展
2002 年：重组期	受国家教育改革和农业发展新方向的影响，农业教育也开始变革

资料来源：作者整理。

泰国的农业培训从中小学的早期职业教育扩展农业专业职业学院提供教育。20 世纪 70 年代被认为是泰国农业职业教育的"高潮时期"，随着政府部门对农业人力的大量需求，农业大学迅速增多。职业农业教育的三个基石是：课堂教学、学生组织和有监督的农业实践，现在已被作为泰国职业农业教育的核心。

泰国的高等农业教育时代始于 1943 年，当时建立了第一所农业大学，即现在的泰国农业大学。在 20 世纪 60—70 年代绿色革命的刺激下，农业教育迅速扩展，以满足对人力和技术的需求。农业大学农业学科和相关课程也开始增加。

由于认识到农民培训的必要性，尤其是新技术、生产管理、市场和销售等方面的培训尤为重要，泰国农业部门成立了农业推广局。它是农业技术推广工作的最高管理职能部门，在全国都设立有农业推广办公室。1983 年农业推广局推出了"农民培训计划"，其主要目的是给农民提供培训服务。该计划的培训课程主要有：农场管理、农业贸易、市场交换基本知识；合作组织与生产协作；生产计划制订；多样化生产与自给自足。该计划推出后，农业推广局首先对农业推广人员进行培训，再由推广人员对农民进行培训，由此展开对农民大面积的培训。2014年，泰国政府实施"新型农民培养发展计划"，其发展目标是通过该计划促使泰国农业向高科技高效农业发展转型。该计划在2014年培养新型农民1 732人、2015年2 182人、2016年1 849人、2017年1 836人、2018年3 280人，培训计划主要面向年龄在17～45周岁的农民。

六、越南的农民教育与培训

2009年，越南政府拨款32万亿越南盾（约合18.2亿美元），用于实施"到2020年农村劳动力职业培训计划"，主要培养农村劳动力和乡镇级干部，其培训范围涉及50种不同职业。2019年农业与农村发展部制定"2021—2030年培训提案"，该计划主要针对农业结构调整而制定了高科技农业、数字化农业和农业劳动者创业等培训项目。根据提案，越南从2021年到2030年将会有450万～600万人的农业技术培训需求。除了加大国内培训，越南还注重农业人员培训的国际合作。越南先后组织多批人员到中国高校、科研院所培训，同时，中国科研人员也前往越南，亲自示范培训大批农业技术和管理人员。2012年在越南农民协会与德国农民协会的推动下，两国开展农业管理人员和职业培训合作。在2012—2017年，越南共有146人赴德国学习。

第十章 CHAPTER 10
东盟农业生态环境保护 ▶▶▶

东盟地区的自然资源比较丰富，尤其是其土地、渔业和森林资源除维持基本生产、生活外，对于国家经济发展也起到至关重要的作用。然而，由于人口增加，经济快速增长，加上东盟国家之间的社会不平等，该区域面临着严重的环境恶化，导致资源消耗和废物排放增加。为此，东盟认识到环境合作对于可持续发展和区域一体化的重要性，自1977年以来一直密切合作以促进各成员国之间的环境合作。东盟在环境合作方面构建了以东盟环境部长级会议（AMME），东盟环境高级官员（ASOEN）和7个附属机构或工作组，以《ASCC蓝图2025》为指导的环境合作体制框架。其中，东盟环境部长级会议每两年开会一次，东盟环境高级官员及其附属机构每年开会一次。东盟地区的环境问题不仅由ASOEN及其附属机构解决，而且还由东盟各国内部相关部门机构解决，且各国均出台一系列法规法律积极保护生态环境（图10-1）。

第一节　环境管理和保护政策

一、东盟国家的环境管理与保护立法

对于东盟国家，优越的自然资源是宝贵财富，但是如何有效利用它却是一个难题。近些年来，随着东盟国家的人口增长、城市化进程加快和经济的快速发展，对自然资源的需求加大，产生一些过度开发资源、破坏生态环境的问题。例如，马来西亚和印度尼西亚的棕榈种植不断扩张，为了获取种植所需的土地，森林遭到砍伐，温室气体排放问题越来越严重，森林大火（引发雾霾、空气污染等）、洪水、土壤侵蚀、荒漠化、水质下降和下游沉积等环境问题频

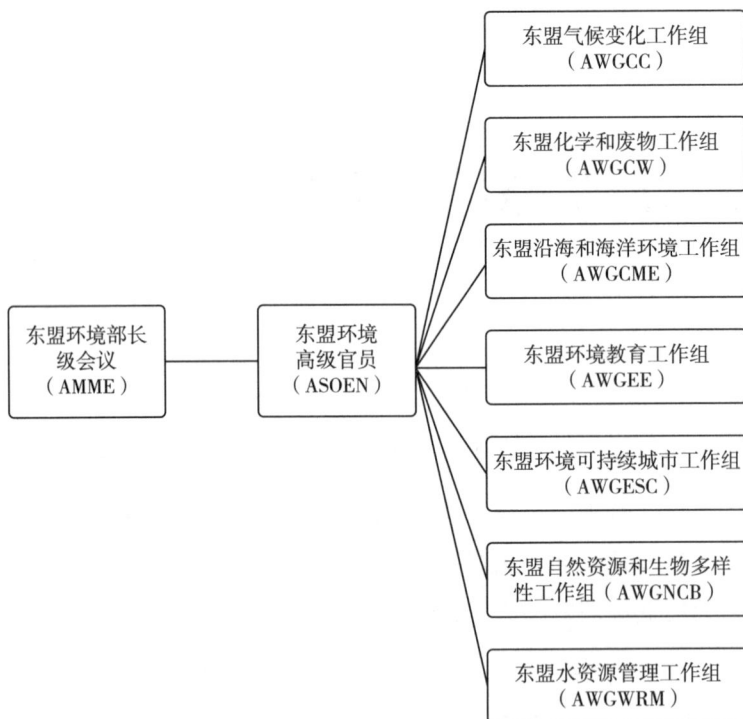

图 10-1　东盟环境合作体制框架

资料来源：作者根据《东盟宪章》整理。

发。印度尼西亚的三分之一的碳排放量与森林砍伐有关，它也是世界上最大的温室气体排放国之一。如果环境遭到破坏，自然资源得不到有效利用，就不能形成可持续发展，也有损国家的长期利益。

东盟国家在 20 世纪 80 年代开始重视立法来保护环境和自然资源。东盟国家制定了一系列的环境保护和资源合理利用的法律，也让农业生产变得更合理、科学。几乎所有的东盟国家都颁布了"环境保护法"、"森林法"、"生物多样性法"等法律法规，这些法律文件会对本国的环境保护目标、个人或企业的权利与义务、环境保护机构、环境管理、环境纠纷及违法行为惩罚等做出规定。

以越南为例，越南自 1986 年开展革新以来，经济增长迅速，但对土地资源、森林资源和渔业资源的开发也加大，并导致环境破坏问题。例如，越南在沿海地区建立了很多经济开发区。这些经济开发区的建设虽然带动了越南经济发展，但是也给环境带来很大压力，大量污染物从陆地排入河流并随着河流流入大海，沿海城市的生活废水、工业废水也排入大海。另外，过度捕捞也使得越南的渔业资源大幅减少，沿海的生态环境受到严重损害（黎氏娥，2017）。

为了保护环境，促进可持续发展，越南政府颁布了一系列法规，例如《森林保护与发展法》（1991 年）、《关于珍稀动物群、植物群、动物及其管理和保护的规定》（1992 年）、《环境保护法》（1993 年）、《生物多样性行动计划》（1995 年）、《保护和发展野生动物种类的紧急措施》（1996 年）、《关于破坏环境的行政处罚令》（1996 年）、《禁止使用有毒物质、炸药、弹药、电流捕捞水产资源》（1998 年）等。越南政府在 1991 年颁布政策禁止原木出口，同时对珍稀动植物开列清单，禁止非法捕猎；要求水产养殖业在自身发展过程中不得挤占森林、农田等用地，不得破坏生态环境和旅游资源。此外，在越南颁布的其他法律法规中也含有环境保护的相关内容，例如《外国投资法》（1987 年）、《海商法》（1990 年）、《土地法》（1993 年）、《石油法》（1993 年）、《矿产法》（1996 年）、《水资源法草案》（1998 年）、《植物保护法》（2001 年）等，相关法规的制定和执行对越南的环境保护起了关键的指导作用（表 10-1）。

表 10-1　东盟国家的环境保护与资源开发利用法律

国家	环境保护与资源法律
文莱	《宪法》第四十到四十八章有关环境保护规定
印度尼西亚	《环保基本法》（1982）；《森林保护法》（1985）；《环境管理法》（1997，2009 年修订）；《灾害管理法》（2007）
柬埔寨	《环境保护与自然资源管理法》（1996）；《森林法》（2002）
老挝	《环境保护法》（2013）；《林业法》（2019）；《2019 年环境与社会影响评估总理令》（ESIA）；《水和水资源法》（2017、2019 年修订）
缅甸	《缅甸环境保护法》（2012）；《环境保护条例》（2014）；《林业法》（2018）；《生物多样性和保护区保护法》（2018）
马来西亚	《环境质量法》（1974）；《国家林业政策》（1992）；《国家森林法》（1984）；《木材工业法》（1984）；《国家森林法》（1993）
菲律宾	《洁净空气法》（1999）；《生态固体废物管理法》（2000）；《洁净水法》（2004）；《有机农业法》（2010）
新加坡	《环境保护和管理法》、《公共环境卫生法》、《媒介和农药防治法》、《水源污染管理及排水令》等
泰国	《森林法》（1941）；《国家公园法》（1961、2019 修订）；《国家森林保护法》（1964）；《国家森林政策》（1985）；《野生动物保护法》（1992）；《人工林法》（1992）；《国家环境质量促进和保护法》（1992）；《植物多样性保护》（1999）；《加强和保护国家环境质量法》（2018）；《社区林业法》（2019）；政府颁布的部分农药使用禁令

（续）

国家	环境保护与资源法律
越南	《生物多样性保护行动计划》（1995）；《水资源保护和开发条例》（1989）；《森林保护和发展法》（1991）；《植物检疫保护条例》（1993）；《环境保护法》（1993）；《生物多样性法》（2008）；《文化遗产法》（2013）；《环境保护法》（2015修订）；《关于环境保护规划、战略环境评估、环境影响评估和环境保护计划的规定的议定》（18/2015/ND-CP，2015）；《环境保护法部分条款实施细则的规定的议定》（19/2015/ND-CP，2015）；《关于环保领域行政违法处罚的规定的议定》（155/2016/ND-CP，2017）；《关于修改资源环境领域投资经营条件有关议定部分条款的议定》（136/2018/ND-CP，2018）；《补充修改环境保护法相关实施指导意见、细则部分条款的议定》（40/2019/ND-CP，2019）

资料来源：作者整理。

东盟国家的环境管理与自然资源保护由专门的部门机构负责，具体介绍见表 10-2。

表 10-2　东盟国家的环境保护政府机构

国家	政府机构名称	网址	职能
文莱	环境、园林及公共娱乐局（Jabatab Alam Sekitar Taman Rekreasi），隶属发展部	www.env.gov.bn	开展环境管理和保护，提高人民生活质量，促进国民经济发展繁荣
印度尼西亚	环境国务部（State ministry for the Environment）	www.menlh.go.id	依据《环境保护法》履行政府环境保护的义务，制定环境保护政策，惩罚违反环境保护法规的行为
柬埔寨	环境保护部	www.moe.gov.kh	①通过预防、减少和控制污染来保护和改善环境质量和公众健康水平；②在王国政府作出决定之前评估项目对环境的影响；③确保合理有序地保护、开发和利用自然资源；④鼓励和提供机会让公众参与保护环境和自然资源
老挝	自然资源环境部	www.wrea.gov.la	①制定和实施环保法律法规；②研究、分析和处理项目环保问题；③颁发或没收环保许可证；④指导环评工作；⑤开展环保国际合作等
缅甸	资源与环境保护部	www.monrec.gov.mm	①落实环保政策；②制定全国及地方环境管理工作计划；③为维护和提高环境质量，规定烟雾排放、污水排放、废弃固体、生产环节及产品等环境质量标准；④开展与环境事务相关的国际、地区及国家间协议方案的讨论、合作和落实工作；⑤针对政府部门、组织或个体从事的生产经营活动，制定环境监测制度和社会影响评估规范

（续）

国家	政府机构名称	网址	职能
马来西亚	自然资源与环境部下属的环境局（Department of Environment Ministry of Natural Resources and Environment）	www. ketsa. gov. my	负责制定环境政策，监督实施环境保护措施
菲律宾	环境管理局（EMB）	www. denr. gov. ph	负责污染防治以及环境影响评估
新加坡	国家环境局	www. mewr. gov. sg	国家环境局策划并牵头开展各种环保措施和计划。通过保护新加坡的环境免受污染，保持高水平的公共卫生
泰国	自然资源与环境部（MNRE）	www. mnre. go. th	制定政策和规划，提出自然资源和环境管理的措施并协调实施
越南	资源环境部	www. monre. gov. vn	管理全国土地、水资源、地质矿产资源、环境、水文气象、气候变化、地图测绘以及海洋和海岛资源环境保护和综合管理等工作

资料来源：作者整理。

二、森林保护政策

除了环境管理与保护，森林保护也是东盟国家关注的重点。印度尼西亚在1985年就颁布了《森林保护法》，并在1994年做出修订。印度尼西亚的森林保护主要分为国家种植计划、土地改革和执法三个部分。国家种植计划是一项国家计划，依靠政府的投入来重新种植树苗，恢复森林面积。土地改革（TORA）是通过减少土地使用权和土地所有权的不平等来减少贫困。政府将450万公顷国有土地用于土地再分配，为无地、少地农民提供田地。环境保护和林业法的执行是政府成功保护和管理森林的关键之一。政府成立了森林警察，通过巡逻、宣传等方式来减少林区破坏，包括对非法伐木、森林和土地火灾以及受保护野生动植物的非法捕获等情况加强审查。1994年，印度尼西亚发生两场特大森林火灾，烧毁了510万公顷的森林，浓烟笼罩印度尼西亚的西部、新加坡和马来西亚等地。印度尼西亚政府修改了森林保护法，增加新的条例对蓄意纵火烧林者进行处罚，并规定在人工造林时，不得再用火烧方式清理伐木区。2002年印度尼西亚政府颁布法令禁止原木出口，一方面鼓励国内木材加工业的发展，另一方面有助于森林资源保护，抑制水土流失。

柬埔寨是世界上主要的森林覆盖地区之一。柬埔寨政府设定的森林保护区面积约730万公顷，占国土面积的40%。柬埔寨于1996年颁布《环境保护与自然资源管理法》。该法旨在通过防止、减少及控制污染来提升环境质量和公共卫生水平，合理有序地开发、管理及使用柬埔寨的自然资源；鼓励公众参与环境和自然资源保护，制止破坏环境的行为。2002年8月柬埔寨正式实施《森林法》，该法十八章，共109条，对柬埔寨的森林管理、森林使用、森林开发和森林保护都做了详细规定。它将森林资源置于农林渔业部管辖。2004年柬埔寨政府颁布"保护森林的政府令"，该法令废除了所有开发森林区、刀耕火种砍伐森林所取得的土地使用证和土地产权证。政府也停止颁发各种占领森林的土地使用证和土地产权证手续。对于所有影响到森林区的行动，必须事先得到农林渔业部的同意。不过，该法的一个不足就是没有授予地方林业主管部门足够的权力，以打击非法采伐及非法出口。在柬埔寨的皮龙（Prey Long）原始森林自然保护区等地，依然存在严重的非法砍伐森林现象。根据丹麦哥本哈根大学（University of Copenhagen）的Ida Theilade教授的估计，自2000年来，柬埔寨森林流失约26%，相当于200万公顷的森林面积。2019年，柬埔寨流失约63 000公顷的原始森林[①]。为了扭转非法砍伐木材的问题，2019年柬埔寨政府颁布法令，将对违反森林保护政策者实施冻结个人财产的严厉措施。目前柬埔寨有229家经济特许地公司，法令还废除或取消从经济特许地运送林产品的所有许可证，拟颁发新的许可证。另外，柬埔寨正在修订《森林法》，该法将加大对非法采伐的惩罚力度，同时下放更多管理权限给地方林业主管部门，加强对森林资源的保护。

老挝的森林覆盖率超过80%，森林资源是分布最广且最重要的自然资源，老挝也是世界上十大生物多样性生态区之一。近年来，为了加快经济发展，老挝一些地方也存在森林被大量砍伐、水资源受到污染、湿地遭到破坏和水土流失等现象，这威胁到老挝的生物多样性，也导致生态圈失衡（赛颂潘，2016）。即使是老挝这样的碳排放量非常低的国家，也在2013年颁布了《环境保护法》，其后还颁布了《水和水资源法》（2017年）、《林业法》（2019年）。老挝加入有关环境保护与治理的国际公约，例如《生物多样性公约》《濒危野生动

---

① 欧洲研究学者. 柬埔寨森林流失是全球第十大流失规模. 柬华日报. 2020 - 06 - 29. https://3g. 163.com/dy/article/FG9F92PG05350VO8.html.

植物种国际贸易公约》《拉姆萨尔公约》《动植物遗传资源全球行动计划》等。通过实施这些法规，老挝政府加强了森林保护，打击了非法伐木（World Bank，2020）。2016 年 5 月，老挝政府发布第 15 号总理令，明确规定禁止原木出口，无论是天然林还是再生林，未加工原木一律不得出口。该法令一方面是促进本地木材加工产业的发展，生产高附加值和高质量的木材产品以符合国际市场的需求；另一方面也是加强森林资源的保护与合理开发利用。在原木禁止令颁布以后，近千家木材加工厂关闭。虽然短期利益会受到影响，但是有利于老挝经济的可持续发展。

缅甸的环境保护法律有《缅甸动物健康和发展法》《缅甸植物检验检疫法》《缅甸肥料法》《缅甸森林法》《缅甸野生动植物和自然区域保护法》《环境保护法》。其中，《缅甸环境保护法》由联邦议会通过并由总统吴登盛签署于 2012 年 3 月 30 日正式颁布，依据该法制定的《环境保护条例》于 2014 年颁布。该法对自然资源开发的审核、许可等做了详细规定。《缅甸森林法》对林业资源开发和利用做了规定，将储备林划分为 5 种，即商业采伐储备林、供应当地储备林、分水或集水储备林、保护环境和生物差异储备林以及其他类型储备林。各类储备林的开发都受到政府管制。2018 年缅甸政府修订了《森林法》，允许将柚木所有权分配给个人或组织，通过市场化改革来提升柚木资源的利用效率。

为了保护森林资源，菲律宾政府早在 1975 年就颁布第 705 号总统令，修订《林业法典》（RFCP），其后又制定了多项发展计划，包括：家庭重新造林方法（FAR，1976 年）；社区树木种植（CTF，1978 年）；森林生态系统计划管理（PROFEM，1978 年）和综合社会林业计划（ISFP，1982 年）等。这些法规将森林管理的职责赋予社区，授予它们 25 年的管理权利和义务，允许合格的申请人种植和开发森林资源，前提是他们要保护和重新造林。1995 年，菲律宾政府颁布第 263 号行政命令，制定了基于社区的森林管理计划（CBFM），并将其作为可持续森林发展的国家战略。2004 年菲律宾政府又颁布第 318 号行政命令，将可持续森林管理计划（SFM）作为政府的政策框架。2010 年菲律宾政府颁布了《有机农业法》，通过发展有机农业，来促进无公害生态系统的农业发展，减少对环境的影响并提高农产品附加值，促进可持续发展。2011 年，菲律宾政府颁布第 23 号行政命令，宣布暂停天然林的采伐和砍伐，并成立了反非法伐木工作队（Aquino 等，2014）。

马来西亚在 1972 年成立国家林业委员会。1978 年国家林业委员会制定《国家林业政策》，并于 1992 年对其进行修订，以适应国际社会对生物多样性保护和森林资源可持续利用的要求。1984 年，马来西亚议会通过《国家森林法》和《木材工业法》，为防止森林边缘地带受到非法侵犯和木材盗伐，1993 年对《国家森林法》作了修订，强调"根据可持续生产的原则有序采伐、更新和保护树木"[①]。马来西亚的森林经营管理主要由马来半岛林业局、沙捞越州林业局和沙巴州林业局分别管理，木材产业及其产品进出口管理由马来西亚木材工业局负责[②]。1994 年马来西亚成立了国家森林可持续经营委员会，制定森林可持续经营管理办法，并实现从可持续的木材生产向可持续的森林生态系统经营转变。马来西亚政府将森林用途划分为永久保存林、保护区、转化林、人工林和经济林，永久保存林中采伐区的轮伐期一般为 25～30 年，人工林的轮伐期至少 10 年。森林采伐前林业部门必须做好清查和标记，采伐后必须进行调查评估，以确定林分状况。

三、生物多样性保护政策

东盟国家通过立法、设定生态保护区以及制定保护战略计划等方式实现对生物多样性的保护。缅甸政府制定的《野生动植物和自然区域保护法》依据不同功能将保护区进行划分，包括：科学研究保护区、自然保护区、国家森林公园、国家海洋公园、鸟兽禁猎区等，专门区域的设立使得野生动植物和生态系统保护更具针对性。2018 年缅甸政府又制定《生物多样性和保护区保护法》，对独特地理区域、濒危野生动物及其自然栖息地制定了相应的保护办法。

2012 年，印度尼西亚政府制定了"国家生物多样性保护战略计划"（IBSAP），具体包括 72 个行动计划，其核心是强调保护、可持续利用及公平共享利用生物多样性所产生的收益。在泥炭地开采与保护方面，印度尼西亚政府在 2011 年就立法禁止将泥炭地开辟成种植地，政府也明确规定所有泥炭地

---

① 一半国土被森林覆盖，这个热带森林大国有什么林业经营之道？中国绿色时报，2018 - 11 - 30. https://www.sohu.com/a/278728580_100130134.

② 马来西亚—森林经营 . 2014 - 01 - 24. http://www.malaysiaeconomy.net/my_economy/three_in-dustries/primary_industry/agri_fish_forest/2014 - 01 - 22/27724.html.

都不能用作种植园，还强令企业必须修复已开发的泥炭地。

老挝通过建设国家保护区和国家公园来加强对陆地生物的保护。从 1993 年 10 月开始，老挝建立起国家保护区（NPAs），最初由 18 个保护区组成，到 2018 年，共有 23 个保护区，覆盖 380 万公顷，占该国总面积的 15.1%。截至 2019 年 2 月老挝建立了三个国家公园，包括：Nakai-Nam Theun 国家公园、Nam Et-Phou Louey 国家公园和 Hin Nam No 国家公园。Hin Nam No 国家公园被联合国教科文组织评为老挝的第一个世界遗产保护区。农林业部还在对另外六个国家公园进行可行性评估，以扩大国家公园的数量。

越南是生物多样性丰富的国家，总共有 58 个生物圈保护区、2 个世界遗产保护区。越南政府十分注重生物多样性的保护，颁布了多部法律来保护生物资源的多样性与可持续性。政府还建立了多个自然生态保护区来加强生物多样性的保护。例如，胡志明市在 2000 年建立了同塔梅生态保护区，该保护区目前有植物 156 种、鸟类 147 种、鱼类 34 种和两栖动物 8 种，各种动植物都处在良好的生长状态。

四、动植物出入境检疫政策

东盟国家的检验检疫法律体系较为完善，都制定和颁布了相关动植物检疫的独立法律和相关条例。例如，新加坡颁布有《动物及禽类法令》（2002 年修订）、《农业食品和兽医管理法案》（2000 年）、《植物控制法》（2000 年修订）；文莱在其宪法（1997 年）的第四十三章、第四十七章有关于"农业有害生物及有害植物""疾病预防和检疫"的相关条款，对动植物检疫有专门规定。泰国颁布有《动物流行病法》（1959 年）、《植物检疫法》（1999 年）、《植物检疫进口条例》（1999 年）、《植物多样性保护》（1999 年）。柬埔寨颁布有《动物和动物源性产品的检验》（2003 年）、《植物检疫法令》（2003 年）等。越南颁布有《兽医法》（1993 年）、《动物疾病预防与控制法》（1993 年）、《检疫、屠宰控制及动物和动物产品的兽医卫生检疫法》（1993）、《植物检疫和植物保护法》（2001 年）、《植物检疫条例》（2002 年）等（李伟丰等，2008）。

老挝的动植物检疫立法相对滞后，尚未出台专门的法律文件。不过，老挝政府在其制定的"2025 年农业发展战略计划和 2030 年愿景"中，要求加强植物保护检疫，并提出了具体的建设目标。包括：加大植物保护检查站的技术基础设施建设，建立植物检疫办公室、虫害实验室和植物检疫场所，重点在全国各地建设 20 个检查站；在农林部植物保护中心改建中央级别的害虫实验室，以达到 ISO/IEC 17025 标准；制定商业作物的病虫害清单，加强动植物出入境管理；加强人力资源建设，培养植物保护技术人员，每个岗位配备 3～5 人；在全国范围内建立植物保护网络，发展植物保护人员等。

五、环境影响评估政策

在东盟国家的经济发展过程中，经济项目建设与环境保护必然存在一定的冲突，为了更好地协调两者，东盟国家已普遍使用了项目建设的环境影响评估。1974 年马来西亚政府颁布《环境质量法》，该法要求控制空气污染、噪音污染、水污染、土壤污染、石油污染等，规定项目建设在得到批准和实施之前要预先做出环境影响评估（王小民，2000）。

2009 年印度尼西亚政府修改了《环境管理法》（第 32/2009 号），要求投资和承包工程项目必须进行环境影响评估（AMDAL），必须取得环境部颁发的环境许可证。柬埔寨于 1999 年颁布了有关环境影响评估的法令，规定项目的评估报告必须得到柬埔寨发展理事会的批准才可实施。不过，直到 2004 年，柬埔寨的建设项目的环境影响评估才实际开展。2010 年老挝修订了《环境评价条例》，对小规模投资项目建设要求初步环境影响评估（IEE），对于大规模投资项目要求环境影响评估（EIA），并引入公众评估。缅甸政府也采取了相似的评估政策。2015 年缅甸的自然资源与环保部制定了《环境影响评估程序》（EIA Procedure），对环境评估的具体内容做了详细规定，包括项目透明度、利益相关方接受度、环境保护等。在缅甸的自然资源与环保部审查通过后，将给项目发起人颁发环评合格证书，证书一般有两年的有效期。同时要求项目投资方需要及时发布相关信息，并接受相关部门的监督。马来西亚则在实施《环境质量法》的基础上，建立了环境局，环境局负责监督环境质量、评估新工程可能带来的环境影响。环境局在全国各州设立环境保护的分支机构，监测大气、河流、海洋等的环境污染状况。

泰国在 1975 年提出环境影响评估的强制要求。1992 年泰国颁布《国家环境质量促进和保护法》，对不同规模、不同类型的项目（国家建设项目、企业建设项目和个人建设项目等）评估做出了详细规定。环境影响评估报告必须得到自然资源和环境政策规划办公室的认可，同时需要公示，以获得公众认可。

六、污染物控制与排放管理政策

东盟国家对空气污染、水污染、土壤污染、废弃物和危险物质排放等标准都有明确的规定，对于违法违规行为有相应的处罚。1992 年泰国政府颁布了《国家环境质量促进和保护法》，该法对大气、水、土壤的污染控制和保护有详细规定[①]。泰国的农业与合作社部也会对环保问题进行控制和审查。例如，农户和企业在农业生产过程中使用的化学物品有违规问题会受到相应处罚。目前泰国政府已将 224 种农药划为危险物质，其中的 24 种严禁进口。2020 年 6 月泰国政府全面禁止使用百草枯、毒死蜱和草甘膦三种农药。减少农药的使用一方面是减少农药使用对环境的破坏，另一方面可提升农产品的品质，打造泰国农产品的高质量形象。

棕榈油加工（精炼、分提、调和）是造成马来西亚水污染最严重的部门。针对这种情况，马来西亚政府授权环境局制定棕榈油业污染控制措施，要求各企业必须制定获得环境局批准的污染控制措施，得到环境局颁发的执照才能生产经营。对于超过污染排放标准的企业，马来西亚的环境局会根据污染物的种类和数量进行罚款，如果企业的污染排放严重超过标准，环境局有权暂停企业的生产经营执照。这一政策虽然不利于棕榈油产量的提升，但是降低了棕榈油加工过程中的污染排放量（王小民，2000）。

菲律宾政府采用鼓励有机农业生产的方法来控制污染物排放。菲律宾有 90％的农民使用农药化肥进行农业种植，但是过度使用农药化肥也造成大量污染。2000 年菲律宾政府颁布了《生态固体废物管理法》，要求加大无害环境技术的利用，例如鼓励堆肥的利用，通过处理农业废物来回收有机肥料，增加农业土壤肥力。2010 年菲律宾总统阿罗约签署了《有机农业法》，要求农业、贸易、财政及银行等政府部门大力支持有机农业生产，给予有机农业生产的农民 7 年免交收入税的政策优惠。

[①]　泰国环境保护部门及法律法规简介．驻泰国经商参处．2015－08－14. http://th. mofcom. gov. cn/article/ddfg/qita/201508/20150801080931. shtml.

一、自愿减排计划

环境保护问题不仅是一国的问题，也涉及全球其他国家。自 20 世纪 80 年代以来，许多国家加入到环境保护与治理中。在 1992 年的《联合国气候变化框架公约》、1997 年的《京都议定书》、2009 年的《哥本哈根协议》以及 2016 年的《巴黎协定》中，各国纷纷做出承诺，制定减排目标。

东盟国家也积极参与到全球减排计划中。印度尼西亚政府根据 2009 年签订的《哥本哈根协议》制定了自愿减排计划，即至 2020 年将温室气体排放量减少 7 亿吨，到 2020 年印度尼西亚将降低 26％的气体排放量。为了实现这一目标，印度尼西亚农业部门要求在 2010—2014 年减少 2 930 万吨二氧化碳和 5 560 万吨泥炭二氧化碳的温室气体排放量。

在历年的可持续棕榈油圆桌会议（RSPO，2002 年成立）上，印度尼西亚和马来西亚作为最大的棕榈油供应国也制定可持续棕榈油（ISPO）计划，以提高棕榈油生产的环境可持续性。该计划自 2011 年 2 月起自愿实施，并于 2012 年对所有印度尼西亚、马来西亚的棕榈油生产商强制实施。2018 年 11 月 15 日，在第 16 届可持续棕榈油圆桌会议上，就实现市场转型再作出承诺，并对《RSPO 原则与标准》进行完善，包括增加停止砍伐森林、加强泥炭地保护条款。

一些企业也加入到环保与减排计划中。例如，2013 年新加坡金光农业公司（Golden Agri-Resources，APP 下属公司）与印度尼西亚政府、森林协会（The Forest Trust）共同制订了可持续森林经营方案，这一经营方案覆盖多达 260 万公顷的特许林地。为了促进棕油业的可持续发展，金光农业公司做出承诺：在保持棕榈油产量增加的同时，不开发具有高保留价值的森林地（HCV）以及不开发任何泥炭地。同时，金光农业公司还遵循非盈利组织 RSPO 所制订的可持续棕榈油产品的生产、采购与使用规范，并使所有的油棕种植地获得 RSPO 证书。

二、引入市场机制提升环境保护的积极性

除了各项法律法规强制性地实施环境与自然资源保护，引入市场机制也能

很好地平衡经济发展目标与环境保护目标之间的冲突。例如，印度尼西亚人口众多，一方面要实现粮食自给自足的目标，扩大具有较高商业价值的经济作物的种植规模，实现农业增产；另一方面又要减少经济发展和农业生产对生态环境的破坏。在 1997 年印度尼西亚颁布的《环境管理法》（第 23/1997 号）中，强调环境可持续发展原则、促进预防原则、代际公平和污染者付费原则，并设立了如排污许可证制度、污染者负担制度、公民参与知情制度、环境影响评价制度等来实现经济发展与环境保护之间的平衡（赵紫涵，2013）。

又如，在越南开始经济革新之前，森林和土地属于国家所有，这种制度安排缺乏资源有效利用的激励机制和约束机制。1986 年，越南实施革新以后，政府把土地使用权分给家庭，农民可拥有 50 年的土地使用权，林业用地也可以采取承包制。产权制度变革调动了农民利用荒地种植和保护森林的积极性，荒地面积减少，资源利用效率提升。

三、倡导绿色农业和可持续发展

泰国政府除了通过立法加强环境保护，还积极采用政策鼓励有机农业、高科技农业的发展，提升土地的集约利用水平，通过开发和种植高品质的农产品让农户获得足够高的收益，向环境保护与高效农业发展两者平衡的方向转变。

泰国政府采取的一项重要措施就是严格控制有毒农药的使用。2019 年泰国农业与合作社部发布百草枯、草甘膦和毒死蜱 3 个产品禁令。这一禁令还遭到了美国的反对，因为美国公司是全球提供这 3 种产品的主要企业。除了美国的反对，泰国甘蔗及糖业合作组织也提出反对意见。他们认为政府宣布禁用百草枯，将使甘蔗产量锐减 50%，导致全国 57 座蔗糖厂倒闭，120 万农民失业，损失达 3 000 亿泰铢。农药公司则表示，禁令的实施会造成杂草控制成本飙升到农户无法承受的地步。迫于重重压力，泰国政府将对草甘膦的禁令改为限制使用的农药，并推迟了另外两种农药的禁令。2020 年 6 月 1 日，泰国政府正式禁止草甘膦和百草枯等高危农药进口。同时，泰国政府还在起草另一项禁止进口含有禁用化学品残留物的食品健康法规。一旦该法规正式颁布，会对粮食产业链产生连锁反应，既会影响到国内农业生产，也会影响到农产品贸易。不过，作为以农业经济为主的发展中国家，减少农药使用推动农业可持续发展是政府重要的战略，这一发展战略将会持续下去。

老挝政府也强调绿色包容性增长，在其制定的"2030年远景规划"中，将发展目标定位为一个中等偏上收入的发展中国家，实现创新、绿色和可持续的经济增长。在老挝制定的2016—2020年的"第八个国家社会经济发展计划"中，进一步强调了绿色经济发展。

马来西亚加强木材认证管理，促进林业可持续发展。马来西亚是世界上最大的热带硬木原木和锯材出口国，也是热带胶合板、单板和木线条的主要出口国。为确保森林可持续管理，提高本国木材产品的国际信誉和竞争力，马来西亚于1998年成立了马来西亚木材认证理事会（MTCC），并于2001年建立了马来西亚木材认证体系（MTCS），成为世界上最早开始组建木材认证体系的国家之一。马来西亚木材认证体系包括森林管理认证和产销监管链认证两个主要部分。木材认证是对木材原料来源及其现状进行独立评估的过程，通过对认证的产品加贴认证标志，可实现从最终产品到原料来源的追溯，确保产出相关林产品的森林得到有效保护。

四、设立生态保护区

越南在1996年建立了第一个国家级海洋保护区——吉婆国家公园。截至2020年，越南建立有33个国家级公园，约占全国领土的3%，其中有10个国家公园被评为东盟遗产公园。越南的自然保护区共173处，包括33个国家级公园、66个自然保护区、18个物种和栖息地保护区以及56个自然风景保护区。在这些自然保护区中，有9个是世界生物圈保护区，有3个景观被列为世界自然遗产名录，另有10个东盟遗产公园。在生物多样性方面，越南在世界生物多样性最丰富的25个国家中排名第16位，已有约51 400种生物被确定。越南在这些保护区开展了多项生物多样性调查与监测活动，对野生动物就地保护与救护。保护区的建设不仅有效地保护了环境和自然资源，也让它们成为生态旅游景点，带来了其他收入。

五、制定国家森林计划

森林是马来西亚最重要的自然资源之一，支撑着马来西亚的木材工业。2017年，马来西亚木材和木材产品出口收入超过50亿美元，木材工业总产值约占 GDP 的 1.7%。马来西亚通过采用创新、可持续、以市场为导向的解决方案来确保木材工业长期可持续发展。为确保木材持续供应，缓解对原始森林的压力，马来西亚政府实施国家森林种植计划（NFPP），该计划自 2007 年开始实施，每年植树 500 万棵。

近些年来柬埔寨的森林覆盖率有较大幅度下降。为了改变局面，政府加强了森林管理和保护，提供拨款来重新造林。柬埔寨农林渔业部的森林管理局制定了国家森林计划（2010—2029）。其具体措施分为两个方面：一是加强森林管理和保护，打击非法砍伐。目前柬埔寨的森林保护区面积约为 150 万公顷。根据国家森林计划，到 2029 年，森林保护区的面积将增加一倍（300 万公顷）。二是加强植树造林——政府推动植树造林计划。该计划的目标是到 2029 年再造林 50 万公顷。不过，政府提供植树造林的投入资金较困难，政府便与私营部门合作，例如通过引入外资扩大高价值林木的种植（World Bank，2015）。柬埔寨还将每年的 7 月 9 日设为植树节，并设立国家森林开发基金会用于植树造林等活动。2009 年，柬埔寨农林渔业部的森林管理局制定了"国家森林计划"（2010—2029）。该计划要求加强森林资源管理。

为促进缅甸的森林资源的可持续发展，缅甸资源与自然环境保护部制定了木材砍伐计划，对木材砍伐的数量进行控制。例如，2019 年政府将砍伐数量控制在 61 万棵，其中硬木计划砍伐 59 万棵、柚木 2 万棵。同时政府还对砍伐林区的树木进行登记核算，制定详细的砍伐生产计划。

缅甸政府制定了重新造林和恢复方案（MRRP）（2017—2026 年），该方案旨在到 2026 年恢复永久森林区内约 100 万公顷退化和毁林的土地。为了支持 MRRP 的实施，实现林业资源的可持续发展，缅甸政府修订了《森林法》（2018 年），以法律形式加强自然资源和环境保护。2018 年颁布的《保护生物多样性和保护区法》（2018 年），引入了生态系统服务收费机制，让林业保护者从林业资源保护中获得收入。缅甸政府还制定了国家森林总体规划（2002—2031 年），要求到 2030 年将保护林和受保护的国家森林面积提高到占土地总面积的 30%，把保护区的面积提高到占土地总面积的 10%（World Bank，2020）。

越南是东盟最大的木材和木制品出口国。仅在 2020 年前 11 个月，越南的木材行业的出口额就超过 110 亿美元，同比增长 15.6%，林业是越南农林产品出口增长的主要部门之一。越南的林木产品出口到美国、日本、欧盟、中国和韩国。为了确保越南的木材加工的原料供应稳定，越南政府实施了植树造林计划。早在 1998 年，越南政府就制定了"500 万公顷造林计划"。2020 年上半年，越南人工造林面积达 20.84 万公顷，满足了木材加工和出口的需求。

六、加强国际合作

东盟国家还与各种非营利组织、协会以及国际社会合作，借助它们的力量加强环境和自然资源保护。

印度尼西亚和马来西亚加入到可持续棕榈油圆桌会议组织（RSPO），依靠这一组织制定和实施可持续棕榈油全球发展计划。印度尼西亚还依靠社区力量加强森林资源保护。通过社区倡议和自助建立 Kepuh 小组（森林保护和水资源保护小组），该小组在砍伐森林的土地上种植了果树苗，这些重新种植的树木能够储存水，防止山体滑坡和山洪暴发。通过 Kepuh 和当地社区的努力，森林状况可以恢复得像以前一样。此外，种植的果树结出果实可以出售，社区居民能从中受益，提高森林保护的动力。

越南先后加入环境保护的相关国际公约，例如《蒙特利尔协定》《气候变化公约》《生物多样性公约》《联合国海洋公约》等。同时，越南也加强与东盟其他国家的合作，制定相应的环境保护与可持续发展战略。它还与欧盟合作，开展了多个环境和自然资源保护项目，用于林业资源保护、减少污染物排放、促进农村发展和减少贫困（陈文，2003）。1999 年 1 月东盟成立了东盟地区生物多样性保护中心，加强生物多样性保护的地区合作。2019 年 6 月越南农业与农村发展部和欧盟签订的《森林执法、治理与贸易自愿伙伴关系协定》（VPA/FLEGT）正式生效。该协定标志着越南与欧盟共同承诺合作解决非法采伐森林和非法木材贸易活动。欧盟是越南木材和木制品的第四大出口市场。为了落实该协定，越南首次建立木材合法性保证体系（VNTLAS），加强林业资源开发管理。

第十一章 CHAPTER 11
东盟有机农业和都市休闲农业 ▶▶▶

有机农业、都市休闲农业是东盟国家农业发展的新方向。有机农业（Organic Agriculture）是指在生产中完全或基本不使用化肥、农药而采用有机肥满足作物营养需求的种植业、养殖业。有机农业不仅能减少对环境的破坏，还能提升产品品质，促进农民收入提高。都市休闲农业是以大都市市场需求为导向，采用高科技手段发展的集约化农业，它往往以高科技农业、休闲观光农业的形式呈现。

在有机农业方面，根据瑞士有机农业研究所（FIBL）和国际有机联盟（IFOAM-OI）开展对全球范围有机产业发展的调研报告《世界有机农业概况与趋势预测 2021》（The World of Organic Agriculture 2021）显示，2019 年东盟十国的有机农业用地总和占亚洲有机农业用地的 12.16%，且有继续扩大的趋势。东盟各国重视并积极推动有机农业体系发展及完善，个别国家甚至将有机农业发展列为国策。

一些东盟国家受土地资源限制（如新加坡、马来西亚等国家），无法开展大规模农业发展，因此都市休闲农业更受这些国家青睐。都市休闲农业依托城市、适应城市发展，是以生产型、生活型、生态型功能为主的多功能农业。现阶段，都市休闲农业不仅在土地资源紧缺的国家发展迅速，在一些人口密度大的核心城市也发展起来。

第一节　有机农业

一、泰国的有机农业发展

（一）有机农业发展历程

在 20 世纪 60 年代，由于"绿色革命"运动的开展，泰国农业生产中使用的化肥和农药量大幅增加，造成一定程度的环境污染和自然资源退化。随着人们对可持续农业、高品质农业以及生态保护的重视，1991 年泰国政府提出发展有机农业，并获得成功。近年来，向有机农业转型已经成为泰国国策。表 11-1 是泰国有机农业发展过程中的重要事件。

表 11-1　泰国有机农业发展过程中的重要事件

年份	事　件
1993	成立有机农业信息统计分析网（Green Net）。
1995	成立有机农业认证组织（ACT）；起草首部有机农产品标准
1996	引进国际有机农业运动联盟（IFOAM）标准；普及有机农产品及市场认证
1997	有机产品标准及认证组织（ACT）检查并认证泰国有机农场
1999	科学研究院、商务部出口促进厅和农业与合作社部共同起草有机作物生产标准
2000	政府拨款支持可持续农业小规模生产试点项目
2002	农业与合作社部成立国家农业和食品标准办事处，实施农业和食品标准及认证
2015	农业与合作社部、商务部、公共卫生部制定 2015—2021 年有机农作物发展战略
2019	启动全国有机农业耕种统一行动计划
2020	修订《农业可持续发展法》；成立有机农业研究所；制定有机农业认证 PGS 系统

资料来源：作者根据文献资料整理。

从 20 世纪 90 年代初至今，泰国对有机农业日渐重视，出台一系列相关举措推进有机农业的发展。目前，泰国的有机农业认证体系已经较为完整，企业和农户可从三种认证方式（国家官方认证、私人认证或国外认证）中任意挑选适合的有机农产品认证方式。在 2015 年初，泰国农业与合作社部、商务部、公共卫生部共同制定了 2015—2021 年有机农作物发展战略，要求：对有机农业技术与创新进行有效管理；建立和发展有机农业生产供应链；加强市场与产品品质标准的管理；整合各方资源推动泰国有机农业体系持续发展。

（二）有机农业发展现状

有机农业与传统农业的根本区别就是前者在生产中不使用人工合成的化肥、农药等破坏环境的物质。有机农业分为有机种植业、有机养殖业，两者有时相互结合发展。农民为获取有机肥料，除圈养耕牛之外，也会饲养一些肉牛。在养殖家畜动物过程中需要大量草料，这些草料来自于草地或者农作物的秸秆，草料的利用与泰国稻米种植相关联，由此形成一个养牛业、秸秆、水稻种植的良性循环体系，从根本上减轻农业污染，保护农业生态环境。

泰国政府鼓励农民采用环保的生产方式，通过利用天敌等生物防治来预防和治理病虫害问题。在泰国的猜纳府建有最大的有机大米种植地，整个生产过程严格禁用人工合成的化肥、农药和植物生长调节剂等，该企业申请了国际品牌认证，并将生产流程通过互联网透明化地呈现出来，接受监督。2020年6月，泰国农业与合作社部联合食品药品监督管理局将毒死蜱和百草枯等归为第4类有害物质，禁止生产、进口、出口、运输和持有。此举也是促进农业和食品制造业向有机农业方向发展的重要步骤。

经过二十多年的发展，截至2020年底泰国有机农业种植面积已超40万莱。2019年3月农业与合作社部启动全国有机农业耕种统一行动计划，承诺在两年时间内将全国1.49亿莱农耕地全部实现绿色农耕模式。泰国已初步建立起有机农业产业链，政府、金融机构、生产者和消费者都参与其中。在有机产业链构建过程中，泰国不断打造有机作物生产加工基地，打通销售网络，建设质量保证体系，在有机农业的生产、加工、销售、认证和监督等方面积累了丰富的经验。

（三）政府扶持有机农业

有机农业作为泰国的一项国策，政府非常重视。第一，从农产品种植源头开始，政府严格把控优良品种的选育、示范、推广和保护，始终将"良种＋标准化"生产视为农产品品质的保障，并制定相关法律，规定企业不允许出口芒果、柚子等泰国特有的优良种质资源。

第二，泰国政府提供大量资金支持有机农业发展。为让更多的农民参与有机农业培训，泰国政府提供免费的农业技术和生产资料，引导农民按照有机农业的生产方式进行耕作，将有机农业教育推广到基层，从而推动国内近千个传统农场向有机水稻农场转变。农业合作社定期开展有机农业指导、培训，推广有机农业理念，关注世界资源环境和健康问题，让有机概念深深植入当地的生产者和消费者心中。

第三，泰国政府在税收、信贷、资金等方面实行倾斜政策。与传统作物种植相比，由于化肥和农药的使用被禁止，有机作物每公顷产量将减少，种植农户将承受较高成本。为此，泰国政府对有机农业发展给予价格保护、信贷支持等一系列政策。

第四，泰国政府制定有机农业生产国家标准和国家认证计划。政府推出有机农产品商标——"有机泰国"（Organic Thailand），国家农业合作社分别设立农产品认证处（DOA）、畜产品认证处（DOL）和水产品认证处（DOF），对泰国国内企业进行官方认证（李裕荣等，2007）。对于非国内企业，可通过私人认证（ACT 为主）方式完成。2021 年 1 月 4 日，泰国农产品食品标准局发布公告，公布了泰国有机食品农产品标识，有机标识分为 A、B、C 三种类型，主体部分除图例外，还包括认证机构、认证标准、获得认证的企业信息，适用于进出口以及在国内销售的有机农产品和食品。此项政策有助于规范有机产品的标注和宣传。

二、菲律宾的有机农业发展

（一）有机农业发展历程

从 20 世纪 80 年代起，各种人工合成的化肥、农药、植物生长调节剂等的大量使用的负面效应在菲律宾开始显现，化肥和农药的大量使用不仅污染环境，投入成本也比较高。从 20 世纪 90 年代开始，菲律宾的一些民间组织（NGOs）和企业开始研究安全环保的有机肥料和杀虫剂，为当地水稻育种提供更优良的条件。表 11 - 2 是 20 世纪 90 年代起菲律宾的有机农业发展过程中的重要事件。

表 11 - 2　菲律宾的有机农业发展重要事件汇总

年份	事　　件
1994	举办第一场关于有机农业研讨会
1995	成立有机生产贸易协会（OPTA）
1997	总统发布 1071 号公告，宣布采用平衡施肥策略（BFS）
1999	成立国家有机农业委员会（PNOAB）
2004	成立第一个与 OPTA 合作的有机自然商店
2005	总统发布第 481 号总统令《有机农业促进和发展法》
2006	农业与合作社部发布《菲律宾促进和发展有机农业法实施细则及其法规》
2010	签署《2010 年有机农业法》
2012	启动有机农业基线调查（OABS）
2020	修订《2010 年有机农业法》；成立国家有机农业计划协调办公室（NOAP-NPCO）

资料来源：作者整理。

1994 年，菲律宾有机食品专家和倡议者在国家国际会议中心（马尼拉）

举办第一场关于有机农业市场的研讨会。会后，一家企业（Mara Pardo de Tavera）与慈善组织（AKAP）联合开展了有机产品的推广活动。1995 年，菲律宾成立了有机产品生产贸易协会（OPTA），并由 OPTA 建立菲律宾有机产业发展委员会和国家有机认证培训机构。1999 年，在民间组织（NGOs）的努力下，菲律宾政府创建了国家有机农业委员会（PNOAB），由 PNOAB 组织经营有机农业的生产者参与相关会议决策，推动国家有机农业的发展。

2010 年阿罗约总统签署《2010 年有机农业法》，政府加大支持，帮助企业、农民开发和推广有机农业，并对有机农业发展计划予以支持。在法案正式实施两年后，菲律宾政府开始启动有机农业基线调查，建立有机农业基准数据，加速推进菲律宾有机农业的发展。

（二）有机农业发展现状

经过三十多年发展，菲律宾的有机农业距离实现有机农业转型升级仍有一段较长的距离。但与过去相比，菲律宾在有机农业指导和规范方面更加严格，国家有机农业委员会不断更新和完善国家有机农业标准和认证系统，协调菲律宾农业部门及有关单位与私营部门之间的合作，促进发展有机农业。

农业科学家也将大量先进的有机农业实践带到农村，现在菲律宾的有机水稻种植技术较为成熟，在未来具有扩大生产的潜力。

（三）政府扶持有机农业

自 20 世纪 90 年代初起，菲律宾政府逐渐开始重视有机农业的发展，并发布一系列举措予以支持。第一，给予立法优惠。在 2010 年签署的有机农业法中，政府规定对于从事有机农业生产的农民可免交设备进口税，前 7 年免交收入税。此外，为鼓励更多的农民参与有机农业发展计划，农业与合作社部给予相当的现金奖励，以表彰全国出色的有机农场。2020 年在该法修订中还授权加强了农业和渔业标准局（BAFS）的权力。

第二，建立国家生物有机农业计划。为能够更加精准地开发和传授有机种植生产的方法，菲律宾众议院前后通过多项法案。通过建立国家生物有机农业计划，落实到当地各个乡村有机农业培训生产企业中，有效地教育指导农民学习有机农业的相关知识，为有机农业的相关群体提供更直接的服务。

第三，投入大量资金支持。2020 年，菲律宾投入 6.65 亿比索用于有机农业发展，成立基金会在全国范围内提供有机肥料，用实惠的价格促进当地农民和企业使用有机肥料替代昂贵的无机肥料。在无机肥料向有机肥料的转换过程中，政府采用平衡施肥的方式，将有机肥和无机肥以合适的比例混合，不仅降低了成本，提高了产量，保证国家粮食安全，也具有一定的战略性意义。

三、老挝的有机农业

（一）有机农业发展历程

有机农业的概念于 20 世纪 90 年代首次引入老挝。对于当时的老挝而言，有机产品概念新颖，缺乏与有机市场的连接，农民只能将有机农产品当做普通的传统农产品销售。老挝具有独特的地理优势，适宜的水土和充足的光照，吸引了相当部分人群从事有机农业生产。

2012 年以来，有机农业成为老挝农业转型的主要方向。在亚洲农业合作倡议的支持下，老挝开始实施有机农业试点项目。在试点项目中，当地政府与企业从各个村庄落实有机农业生产，组织有代表性的村民召开创建有机农业新模式的启动会，定期为农民和农民团体代表举办有机作物生产的会议与培训，并鼓励其他农民加入有机农业生产行列。若部分村庄有成功的模式，也可通过该组织进行分享传授经验，在各村有机农业系统中建立资源循环和土壤管理模式。

近年以来，老挝主要采取与国外企业、组织合作的方式发展有机农业。在老挝，开展农业活动的多是个体农户，他们仅靠自身较难提高生产力满足市场需求。2018 年 3 月，老挝农林部与中国两家公司合作，在老挝建立有机生物肥料加工厂，为有机农业发展提供支持。老挝农林部与日本国际合作组织（JICA）共同启动为期 5 年（2018—2022 年）的有机农业发展合作项目。该项目由 JICA 资助并提供机器、设备等物资，培训老挝的人力资源，共同推广优良种植方式，提升有机农产品的供应，满足老挝国内市场需求。2018 年 9 月老挝与亚洲开发银行签署协议，由亚洲开发银行拨款 4 050 万美元，支持当地建设小规模灌溉系统、开展农作物研究和产品质量检测的基础设施建设，帮助老挝提高农作物生产力水平，促进农产品多样化。目前老挝农业正在不断"走出去"，努力提高有机农产品的国际竞争力，深化与周边国家和地区农产品的贸易关系。

（二）老挝受欢迎的有机作物

在老挝出口的所有有机农产品中，有机咖啡最具代表性。老挝有近万户咖啡种植户，有机咖啡的种植为当地村民带来了不菲的收益，也让他们意识到有机咖啡发展的巨大市场潜力。

老挝政府出台了一系列支持有机咖啡种植、采摘、加工、储存等扶持政策。为了保证产品品质，政府严禁商家向农民出售劣质的咖啡种子。老挝政府还支持成立有机咖啡研究机构，通过加大对有机咖啡的科研创新投入，为周围的有机咖啡种植基地提供更优质的服务。这些研究机构定期测度有机咖啡的种植密度、病虫害防治等，并提供专业的建议。目前，老挝在国内各地逐渐建立起各类有机咖啡行业协会，为全国有机咖啡生产商提供高效的市场信息和统一标准。

第二节　都市休闲农业

一、新加坡的都市休闲农业

新加坡是一个典型的城市国家，它的土地资源有限，在新加坡的三大产业中，农业产值比重不到1%。新加坡的大部分粮食和蔬菜都需要从马来西亚、印度尼西亚、中国和澳大利亚等国进口。尽管如此，新加坡在现代都市农业发展方面取得一定成功，几乎在全世界的水族馆都可以看到新加坡的热带鱼。新加坡都市农业的发展离不开20世纪80年代初提出的农业科技发展计划，在该计划的推动下，新加坡先后建立起10个农业科技园，发展先进的农业垂直种植模式，吸引大量战略性投资，推动新加坡高科技农业发展。

（一）兴建农业科技园

在新加坡，农业科技园主要由政府投资建设，建成之后采取招标的方式租赁给企业或个体商户。农业科技园主要生产观赏花、观赏鱼、家禽和蛋、蔬菜和水果等，并形成一些独具特色的生产基地。一些先进的生产技术也被采用到都市农业生产中，包括无菌鸡蛋、水耕农场、细胞移植法培育花卉、高科技水产养殖等。

相较于东盟其他国家，新加坡的农业从业人员包括大量的科技人员，他们共同参与农业科技园的建设与日常管理。科技园内的各类农场由农业投资者来创建，他们聘请国内外农业技术专家来研发尖端农业技术，并推广应用这些技术。

（二）水产养殖

目前新加坡有 110 个近海渔场，主要位于新加坡北部的柔佛海峡。2019 年这些渔场的水产品产量为 4 700 吨，占新加坡总消费量的 10%。近年来，新加坡政府加大农业与食物生产行业的转型投资，尤其是水产养殖业，投资建设包括分层式立体养鱼场、人工智能辅助养鱼系统等。2019 年，新加坡政府提出了"30·30 计划"，即到 2030 年，新加坡将食物自给率提升到 30%，减少对粮食进口的依赖。2019 年政府支持的水产养殖创新中心（Aquaculture Innovation Centre，AIC）在淡马锡理工学院设立，它致力于下一代水产养殖技术的创新。不过，部分水产养殖场的经营规模较小，面对日益提高的国际水产养殖业标准以及进口水产品的竞争，新加坡建立自给自足的水产养殖体系面临很大的挑战。

（三）蔬菜垂直种植

新加坡由于土地资源有限，在农业种植生产方面主要采用垂直种植模式，用于种植蔬菜、水果和鱼类养殖。早在 21 世纪初，新加坡就开始发展垂直农业，也是世界上第一个将垂直农业商业化的国家。相比于传统农业，垂直式种植主要集中于城市，例如停车场顶层、摩天大楼等垂直堆叠的高层建筑中。光照、湿度和温度控制都是垂直农业中的关键要素，在研究人员的努力下，新加坡开发出可控环境农业技术（主要是自动调控系统和人工智能系统），为农作物提供充足的光照和可随时调节的水分，能在无菌的条件下培养农产品和水产品，还可以根据不同性质的农场选择适应的游览和销售模式。在高科技的应用下，新加坡垂直农场的农产品产量可以提升 5～10 倍，极大地提升了农业收益。新加坡的盛邦裕廊公司与阿波罗水产养殖集团合作，将垂直养殖和种植结合，将鱼类养殖和蔬菜种植在一个闭环的、自我维持的生态系统中，既减少了水、能源和养分的浪费，也提升了生产效益（表 11 - 3）。

表 11 - 3　新加坡现有政府许可的垂直农场与传统农场对比

农场名称	生产作物	传统农耕产量（吨/年）	现有产量（吨/年）	游览方式	经营方式
Sky Greens 天空农场	蔬菜	100	1 000	预约观赏或采摘体验	实体店和网店
Packet Greens 小包农场	蔬菜	10	30	媒体采访	网店
Sustenir Agriculture 支柱农业	蔬菜、水果	5	70	媒体采访	网店和直营粮食专卖店
Upgrown Farming Co. 生长农业	蔬菜和种植技术	10	40	媒体采访	实体店和网店
Apollo Aquaculture Group（F）阿波罗鱼场	鱼	1 400	13 700	预约观赏、抓捕体验	实体店和网店
Apollo Aquaculture Group（C）阿波罗蟹场	蟹	20	400	预约观赏、抓捕体验	实体店、网店、出口
Gills 'N' Claws 鳃与爪蟹场	蟹	30	600	媒体采访	直营餐馆或水产专卖店

资料来源：戴菲，赵文睿，陈宏. 探索垂直农业与都市景观结合的方式——新加坡垂直农场的研究与启迪［J］. 城市建筑，2019（8）.

此外，新加坡的垂直农业与当地特色游园、公共建筑以及居民社区紧密结合联系在一起，作为花园城市建设的一部分。新加坡为把农业更好地融入城市中，将农产品采摘销售、生产加工体验、农家亲子乐等活动植入城市核心地带，并在周围配备完善的城市娱乐设施，吸引市民参与其中。

（四）农业投资多元化

为了保障粮食安全，新加坡也进行多元化的农业投资。早在 2009 年，新加坡农业、食品和兽医局出资 2 000 万美元设立"食物基金"，在国内企业需要海外投资时，该基金能帮助企业推进海外合同养殖和扩展新的采购渠道，提升国内食品的供给弹性。在 2017 年，新加坡政府为农业用途提供约 60 公顷的土地，为国家发展都市休闲农业提供足够的土地保障。

同时，新加坡也积极"走出去"，进行战略性农业投资。2012 年，新加坡政府与中国合作，在中国吉林建设中新食品区，以期吸引全球知名企业投资，打造世界领先的农业示范区。2015 年，淡马锡下属子公司 Singbridge 和正大食品共同出资 40 亿元在中新食品区建立生猪基地，年产生猪达 30 万头，其中三分之一出口至新加坡（王常雄，2018）。

二、马来西亚的都市休闲农业

马来西亚是东盟国家中城市化水平较高的国家之一，也是都市休闲农业发展较早的国家之一。早在1986年，马来西亚政府就投资建成世界上第一个国家级农业公园，占地1 295公顷，被列为马来西亚农业方面的科技示范和生态保护的样板，并以此为依托发展农林业观光旅游。这座位于原始森林的农业公园通过向人们展示农业生产方式和相关农业产品，在无形中提高了全民重视农业生产和生态保护的意识，既能为国内外游客提供了解农业资源的机会，还能为农业相关企业生产者提供借鉴和研究的场所（刘颖等，2011）。马来西亚的都市休闲农业有如下几个特点：

（一）花卉种植与旅游业相结合

在农业观光公园正式投入后，马来西亚政府鼓励将花卉种植与旅游业相结合，促进双向发展。马来西亚的花卉节开始于1992年，在每年7月举办为时一周的花卉展览、比赛、花车游行等活动，吸引世界各地的旅客来此观赏，带动大量旅游收入。花卉节的举办也带动了花卉种植产业，包括花卉育苗的推广、花卉种植、加工、包装以及花卉的进出口，极大地促进了马来西亚的花卉产业发展。马来西亚种植的花卉主要出口到新加坡、欧洲和亚洲等地。

（二）"家庭园艺"式都市农业

除休闲类农业外，马来西亚也在同步发展"家庭园艺"式的都市农业。近年来马来西亚越来越多的农村人口向城市转移，预计至2025年马来西亚的城镇人口占比将达到60%，通过"家庭园艺"可以在一定程度上缓解由城镇化带来的城市食品供应紧张的状态。马来西亚政府积极呼吁各大城市和郊区的市民参与其中，至2020年当地已有约2万个都市农业型社区。市民在自己房屋周围种植的农作物既可以保证无农药、食品安全，又可以为城市提供充足的食物；既可以自己消费，又可以出售。

（三）政府加大支持力度

为进一步推动都市农业发展，马来西亚政府先后出台了多项政策予以支持。其中，2011 年颁布的《国家农业食品政策（2011—2020）》强调要运用科学技术，让农业能在有限空间的城市和郊区发展起来。《国家绿色技术政策（2009）》和《绿色地球计划（2005）》强调要通过技术来提高人们生活质量，最大限度地减少农业对城市环境的影响，呼吁更多的居民能够参与到农业实践中来。

对于有兴趣参加都市农场的成员都可以向当地政府提出申请，地区官员会根据实地情况为市民确定合适的位置、项目规模和类别，给出适当的建议以及一定的启动资金。居民在接受政府的意见与建议后，农业部将为其提供技术指导、种植材料和农业小工具，以此来激励居民。

（四）创新农业模式

近年来随着共享意识逐步深入人心，马来西亚政府启动了"食用花园"和"社区花园"项目；有些地方政府积极推动"社区菜园"计划，其目的是让城市居民参与农业实践，通过技术来推进都市农业的发展。这些项目取得了不错的成绩。此外，马来西亚政府还积极推进垂直农业、水培农业等种植模式，并与当地的大学合作共同研发相关技术，以期将这些更为经济的农业种植方法应用于都市农业中。

第十二章 CHAPTER 12
中国与东盟农业合作现状 ▶▶▶

第一节　农产品贸易

近些年来，中国与东盟都重视农业的发展，双方的农业合作不断深入，农产品贸易大幅增长，农业技术交流日益密切。在"一带一路"倡议下，中国与东盟的农业经贸合作有着广阔的前景。

一、东盟对中国的农产品出口

自 1991 年中国与东盟加强经济联系以来，中国已经成为东盟的第一大贸易伙伴，东盟也成为中国的第三大贸易伙伴。农业合作是中国—东盟自由贸易区建设的重点领域之一，最重要、最直接的形式就是农产品贸易（李斐、杨枝煌，2016）。

在东盟国家中，农产品进出口贸易在其对外贸易中占据重要的位置，而中国正是这些国家农产品贸易的第一贸易伙伴。中国从东盟进口大量的水产品、蔬菜、水果、大米、动植物油类产品等。从"早期收获计划"到中国—东盟自贸区建成，再到践行"一带一路"倡议，中国与东盟之间的农产品贸易无论是在规模还是在产品种类广度方面都有很大提升。如图 12-1 所示，中国从东盟进口的农产品金额从 2017 年的 131.8 亿美元增长到 2019 年的 282.2 亿美元，年平均增长率接近 50%，增长速度较快。

从农产品贸易种类来看，中国从东盟进口的主要产品是动植物油、水产品、食用果蔬、谷物等。其中，中国从东盟进口的动植物油类产品的价值量最大，其次是食用果蔬以及谷物。整体来说，双方的农产品贸易集中于初级农产品，深加工的农产品贸易很少（图 12-2）。

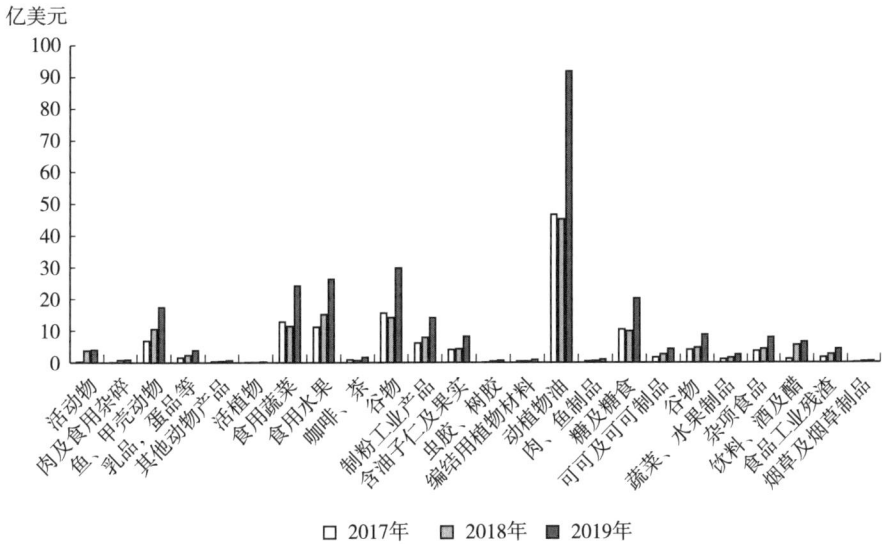

图 12-1 中国从东盟进口的农产品金额

资料来源：UN Comtrade 数据库。

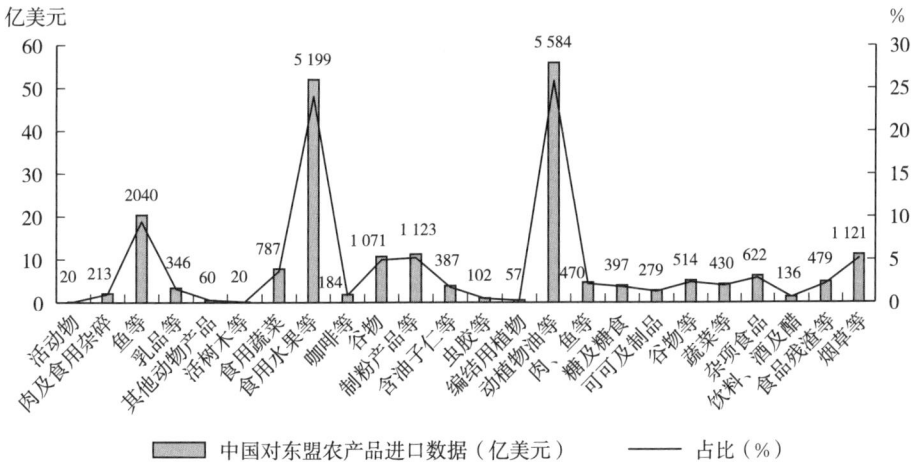

图 12-2 2019 年中国从东盟进口农产品情况

资料来源：UN Comtrade 数据库。

2019 年，中国从东盟进口的动植物油类产品的金额高达 92 亿美元，占进口总量的 33%。在动植物油类中，进口最多的为椰子油、棕榈油等，它们占到动植物油类进口额的 42%。在谷物中，大米是中国进口金额最多的产品；在食用水果中，中国进口榴莲、香蕉、火龙果、山竹、龙眼等热带水果；在水产品中，主要进口对虾、鲶鱼、饲料用鱼粉等。2019 年，中国对东盟国家的谷物、食用水果及水产品进口额分别为 29 亿美元、26 亿美元和 17 亿美元，同比分别增长 85％、74％和 64％，分别占到中国自东盟进口农产品总额的 11％、9％和 6％。

从贸易对象来看，由于泰国、马来西亚、印度尼西亚、菲律宾和越南 5 国拥有丰裕的自然资源，农产品价格具有优势，中国与这 5 个国家的农产品贸易额占到总贸易额的 90％以上。中国从泰国进口的农产品主要为鲜干果类产品，其中榴莲的进口量超过进口总额的 1/3；除了热带水果之外，其他主要进口的农产品有木薯及木薯淀粉、冻鸡肉等。越南、印度尼西亚和马来西亚也是中国的重要贸易伙伴，中国的棕榈油进口量占到印度尼西亚和马来西亚两国该类产品总出口量的 10％以上。

二、中国对东盟的农产品出口现状

中国对东盟的农产品出口规模从 2017 年的 224.4 亿美元增长到 2019 年的 226.2 亿美元，增幅较小。中国与东盟在农产品贸易方面已经形成贸易逆差，并且有不断扩大的趋势（图 12-3）。

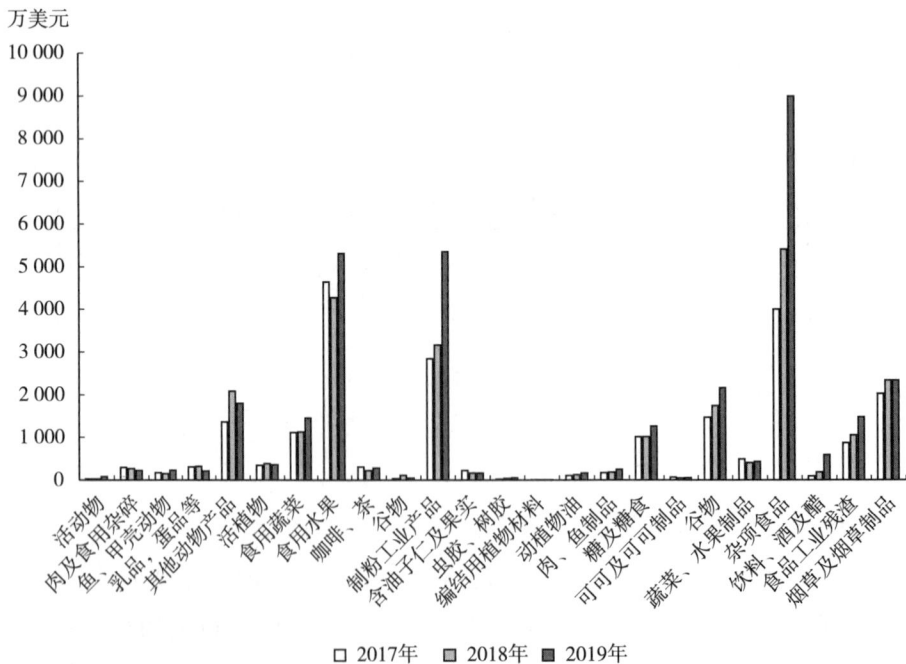

图 12-3　中国对东盟农产品出口额

资料来源：UN Comtrade 数据库。

从中国向东盟国家出口的农产品种类来看，杂项食品（咖啡、茶类、各类食品调料等）、食用水果、制粉工业品以及烟草及烟草制品所占比例较高。杂项食品占中国对东盟的农产品总出口额的 21%，食用水果所占比例为 13%，制粉工业产品占到 13%，烟草及烟草制品占到 5%。在出口占比最大的杂项食品中，主要是咖啡、茶叶、味精、酱油、发酵粉、汤料及其制品等，它们占到杂项食品的大部分。在食用水果出口中，随着中国与东盟国家的交通愈发便捷以及冷链技术的不断完善，水果贸易量也在不断增加，主要品种有苹果、红提、葡萄等，出口市场主要是马来西亚、新加坡、泰国等国家。在制粉工业品中，主要出口小麦粉，这一类产品是东盟国家所缺乏的。从贸易品种上看，中国与东盟间存在一定互补优势。从贸易产品的构成来看，蔬菜、水果和水产品及其制品等初级农产品是出口的前三大类产品，深加工农产品贸易涉及很少（图 12-4）。

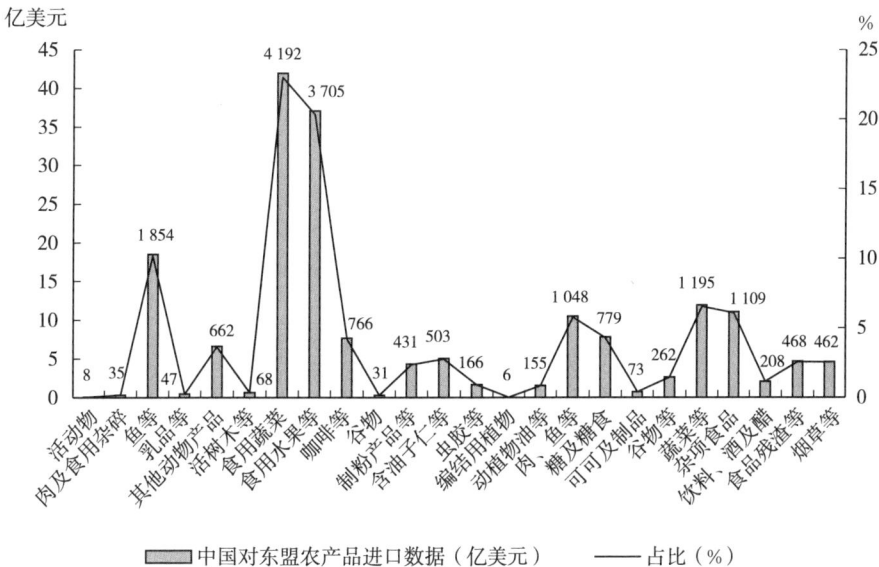

图 12-4 中国对东盟农产品出口情况

资料来源：UN Comtrade 数据库。

三、中国与东盟农产品贸易的互补性

根据近年来中国与东盟国家的农业产品贸易数据计算，发现中国与东盟国家的农产品贸易互补性很强，这一互补性自 2013 年以来逐渐增加。表 12-1

显示了中国与东盟国家之间各类农产品贸易互补性指数的变化情况。其中 HS 编码 1 活动物、4 乳品等、11 制粉工业产品等、14 编织用植物材料等、23 食品工业的残渣及废料等农产品的互补性指数相对较高，说明中国与东盟国家在这些农产品的贸易上需求更大。由于 2013 年是"一带一路"倡议的第一年，中国与东盟国家的农产品贸易受到该政策的影响，加上东盟国家改善了基础设施环境，农业水利建设增加，因此中国与东盟农产品贸易在 2013 年起更加频繁，故农产品贸易互补性指数在 2013 年逐步提高（表 12-1）。

部分农产品的贸易互补性指数较低，是由于我国与东盟地理位置相近，整体经济发展情况类似，因此农产品贸易结构重合部分较多。这也就是为什么近年来我国与东盟国家农产品贸易发展缓慢的原因。

表 12-1 中国与东盟国家农产品的贸易互补性指数

编码	农产品	2010 年	2011 年	2012 年	2013 年	2014 年	2015 年	2016 年	2017 年
1	活动物	0.32	0.33	5.31	2.64	11.24	10.24	10.09	12.86
2	肉及杂碎	0.1	0.17	0.05	1.15	0.06	0.08	0.11	0.21
3	鱼类	2.68	2.41	0.52	28.56	0.45	0.36	0.34	1.05
4	乳品等	0.12	0.11	0.06	1.33	0.10	0.06	0.01	0.17
5	其他动物	4.66	4.38	4.32	46.15	4.87	3.81	4.50	9.30
6	活树木等	0.03	0.07	0.56	0.40	0.62	0.94	1.05	1.84
7	食用蔬菜、根及块茎	1.66	2.1	0.49	4.64	0.50	0.47	0.47	1.13
8	食用水果	0.47	0.56	0.08	6.16	0.07	0.05	0.07	0.22
9	咖啡等	0.18	0.34	0.07	2.24	0.06	0.12	0.08	0.17
10	谷物	0.16	0.12	0.56	0.98	0.92	0.91	0.83	1.70
11	制粉产品	1.39	1.55	1.60	7.75	1.84	1.82	1.87	4.28
12	含油子仁	3.57	3.15	0.10	30.10	0.11	0.12	0.01	0.02
13	虫胶等	2.04	1.66	0.51	17.10	1.09	1.29	1.22	3.60
14	编结用植物等	5.75	18.29	741.65	51.45	482.12	358.29	3 732.7	765.76
15	动植物油	0.18	0.25	0.42	1.81	0.44	3.25	0.44	0.00
16	肉、鱼等	0.28	0.44	0.02	4.30	0.02	0.03	0.03	0.05
17	糖及糖食	0.53	0.63	0.71	6.94	0.70	0.90	2.49	0.00
18	可可及制品	0.04	0.06	1.19	0.60	1.26	1.06	1.04	2.76
19	谷物等	0.37	0.37	0.29	1.67	0.26	0.27	0.29	0.00
20	蔬菜等	0.64	0.92	0.13	6.76	0.14	0.02	0.23	0.55
21	杂项食品	0.46	0.52	0.76	0.58	0.09	0.07	0.06	0.00
22	饮料、酒醋	0.09	0.15	0.11	1.00	0.11	0.14	0.15	0.22
23	食品工业残渣等	1.66	1.19	3.82	13.97	4.73	5.99	3.60	3.09
24	烟草等	0.45	0.93	0.81	8.45	1.25	1.14	1.09	1.90

资料来源：根据 UN Comtrade 数据库整理所得。

第二节　农业投资合作

一、中国对东盟直接投资现状

2019 年，在中国对外直接投资流量的前 20 位国家（地区）中，东盟十国中的七国进入前 20 排名，它们分别是新加坡、印度尼西亚、越南、泰国、老挝、马来西亚以及柬埔寨。中国在这 7 个国家的投资额占到中国对外直接投资总额的 9.5%。东盟国家是中国对外投资的重点区域（表 12 - 2）。

表 12 - 2　2019 年中国对外直接投资流量前 20 位的国家（地区）

序号	国家（地区）	流量（亿美元）	占总额比重（%）
1	中国香港	905.5	66.1
2	英属维尔京群岛	86.8	6.3
3	新加坡	48.3	3.5
4	荷兰	38.9	2.8
5	美国	38.1	2.8
6	印度尼西亚	22.2	1.6
7	澳大利亚	20.9	1.5
8	瑞典	19.2	1.4
9	越南	16.5	1.2
10	德国	14.6	1.1
11	泰国	13.7	1
12	阿拉伯联合酋长国	12.1	0.9
13	老挝	11.5	0.8
14	马来西亚	11.1	0.8
15	英国	11	0.8
16	刚果（金）	9.3	0.7
17	伊拉克	8.9	0.7
18	巴西	8.6	0.6
19	哈萨克斯坦	7.9	0.6
20	柬埔寨	7.5	0.6
	合计	1 312.6	95.8

资料来源：商务部网站。

2019 年，中国对东盟国家的直接投资年末存量为 1 098.91 亿美元，占存量总额的 5%。截至 2019 年，中国在东盟国家的直接投资企业达到 5 600 多家，为当地创造了 50 多万个工作岗位。其中，中国对新加坡的投资存量最多，为 526.4 亿美元，占中国对东盟的总投资额的 47.9%；其次是印度尼西亚，中国对它的投资额占到对东盟国家总投资额的 13%。中国对东盟国家的直接投资占比最少的国家是菲律宾和文莱，占到中国对东盟国家的总投资额的 1%（图 12-5）。

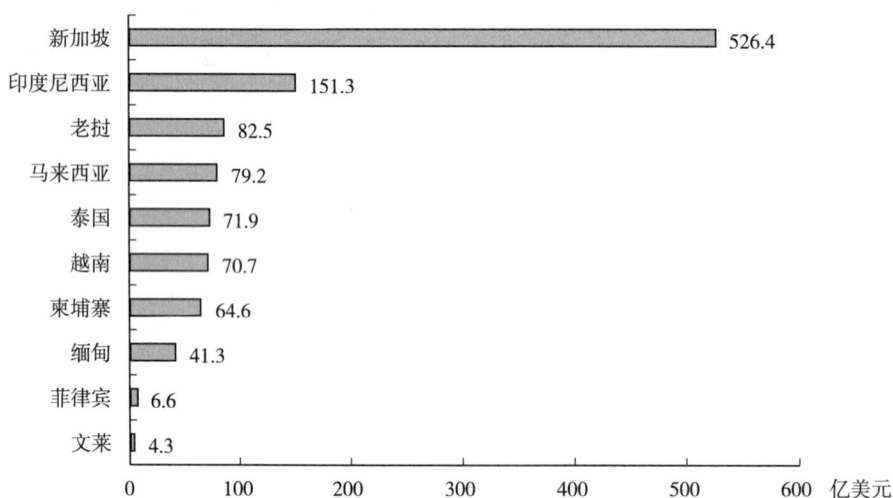

图 12-5 2019 年中国对东盟国家的直接投资存量

资料来源：商务部。

从投资的主要行业构成来看，制造业是中国对东盟国家直接投资的第一大行业，2019 年的投资额为 265.99 亿美元，占 24.2%，主要分布在印度尼西亚、越南、马来西亚、泰国、新加坡、柬埔寨、老挝等国家；农林牧渔业的投资额为 53.61 亿美元，占对东盟国家的直接投资总额的 4.9%，主要分布在新加坡、老挝、柬埔寨、印度尼西亚等国家。可见，在中国对东盟国家的直接投资中，农业投资占比还比较少，但是呈现增长趋势，未来这一领域具有很大的投资潜力（表 12-3）。

表 12-3 2019 年中国对东盟国家的直接投资的行业分布

行　　业	存量（亿美元）	比重（%）
制造业	265.99	24.2
租赁和商务服务业	188.52	17.2
批发和零售业	178.11	16.2
电力/热力/燃气及水生产和供应业	94.99	8.6
建筑业	79.08	7.2
采矿业	77.04	7

（续）

行　业	存量（亿美元）	比重（%）
金融业	68.85	6.3
农/林/牧/渔业	53.61	4.9
交通运输/仓储和邮政业	37.89	3.4
房地产业	16.08	1.5
科学研究和技术服务业	12.21	1.1
信息传输/软件和信息技术服务业	11.89	1.1
居民服务/修理和其他服务业	4.9	0.4
教育	2.59	0.2
卫生和社会工作	2.26	0.2
其他行业	4.89	0.4
合计	1 098.91	100

资料来源：商务部网站。

二、中国对东盟的农业投资现状

（一）中国对外农业投资现状

近些年来，中国在农业领域的对外直接投资的增长速度高于整体的对外直接投资的增长速度。在 2011—2016 年间，中国对外农业直接投资流量保持快速增长，从 7.9 亿美元增长到 32.9 亿美元，年均增长率高达 62%。在 2017—2019 年间，中国对外农业直接投资流量处于一个较稳定增长的水平（图 12-6）。

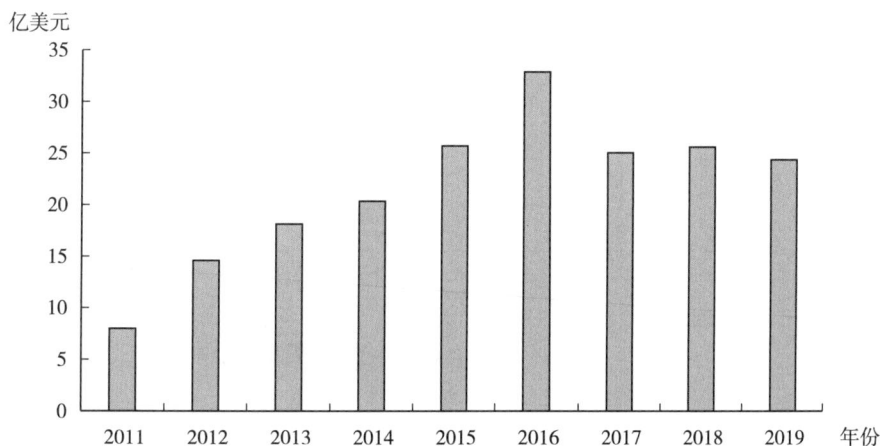

图 12-6　2011—2019 年中国对外农业直接投资流量分布情况

资料来源：《2019 年中国对外投资合作分析报告》。

随着中国农业"走出去"战略不断深化，中国对外农业直接投资存量从 2011 年的 34.21 亿美元增长到 2019 年的 196.7 亿美元，年均增长速度高达 47%，保持较快增速（图 12 - 7）。

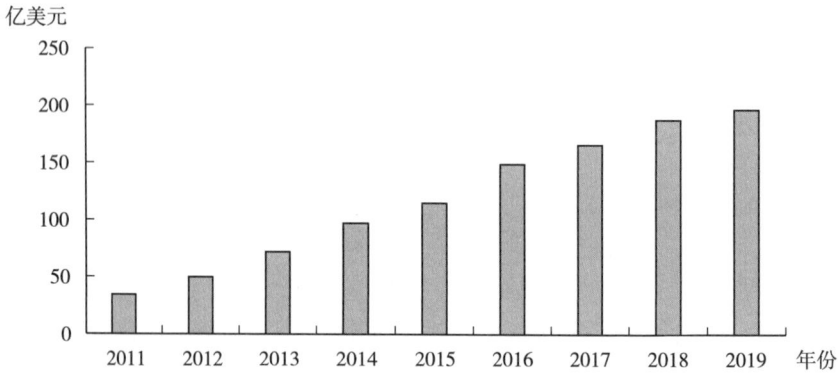

图 12 - 7 2011—2019 年中国对外农业直接投资存量分布情况

资料来源：《2019 年中国对外投资合作分析报告》。

2019 年，中国对外农业投资流量总额为 197.2 亿美元，同比增长 13.8%。从不同地区分布来看，对外农业投资主要流向欧洲，投资存量额为 75.5 亿美元，占对外农业投资总额的 38.3%；其次是亚洲，投资存量额为 71.3 亿美元，占对外农业投资总额的 36.2%。中国对外农业直接投资集中在这两大区域（图 12 - 8）。

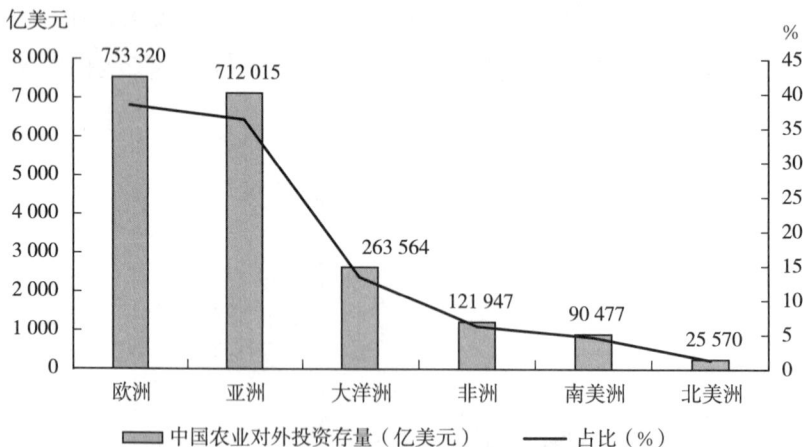

图 12 - 8 2019 年中国农业对外投资存量区域分布

资料来源：《2019 年中国农业对外投资合作分析报告》。

从投资的国家（地区）分布来看，瑞士、澳大利亚、印度尼西亚是中国对外农业投资存量排名前三位的国家。在投资存量排名前十的国家中，有三个是东盟国家，分别是印度尼西亚、老挝以及缅甸，2018 年中国对这三国的农业投资总额高达 34.5 亿美元，占中国对外农业投资总额的 17.5%，占中国对亚洲区域农业投资总额的 45.7%，中国对亚洲的农业投资集中在东盟国家（图 12 - 9）。

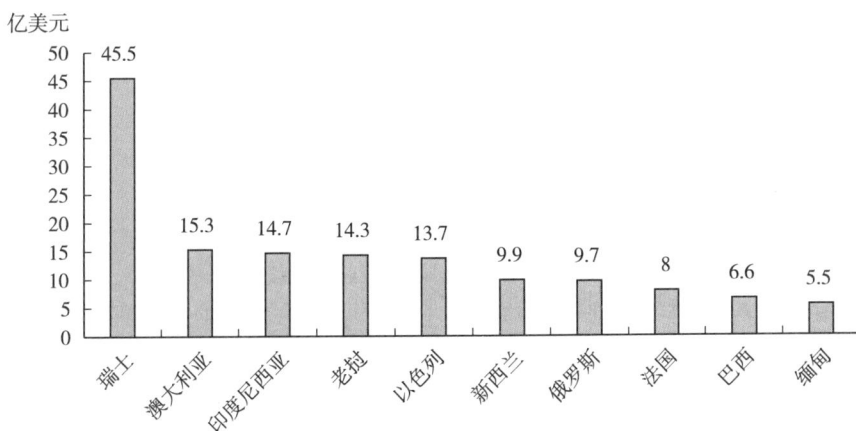

图 12 - 9　2018 年中国对外农业投资存量前十位的国家

资料来源：《2019 年中国农业对外投资合作分析报告》。

（二）中国对东盟国家农业投资现状

中国与东盟国家地理位置邻近，在农业投资合作方面具有优势。随着中国对外投资战略的深入发展，东盟成为中国对外农业直接投资的主要地区。中国对东盟的农业投资重点是农资产品生产、农产品加工、农业种植等方面（尹豪等，2015）。例如，截至 2020 年 10 月共有 1 562 家国内外企业投资老挝的农林领域，投资总金额 42 亿美元（注册资金 26 亿美元），特许经营土地面积 20.8 万公顷。其中外国公司 515 家，投资总金额 22 亿美元（注册资金 8.8 亿美元）。主要投资国为中国、欧盟、越南、泰国、日本、马来西亚、印度尼西亚和韩国等。其中，中国位列第一，共有 239 家公司，投资总金额约 5.9 亿美元；越南第二，共有 60 家公司，投资总金额约 2.7 亿美元；泰国第三，共有 60 家公司，投资总金额约 2 亿多美元。

2018 年，中国对东盟国家的农业投资流量为 6.0 亿美元，占中国对外农业投资流量总额的 27.5%。截至 2018 年底，中国对东盟国家的农业投资存量为 50.5 亿美元，占中国对外农业投资存量的 25.6%。从行业分布来看，其中经济作物领域的投资为 25.5 亿美元，占比 50.5%，占农业投资额的一半。中国企业的投资集中在天然橡胶、油棕、椰子、蕉麻等经济作物的种植以及加工。2018年中国对东盟农业投资的第二大领域是林业，投资额为 5.9 亿美元，占比 11.8%；渔业是投资最少的行业，投资额为 1.3 亿美元，占比 2.6%（图 12 - 10）。

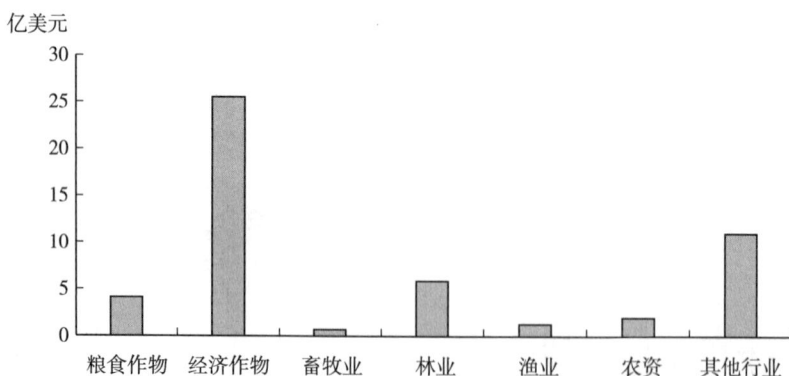

图 12 - 10　2018 年中国对东盟国家农业投资存量行业分布

资料来源：《2019 年中国农业对外投资合作分析报告》。

2018 年，中国在东盟国家投资成立了 365 家农业企业，占境外设立的农业企业总数的 41.1%。其中，中国企业主要分布在老挝（85 家）、缅甸（81 家）、印度尼西亚（52 家）和柬埔寨（50 家）；投资流量排名前三位的国家分别是老挝（2.4 亿美元）、缅甸（1.4 亿美元）和印度尼西亚（1.4 亿美元）；投资存量排名前三位的国家分别是印度尼西亚（18.2 亿美元）、老挝（13.4 亿美元）和泰国（11.1 亿美元）（表 12 - 4、表 12 - 5）。

表 12 - 4　2018 年中国对东盟主要国家的农业投资

国家	企业数（个）	投资流量（万美元）	投资存量（万美元）
老挝	85	240 007.1	142 683.8
缅甸	81	13 876.4	55 551.1
印度尼西亚	52	13 845.1	146 519.5
柬埔寨	50	3 367.4	47 441.3

资料来源：《2019 年中国农业对外投资合作分析报告》。

表 12 - 5　2018 年中国对东盟国家的部分农业投资项目

项目地点	项目名称	项目总额（万美元）	项目类型
马来西亚	14 156 公顷油棕园地出售	5 784	股权投资
	综合畜牧业中心项目	10 000	股权投资
	家禽饲养项目	7 000	股权投资
	养羊业	—	股权投资

（续）

项目地点	项目名称	项目总额（万美元）	项目类型
柬埔寨	农业经营、甘蔗行业及蔗糖加工厂	2 136	其他类型
菲律宾	木薯加工厂	300	其他类型
	清真宰鸡厂	500	其他类型
文莱	文莱农业技术园区	10 000	其他类型
	文莱 Salambigar 工业园藻类养殖和虾青素提炼加工项目	10 000	其他类型
	Pelong Rocks 外海养殖区	10 000	其他类型
	文莱特里塞工业园高科技农业经济区	10 000	其他类型
	文莱石油化工产业园区	1 000	其他类型
	文莱医药传统种植加工产业园区	—	绿地投资
	文莱藻类养殖和虾青素提炼加工项目	—	绿地投资
	文莱高科技农业经济区	—	绿地投资

资料来源：根据商务部项目投资信息库整理。

（三）中国对东盟农业投资特点

中国对东盟国家的农业投资呈现以下特点：一是投资增长快，投资水平较低。即使在中国对外投资流量走低的 2017 年，中国对东盟农业投资依然实现了 66.6％的强劲增长（陈静，2018）。但相较于其他行业，农业投资规模明显偏小，2019 年中国对东盟农业投资额仅占对其总投资额的 4.9％。

二是投资的国别差异大。中国对东盟国家的农业投资集中在印度尼西亚、泰国、老挝、柬埔寨等国家，其他国家的投资潜力有待挖掘。以印度尼西亚为例，中国企业大多投资渔业、种植业以及加工业。渔业投资企业主要为福建省的企业，如福建宏龙海洋水产有限公司和远洋渔业集团有限公司，两家企业在印度尼西亚累计总投资额为 3.34 亿元人民币。广西农垦明阳生化集团股份有限公司在印度尼西亚投资生产木薯。广东省广垦橡胶集团有限公司在东盟多个国家投资橡胶种植与加工产业。

三是投资领域广。中国对东盟国家的农业投资从简单的农业生产发展到加工、仓储、物流和贸易等方面，主要投资分布在粮食和油料作物种植、畜牧产品养殖、水产等领域。

（四）中国对东盟农业投资的主要企业

2018 年，中国共有 674 家境内机构在境外投资，设立农业企业 888 家，境外企业数量同比增长 4.3%。其中，在境外设立 1 家农业企业的境内机构有 592 家；在境外设立 2~8 家企业的境内机构有 79 家。在境外设立 9 家和 18 家企业的分别是中国农垦集团有限公司和广东省广垦橡胶集团有限公司。

1. 中国农垦集团有限公司

中国农垦集团有限公司（简称中国农垦集团）成立于 1980 年，是经国务院批准成立并由原农垦部组建的中央企业，先后直属于农垦部、农牧渔业部、农业部、农业农村部。中国农垦集团积极探索实施"走出去"战略。它在东盟国家的投资集中在橡胶种植及加工产业，通过在大湄公河次区域国家投资建设橡胶等种苗基地、示范种植基地及加工厂，开展生产、加工和产品销售等业务，带动当地农户发展。经过 30 多年的发展，中国农垦集团承担 3 个援外项目，直属和控参股境外企业 20 多家，主要分布在非洲、大洋洲和东欧等地区。2018 年，中国农垦集团对外投资 152.8 万美元，累计投资（投资存量）3 776.8 万美元。在澳大利亚、柬埔寨、乌克兰、赞比亚和坦桑尼亚等国家设立农业企业 9 家，营业收入达 836.2 万美元。中国农垦集团对外投资集中在种植业，2018 年种植业投资为 152.8 万美元。2018 年中国农垦集团对外农业投资企业的粮食作物总产量为 11 259 万吨，主要粮食作物是小麦和玉米，投资分布在乌克兰和赞比亚。

2. 广东省广垦橡胶集团

天然橡胶与石油、钢铁、煤炭并列为四大工业原料和战略物资。中国是全球最大的橡胶消费国，但受自然条件限制，仅在海南、云南、广东等少数地区种植橡胶。橡胶业是中国对东盟投资的重要产业之一。广垦橡胶集团是 2002 年经农业部批准成立，由广东省农垦集团公司控股，集天然橡胶种植、加工、贸易及科研于一体的大型跨国集团企业，是中国农业产业化重点龙头企业，也是中国投资东盟国家的典型代表。自 2005 年以来，广垦橡胶集团积极践行"走出去"战略，在海外构建起集科技研发、种苗繁育、种植基地、精深加工、仓储物流和国际贸易于一体的全产业链体系，是中国最大规模的海外橡胶种植与加工的企业（撒晓宇、赵霞，2018）。

泰国是广垦橡胶集团境外投资的第一站。泰国的橡胶产量和出口量位居世界前列，泰国政府也大力支持橡胶种植与加工产业的发展。2005 年广垦橡胶集团在泰国设立了广垦（沙墩府）有限公司天然橡胶加工项目，2007 年广垦橡胶集团在泰国开始建厂。2016 年广垦橡胶集团并购了全球第三大橡胶生产企业——泰国泰华树胶大众公司，它使得广垦橡胶集团的天然橡胶加工能力达到 150 万吨，拥有橡胶种植面积达 200 万亩，成为全球最大的天然橡胶全产业链经营企业。从 2005 年到 2018 年，广垦橡胶集团在全球市场中的销售份额由 0.3% 提高至 10.3%。

近十年来，广垦橡胶集团在东盟国家累计投资 2.1 亿美元，建有 9 家橡胶加工厂、5 个橡胶种植基地、2 个橡胶贸易公司和 2 个种苗培育中心，在泰国、马来西亚、印度尼西亚建立了 5 家年产超过 20 万吨的橡胶加工厂，并在马来西亚拥有超过 4 万公顷橡胶园。广垦橡胶集团为当地提供了近 2 万个就业岗位，培训技术工人 2 万多人次。

3. 云南通海宋威农产品进出口有限公司

云南通海宋威农产品进出口有限公司成立于 2005 年 5 月，集种植、加工、销售于一体，主要从事保鲜果蔬产品的加工和出口。公司经营的产品有花椰菜、西兰花、荷兰豆、娃娃菜、甘蓝、白菜、苹果、葡萄、柑橘等，产品先后出口到泰国、越南、马来西亚、新加坡、缅甸等。云南通海宋威公司以"公司＋基地＋农户＋标准＋管理制度"的产业化运作机制，成功进入到以泰国为中心的东盟市场，成为中国农业"走出去"的典型代表（王劲松等，2014）。

早在 2000 年，通海宋威公司就将其蔬菜及农副食品打入泰国曼谷的蔬菜市场。2001 年公司先后在西蒙蒙市场、曼谷答腊台市场、北空市场等泰国最大的蔬菜批发市场设立保鲜蔬菜销售点，并与泰国的 100 多家连锁超市签订了长期供货合同。通海宋威公司于 2008 年在泰国投资 700 万美元设立泰国宋威农产品进出口贸易有限公司，建立了 600 平方米的加工车间和冷藏库房，购进 10 台运输车辆，实现了通海宋威公司的产品在泰国市场的直销。除了开拓泰国市场，通海宋威公司还先后开拓了越南、马来西亚、新加坡、缅甸和柬埔寨等市场，产品备受客户青睐。2015 年通海宋威公司实现产品销售总量 7 万多吨，实现出口创汇 1.7 亿美元。2017 年，通海宋威公司的果蔬出口备案基地面积达 4 667 公顷，实现了出口创汇 6 344.4 万美元，其中出口泰国的果蔬产品 1 334.74 万美元，出口越南的果蔬产品 2 638.83 万美元，出口缅甸的果蔬产品 2 370.83 万美元，直接带动 2 万多农户发展。

4. 天津聚龙嘉华投资集团有限公司

天津聚龙嘉华投资集团有限公司（简称"聚龙公司"）是一家集油料作物种植、油脂加工、港口物流、粮油贸易和油脂产品研发为一体的全产业链跨国油脂企业。它在国内建立了三大油脂集散地：天津港保税区的生产基地、江苏省泰州市靖江粮食物流产业园区的生产基地、广东省东莞市虎门港的生产基地。

2006 年，聚龙公司开始在印度尼西亚投资兴建棕榈种植园，先后投资开发建设总面积近 1.33 万公顷的棕榈种植园，并配套建有 3 个压榨厂、2 个河港物流仓储基地和 1 个海港深加工基地。聚龙公司的大宗原料油已进入印度尼西亚、印度、韩国市场。2013 年聚龙公司投资建设印度尼西亚聚龙农业产业合作区，并在加里曼丹岛建设子园区，年产棕榈毛油超过 10 万吨。经过多年发展，聚龙公司已成为中国国内最大的棕榈油进口企业和最大的油脂综合加工企业。中国每年进口的棕榈油产品中有五分之一来自聚龙公司。

第三节　农业生产与技术交流

中国与东盟国家的农业生产与技术交流合作主要有政府主导模式、企业主导模式以及农业科研院所主导模式三种。

政府主导的农业合作模式：政府主导型农业科技合作模式是指由政府牵头组织并有针对性地解决双方农业发展过程中出现的各种问题的模式。例如，在政府推动下建设的农业科技示范园项目就是典型例子，它发挥着科技引领和示范效应的作用，成为中国与东盟农业交流与合作的助推器。中国政府主导的农业合作包括三大方面：一是政府搭建的官方农业合作与交流平台以及签订的农业合作协议；二是政府主导下建设的农业技术示范项目和示范基地；三是政府对外援助型的农业技术合作项目。

企业投资带动的农业科技合作模式：在"一带一路"倡议下，越来越多的中国农业企业开展对外投资，成为中国与东盟农业合作的重要模式。中国企业对东盟的农业投资逐步从农业种植发展到农产品加工、农业技术研发、人力培训等方面。一是中国企业在东盟国家建立农业示范基地和农作物优良品种试验站，积极开展农业技术培训和农作物改良技术指导服务等业务；二是中国企业在东盟国家建立农作物原料生产基地，由中国企业提供资金和技术，结合利用东盟国家丰富的土地资源和劳动力资源大力发展境外农作物原料生产基地；三是由中国企业建立跨境农业技术示范产业园。中国企业充分发挥自身的技术和资本优势，对东盟国家的农业初级产品进行深加工，构建跨境农业产业链分工体系。

农业科研院所推动的技术交流与合作模式：中国的农业科研院所充分利用国内农业科研机构在技术、人才和信息等方面资源优势，积极开展农业技术研发、农业技术培训和农业技术推广等方面的技术交流合作，在中国与东盟跨境农业科技合作中扮演着重要角色。主要合作形式有：一是举办国际农业科技合作交流论坛；二是组织建设境外农业科技示范基地；三是面向东盟国家举办农业技术培训班；四是设立对外农业技术转移服务的项目实施载体，促进农业技术对外转移交流；五是开展中国与东盟国家的农业科研院所间的交流与合作。

一、农业技术合作

农业技术合作是中国与东盟国家的重要合作内容之一。中国与东盟国家在农业资源条件方面既有相似之处又有互补之处，双边的农业贸易与投资潜力大。早在 2002 年，中国与东盟签署《中国—东盟农业合作谅解备忘录》，双方通过农业技术交流、人才培训、试验示范等多种方式在多个农业领域开展合作，先后开展了杂交水稻等农作物栽培技术的交流与合作；动物营养与饲料加工、动物疫病监测与控制的技术交流与合作；淡水养殖与海洋捕捞领域的技术交流与合作；橡胶苗木培育和天然橡胶加工领域的技术交流与合作等。2012 年启动的"中国—东盟科技合作伙伴计划"有力地促进了双方的农业技术合作。中国为东盟国家先后举办农业技术与管理培训班 260 多期，吸引东盟国家 4 000 多名农业管理和技术人员参加，为区域农业发展提供了有力支撑（表 12-6）。

东盟部分国家尽管拥有优越的自然条件和农业资源，但是农业基础设施差、农业机械设备陈旧、农业技术开发与利用薄弱，这些不利因素限制了它们的农业发展。中国作为农业大国，在农产品种植、养殖、农业机械制造和农业科技推广等方面积累了大量的技术和资源。中国与东盟国家优势资源互补，合作潜力大。

1. 中菲农业技术中心项目合作

2003 年中菲农业技术中心竣工，中心是由中国政府无偿投入 500 万美元建设的农业技术发展项目。2003—2008 年，中国又投入 100 万美元并派遣 9 名农业专家在菲律宾开展杂交水稻和农机领域的技术合作。第三期农业技术合作培训项目于 2018 年展开，为期三年，由中国商务部、中国驻菲使馆与菲律宾财政部、农业部共同主管，实施单位为袁隆平农业高科技股份有限公司和菲律宾中吕宋大学，为菲律宾提供杂交水稻制种、栽培、机插技术等现场培训。截至目前，该项目已经培训了 1 000 多名菲律宾的农技人员。

2. 中—老合作农业试验基地

2012 年 9 月，中老两国共同签署的《2012—2013 年中国—老挝农业合作工作计划》，双方同意合作共建中国—老挝合作农作物优良品种试验站，中国农业部与老挝农林部决定以广西农业职业技术学院与老挝占巴塞省农林厅在巴松市合作共建的中国—老挝合作农业试验基地为基础，由广西农业职业技术学院和老挝国家农林研究院在老挝万象共建中国—老挝合作农作物优良品种试验站，在原中国—老挝合作农业试验基地设立试验站巴松分站，并在广西农业农村厅的支持下，建设中国（广西）—老挝农作物优良品种试验站。截至 2019年，试验基地共举办培训班 25 期，培训老挝技术人员 1 113 人次，另安排 7期 131 人次到中国培训。试验基地将许多中国农业科技成果在老挝进行推广，为老挝的农业增产做出了贡献。

表 12-6 中国部分省份与东盟国家农业技术合作情况

省份	依托单位	合作内容	对接国家
广西	广西亚热带作物研究所	葛根种植与加工技术	柬埔寨
	广西农业科学院	建立联合防控实验室，进行病虫害防治研究	越南
	万川种业有限公司	农作物新品种推广与销售	越南
	西双版纳州农业局	签订动物预防控制合作项目协议，动物疫病预防控制区域合作	老挝
	南宁邦尔克生物技术有限公司	啤酒制造的酶制剂应用技术	越南
	广西农业职业技术学院	建立优良品种试验站，品种实验与推广，农业技术人员培训	老挝
	广西农业科学院	建立中越农业科技示范项目，进行水稻、玉米、蔬菜等农作物新品种和新技术的集成示范	越南
云南	云南农业大学	建立中缅农业研究院，围绕水稻、玉米、马铃薯、豆类等缅甸主要农作物新品种和新技术集成示范	缅甸
	云南省热带作物研究所	成立橡胶科技合作中心，开展橡胶的合作研究，试验示范，技术交流与培训	老挝
	云南省农业科学院粮食作物研究所	围绕水稻品种需求、产量及栽培技术展开合作	泰国

（续）

省份	依托单位	合作内容	对接国家
上海	荣和船舶融资租赁有限公司	海洋资源开发合作	马来西亚
安徽	江淮园艺科技有限公司	进行蔬菜种植资源的引进与筛选，开展蔬菜新品种栽培示范及病虫害防治技术研究	印度尼西亚
湖北	洛克希德无人机研究院	无人机喷洒有机化肥和农药技术	印度尼西亚
湖南	湖南省商务厅	打造天然橡胶链，进行橡胶加工与销售	老挝
	袁隆平高科技股份有限公司	建立农业技术示范中心，开展杂交水稻实验示范与新品种研究	菲律宾
浙江	浙江省农业农村厅	建立种猪示范场，对有关人员进行培训	柬埔寨
海南	海胶集团	橡胶生产与加工，开展全面技术合作	老挝
	中国热带农业科学院	举办东盟国家自然橡胶生产与加工技术培训班	东盟各国
广东	广东省农业科学院蚕业与农产品加工研究所	蚕、桑、蚕药新品种的示范与推广	泰国
四川	四川省农业厅	建立中缅农业技术合作示范园，开展农业技术示范、培训和支持	缅甸
江苏	农村农业部南京农业机械化研究所	水产饲料加工装备技术和水产养殖装备技术培训	越南

资料来源：朱月季、胡晨、李佳莲（2018）。

中国陆续在柬埔寨、老挝、马来西亚和菲律宾等国开展了玉米种植、户用沼气推广、橡胶苗木生产、园艺作物栽培、饲料加工、种猪生产等示范项目，展示了中国优良品种及栽培管理技术。中国与东盟国家在杂交水稻种植、杂交玉米种子生产、水产养殖、动植物疫病防控以及农业机械开发与利用等方面建立起深厚的合作基础，为东盟国家提供了大量的农业技术服务（刘志颐、王锐，2018）。

二、农业种植技术合作

中国与东盟国家的农业种植技术合作涵盖了杂交水稻培育与种植、水果与蔬菜的新品种培育与种植以及橡胶种植与加工等多个领域。尤其是中国的广西、云南等省份在开展与东盟国家的农业种植技术合作方面走在前列。它们与东盟国家在地理位置上邻近，气候相似，开展与东盟国家的农业种植技术合作有较大优势。

广西壮族自治区已分别与泰国、越南、菲律宾、马来西亚等国开展了热带经济作物和水稻种植资源引进、优良品种选育和推广等方面的合作。广西的杂交水稻品种已经在越南、老挝等得到推广。2015年，中国广西万川种业有限公司在越南合作推广新杂交水稻品种1 200吨、玉米500吨、蔬菜200吨，已经成为广西出口东盟国家种子数量最大的种子企业（朱月季等，2018）。同时，在印度尼西亚试验的杂交水稻种植示范组合相比当地品种实现大幅增产，杂交水稻种植在当地得到推广。除此之外，广西还开展了水果等优良品种在东盟国家的培育与推广种植（柳岸林，2005）。例如，广西的龙州、宁明、大新、防城等与越南的下琅、海河等县合作发展跨境甘蔗、木薯种植基地4 333公顷；广西明阳集团、格霖公司等企业，在越南边境建立的蔬菜、剑麻、木薯及马铃薯生产加工基地达1 333公顷。

云南省的企业和相关机构也在东盟国家开展了水稻和蔬菜种植、橡胶种植与加工以及海产品加工的合作（柳岸林，2005）。云南农业大学在东盟国家开展以农业种植养殖技术为主的开发合作。2009年，云南农业大学与老挝农林部合作建立"中国云南农业大学老挝玉米科技示范园"，此后云南农业大学与多个东盟国家的大学和科研机构开展了项目合作，已经在东盟各国审定玉米新品种21个，推广33万公顷，增收8.8亿元。

近年来，海南省也加强了与东盟国家在热带农业领域的合作，确定了中国与东盟的农业生物技术合作项目，并在超级杂交水稻育种、新种质创建以及转基因植物研究等方面取得一定成绩，有力地带动了东盟国家的农业发展。

三、农业机械开发合作

近年来，中国农机产品出口量逐年增加，中国的农机产品在东盟市场的出口金额占到中国总出口金额的近20%。东盟是中国农机产品出口的重要市场。中国的小型水田农业机械在东盟国家非常适用，柴油机、拖拉机、农用运输车、粮油加工机械、畜牧饲料加工机械、灌溉机和脱粒机等在东盟市场具有性价比优势。在缅甸、老挝以及越南等国，农业生产还多以传统方法进行，其机械化程度较低，对中小型农机如农用拖拉机、联合收割机、脱粒机及各类农机零配件均有较大需求，市场潜力较大。我国在中小型农机开发与制造方面具有一定的成本和技术优势。

近年来中国加强了与东盟国家在农机装备制造领域的合作，中国企业开始尝试在这些传统农业国家建立农机研发、生产基地，建设一批农机销售、培训和维修服务示范中心。广西作为中国与东盟开放合作的前沿和窗口，它在农机开发合作方面发挥了重要作用。广西坚持"小农机、大作为"发展目标，它的农业综合机械化水平已经提升到中等发展水平。与此同时，广西加大扶持力度，促进农机企业转型升级，加快建设中国—东盟农机交易大市场，促进农机产品、配件、培训等方面的深度交流合作，更好地为东盟国家提供优质农机。

四、农产品加工合作

东盟政府鼓励、扶持国外企业到当地投资发展农产品加工，整合当地资源，发展农业种植及加工生产。农产品深加工是中国与东盟合作的又一个重点区域，一方面能够提升投资企业的效益，另一方面也能促进东盟国家的食品加工与制造业的发展，带来更多就业岗位和收入。中国一些企业已经在东盟国家投资设厂，从事食品加工等生产。农产品深加工行业是中国与东盟国家未来合作的朝阳产业（吕玲丽、邓覃宇，2019）。

五、农业技术人才交流与培训

中国与东盟通过多种形式开展农业技术人才培训，促进双方的农业发展。2012 年 9 月中国和东盟联合启动"中国—东盟科技合作伙伴计划"，双方互派农业科技考察交流团，举办农业科技论坛和研讨会，在农村能源、水稻机械化生产、水果质量标准与国际贸易等领域广泛交流。除此之外，中国还为东盟国家多期举办农业技术与管理培训班，吸引东盟国家 4 000 多名农业管理和技术人员参加，为区域农业发展提供了人力资源支撑。中国还通过农业技术试验示范项目开展农业机械与栽培管理技术的培训，为东盟培训了数千名农业领域的管理人员与技术人员。2019 年由中国商务部和缅甸农业、畜牧与灌溉部合办，袁隆平农业高科技股份有限公司承办的"缅甸杂交水稻技术海外培训班"举行，有 60 名来自缅甸农业领域的官员、技术人员、种植大户参与了培训。中方和缅方人员交流了大米种植技术，有助于缅甸提升杂交水稻种植，扩大大米产量，增加出口。

广西、海南等地还专门设立了针对东盟国家的农业技术人员培训班。例如，2008 年，由海南省商务厅申报、中国热带农业科学院举办"东盟国家天然橡胶生产与加工技术培训班"，针对橡胶育种技术、胶园营养诊断和施肥技术、橡胶加工技术等相关内容进行交流与培训（朱月季等，2018）。2018 年广西启动"东盟杰青入桂计划"，共吸收 12 名东盟国家的农业科技领域的人才来华交流合作。

除了中国积极与东盟交流自身具备优势的种植技术、养殖技术以及防疫技术等之外，东盟各国也将其热带水果、作物以及橡胶种植等技术传授给中国技术人员。

第四节　中国与东盟的农业合作与发展协议

2002 年 11 月 4 日，中国与东盟正式签订《中国与东盟全面经济合作框架协议》，其中第六条关于"早期收获"的规定要求逐步降低和取消农产品的进口关税。2005 年 7 月 20 日，中国—东盟自由贸易区降税进程全面启动，这标志着《货物贸易协议》正式进入了实施阶段，进一步消除中国与东盟的贸易壁垒。2013 年在东盟与中日韩第十三次会议上，农业部副部长与东盟十国农林部长共同签署了《中国与东盟各成员国关于食品与农业合作的谅解备忘录》，各方加强区域内粮食安全、农业和林业等领域合作。

2020 年 11 月 15 日，中国与包括东盟十国在内的 14 个国家签署了《区域全面经济伙伴协定关系》（RCEP）协定。RCEP 要求降低贸易壁垒，促进成员间的农产品贸易发展。RCEP 的实施将有利于中国优势农产品的出口，扩大进口选择，优化中国企业的境外农业产业布局，给中国农业发展带来更大空间。

除了中国与东盟签订的《中国与东盟全面经济合作框架协议》《货物贸易协议》外，中国还与印度尼西亚、柬埔寨、老挝、缅甸、马来西亚、菲律宾、新加坡、泰国和越南单独签署了许多合作协议，促进双方的农业合作，积极开展农业科研、农业资源开发、农业产业园区建设等工作，为中国与东盟国家农业奠定基础。中国与东盟成员国签署的协定详见附录。

第十三章 CHAPTER 13
东盟农业发展的经验、问题及启示 ▶▶▶

第一节 东盟农业发展的经验

一、外向型农业带动经济发展

东盟国家农业发展的一个重要经验就是重视出口农业发展,尤其是泰国、马来西亚、印度尼西亚以及近期出口贸易表现优异的越南。根据联合国贸易数据库(UN Comtrade)统计,2019 年东盟国家的农产品出口总额超过 1 400 亿美元。出口农业发展不仅为东盟国家带来大量的收入,也促进了农业发展转型。一方面,出口收入可以反馈农业生产投资,支持农户购买良种、农业机械,进行农业生产的改造;另一方面,出口农业也要求更高的产品品质,特别是出口到欧美日韩等市场的蔬菜、水果以及木制品等。更高的产品质量要求也促使农户建立更高标准的生产方式。例如,菲律宾为香蕉产品的生产建立一套完整且先进的生产链,特别是冷链仓储与快速物流系统等;马来西亚等国在木材采伐与生产加工方面也建立一系列严格、规范程序,积极获取国际产品标准认证;泰国积极向有机农业发展转型;印度尼西亚和马来西亚的棕榈油生产在政府、国际组织、供应商以及用户的共同努力下逐步建立起一套获得国际认可的可持续发展生产标准。还有一些国家的农产品生产也采用了良好农业规范(GAP),为农业的可持续发展以及建立国际品质声誉奠定了基础。

东盟国家的农业出口发展由多个因素推动实现。首先,它的地理位置独特,热带农业资源丰富,使得它的农业生产具有很大的先天优势。其次,悠久的种植历史不仅带来了国际声誉与市场,也流传下来宝贵的生产技术与操作方法。橡胶、咖啡、棕榈等都在东盟国家有较长的种植历史,早在殖民时期,英、法、荷、西殖民者在东盟国家建立了很多种植园，并引入较为规范的生产体系和制度。东盟国家独立之后，一些生产方法和技术延续下来，并得到发展。第三，政府非常重视优势农产品的出口，采取了多项政策措施促进出口。泰国农业产值占 GDP 约 8% 左右，泰国是世界上主要的农产品出口国之一，包括大米、橡胶、水果的产品具有国际竞争优势，农业出口额约占总出口额的 8%。1998 年泰国成立了农产品出口促进中心（APEPC），并由农业与合作社部的农业司管理，专门负责农产品的出口管理与贸易促进业务。泰国驻外机构与农业与合作社部也开展各种对外交流合作，大力推荐泰国农产品，并将线上交易与线下交易相结合，拓展市场。马来西亚设有联邦农业销售局（Federal Agriculture and Marketing Authority，FAMA），专门负责向国内和国际市场推广和销售农产品，如水果、蔬菜、燕窝及加工产品等。印度尼西亚政府为了支持棕榈油行业发展，也是多次下调棕榈油出口关税。越南的农业与农村发展部与工贸部、地方政府多方协调，积极为农产品出口提供各种便利。第四，东盟国家的部分农产品生产积极向国际标准靠拢，在生产工艺与方法、产品质量控制与管理等方面逐步走向规范化，赢得了国际市场的认可。例如，近年来越南政府积极规范木材采伐与加工生产技术，逐渐赢得了欧盟市场的认可。正是在政府的重视和政策支持下，企业生产逐渐走向规范化，为东盟国家的出口农业发展提供了有力支持。

二、从初级产品出口向深加工、品质农业发展转变

近年来，东盟国家已经不再满足于初级产品的出口，逐步向深加工方向发展。这种转变的一个原因是初级产品的出口所获得的附加值较低，农民收入低，农业不具可持续性。转变的另一个原因是东盟国家希望发展本国的农产品加工业，从而带动更多就业，做强做大农业。一个典型例子就是几乎所有的东盟国家都禁止出口原木。老挝的森林资源丰富，为了促进本地木材加工产业的发展以及出口高附加值的木材产品，2017 年老挝政府颁布原木出口禁令，无论是天然林还是再生林，所有未加工的原木一律不许出口。印度尼西亚政府于 1985 年颁布禁止原木出口的法令。2016 年印度尼西亚开始实施木材和木质产品的认证和合法性管理，印度尼西亚已获得 FLEGT 证书，该证书表明印度尼西亚的木材产品品质高、生产合规。印度尼西亚的成功经验正在被越南效仿。

2020 年越南和欧盟经过多轮谈判达成了自由贸易协定（EU-Vietnam Free Trade Agreement，EVFTA），还达成了有关森林执法、施政与贸易的合作伙伴协议（VPA-FLEGT），欧盟成为越南的一个主要市场。2016 年越南的木材及木制品出口额为 70 亿美元，2020 年超过 130 亿美元，正成为全球木材产品的主要出口国。

随着人们对生活品质的追求，对于中高端、优质、有特色的农产品需求增大，泰国政府通过多种途径提升农产品品质。首先，泰国政府力推有机农业发展，控制化肥农药使用。其次，泰国政府重视优良品种的选育、示范、推广和保护。泰国出口的榴莲、芒果、柚子和山竹等均系本国选育的特有品种，泰国法律规定，不允许优良种质资源出口。再次，在生产环节方面，泰国制定了良好的农业规范，严格按照出口国的标准生产，与国际接轨。这些措施有力地提升了产品品质，赢得了消费者信任，奠定了国际声誉。

三、特色农业发展突出

特色农业为东盟国家的农产品出口赢得了国际竞争优势。自 20 世纪 90 年代以来，东盟国家开始走农业多样化发展道路，一方面是为了摆脱对单一经济作物的依赖，实现农业多个领域的均衡发展。例如马来西亚、印度尼西亚等希望摆脱对橡胶种植业的依赖。另一方面也是寻求更高附加值的农业发展。马来西亚、泰国等实施了农业多样化发展战略，推动农业结构转变。例如，马来西亚推动了花卉种植产业的发展，泰国在水果种植产业获得快速发展，并且水稻种植向高品质方向发展，茉莉香米享誉全球。依据泰国农业与合作社部的统计，2019 年泰国向中国出口了 122.51 万吨水果，主要有榴莲、芒果、龙眼等。2020 年 1—10 月泰国累计出口新鲜榴莲、冻榴莲 63 万吨，出口额约 691.53 亿泰铢（合 23 亿美元）。2020 年 1—5 月，泰国的山竹出口贸易总额约为 2.9 亿美元。泰国水果出口的发展与政府的大力扶持紧密相关。为了创造贸易便利，泰国政府积极与其他国家在食品、植物产品检验检疫等方面展开合作，降低贸易壁垒。泰国政府的国际贸易促进厅还与大型零售商、超市合作，为农民直接向消费者销售农产品开辟途径，减少中间销售环节。自 2001 年以来，泰国政府就积极推动"一村一品"计划，专门推动泰国发展特色农业产品。到 2018 年全国 77 个府 5 000 多个乡有 120 万农户从事"一村一品"活动。

为了促进农业的长远发展，马来西亚致力于农业的多样化，减少对棕榈油的依赖。2018 年马来西亚的农业产值为 270 亿美元（2011 年的产值 341 亿美元），占 GDP 的 8.2%（2011 年为 11.45%）[①]。在农产品中，除了油棕产品是马来西亚农业产值的主要贡献者之外（贡献了农业产值的 46.6%），禽畜产品（11.4%）、水产品（10.5%）、橡胶（7.3%）和林业（5.6%）对马来西亚的农业产值贡献也较大。马来西亚的菠萝、猫山王榴莲、燕窝和菠萝蜜深受中国消费者的欢迎，近年来这些产品的出口有较大幅度的增长。2018 年马来西亚的菠萝出口增长 56%，主要销往日本、韩国等。2018 年马来西亚农业领域雇用的人员达到 163 万人，77.2% 是男性劳动力，其中超过一半的劳动力为外来临时劳工。另外，马来西亚还大力发展智能农业和精准农业。为了解决劳动力不足的问题，马来西亚推广应用无人机、无人驾驶联合收割机和无人驾驶拖拉机等设备收割农产品，鼓励都市农业的发展，通过发展高科技农业，提升生产效率。例如，智能技术已经在一些农场开始应用，用于自动控制温度和湿度，对土壤的水分和养分进行测量，提升种植效率。

四、农业融资助力小农经济发展

小农户的融资困难问题一直是很多国家的农业发展面临的一大挑战。一是农户的经营规模小，二是农户的经营活动很容易受到农产品价格波动以及气候变化等的影响，经营风险较大。小农户很难从正规金融机构（银行、证券、信托、基金等）获得贷款，这些正规机构往往要求较高条件的抵押贷款。相反，大型农业公司和农业集团容易通过银行以及资本市场筹得资金。这种融资差异进一步造成小农户与大型农业企业的发展差异，不利于整个国家农业的长远均衡发展。

泰国在支持小农户发展方面积累了丰富经验。通过农业融资和补贴为小农户提供了很大支持，促进了泰国农业的转型发展。2019 年泰国的农业劳动力占总劳动力的比例为 31.61%，高于印度尼西亚、菲律宾，显示出泰国农业对于劳动力的较大吸引力。在 2020 年新冠肺炎疫情期间泰国政府和农业与农业合作社银行（BAAC）等机构联合提供 198 亿泰铢（合 6.6 亿美元）预算用于

[①] 在 1960 年，马来西亚的农业产值占 GDP 的 43.72%；1980 年为 23.03%；2000 年为 8.6%；2018 年为 8.2%。最近 20 年里，马来西亚的农业产值比重稳定在 8% 左右。

补贴农民稻谷延迟销售贷款；155 亿泰铢（合 5.16 亿美元）预算用于补贴农业合作社稻谷收购贷款；6.1 亿泰铢（合 0.2 亿美元）用于补贴米商库存贷款贴息 3%，库存目标 700 万吨。同时，泰国农业与合作社部出台三项政策帮助受疫情影响的农业合作社减轻债务负担。一是对向农业与农业合作社银行欠债的农业合作社给予偿还宽限，展期偿还最长 20 年，首三年免偿还本金，并可申请合作社解冻贷款，按最低贷款利率（MLR）减 1 计息。二是对农业合作发展基金欠债的农业合作社，将偿还期限延长至 2020 年 10 月 31 日，同时农业合作社要给合作社农户的债务相应宽限。三是对农业安抚基金欠债的合作社，即将届满的偿还期再宽限 1 年，至 2021 年 2 月 28 日[①]。在 2019 年，为了促进山竹、龙宫果、龙眼、红毛丹和榴莲等水果的销售，泰国商务部与其他部门联合向水果出口代理商提供减免 3% 贷款利息的优惠。除此之外，泰国政府在橡胶种植、水稻种植、甘蔗种植、农机应用等领域也为广大农户提供大量优惠贷款，降低它们因农产品的价格波动而受到的负面影响。2015 年泰国农业与农业合作社银行提供 200 亿泰铢的购买农机资金贷款计划，让农民以优惠利率融入资金来购买农机等进行种植生产、加工和运输，从而减轻成本和提高农业生产效率。2016 年泰京银行（KTB）提供 154 亿泰铢的甘蔗价格补贴贷款，以优惠利率补贴蔗农。正是这一系列融资支持，有力地促进了泰国农业朝向良性循环方向发展。农户有了资金支持可以保持经营的连续性，并积极调整生产结构，朝向更有竞争力的产品领域发展。

第二节 东盟农业发展中存在的问题

一、农业基础设施薄弱

东盟国家农业发展的一大短板就是农业基础设施薄弱，道路、水电、通信以及水利等设施不足，导致农业生产受到负面影响，现代化的农业机械也难以得到大规模推广利用。例如，老挝在雨季的水稻种植面积可达 87 万公顷，但是到了旱季，只有 10 万公顷的耕地适合种植。老挝的谢邦非河是湄公河的支

[①] 新冠肺炎疫情期间泰政府支持农业政策措施．驻泰王国大使馆经济商务处．2020－08－27. http://th. mofcom. gov. cn/article/jmxw/202008/20200802996063. shtml.

流之一，谢邦非河流域是老挝中部的重要粮食产区，有超过 10 万公顷的农田。由于旱季和雨季的水量差别很大，在旱季只有 8％的耕地得到灌溉，农业生产大受影响。2015 年在中国的帮助下，建立起主、干、支三级渠系和排水渠，灌溉条件得到很大改善，粮食产量也提高很多。同样的问题也出现在缅甸、印度尼西亚、菲律宾和柬埔寨。伊洛瓦底江是缅甸的重要河流，它的水资源对缅甸的水稻种植影响很大。但是在夏季伊洛瓦底江流域的河道甚至干枯，导致无法行船，而在雨季则水势猛涨，水患很多，洪水冲毁农田。由于水资源管理和灌溉系统滞后，不仅缅甸的水稻种植受到季节的影响，其他经济作物种植也受到很大影响。在印度尼西亚，旱季的粮食供应往往不足，需要进口。气候变化对水稻产量产生重要影响。

农田水利基础设施不足由多种因素造成，它与资金、技术缺乏以及管理不善等有关。相对于其他国家，越南政府较为重视水利工程建设，修建了数千个灌溉工程。2009 年，越南政府制定了水利发展战略的 9 大计划，确保足够水源用于每年的 450 万公顷耕地灌溉所需。2020 年越南政府又制定了"至 2030 年水利战略和 2045 年愿景"和"2021—2025 年投资兴建水利工程中期计划"，应对干旱、海水入侵的负面影响。2021 年 1 月越南政府正式启动越南和平水电站扩建项目，该水电站是东南亚最大的水电站，其主要任务之一就是在遭遇洪涝灾害的时候调节水位，在旱季为农业生产提供水资源。得益于越南在水利基础设施的巨大投入，越南的粮食不仅能实现自给自足，还可以大量出口到国际市场。

二、农业投入有待提升

东盟部分国家农业生产遇到的一大问题就是生产率不高，产出效益较低，很容易陷入低增长循环陷阱。印度尼西亚、菲律宾都有丰富的农业资源，但是一直以来，其粮食自给问题没有解决，原因之一就是种植技术相对滞后，在作物品种研发、生产管理、农业机械开发与应用方面的投入不足，农业技术与推广应用经常遇到资金不足、推广机构的协调不力等问题，导致技术覆盖率低下的情况，以至于一些国家没有足够的资源与力量应对农业发展面临的挑战。

近年来泰国、越南等东盟国家在特定农业领域的生产效率有了较大提升。依据联合国粮农组织的数据，1980 年越南每公顷耕地的水稻产量是 2 079 千克，到了 2019 年其每公顷耕地的水稻产量提升到 5 816 千克，提升了接近

2 倍。越南不仅解决了粮食自给问题，而且大量出口到其他国家。2020 年越南的大米出口总额达 30.7 亿美元，这一出口业绩是在遭受自然灾害和疫情影响下取得的。越南出口的大米数量减少，但是它的出口价格却上升很多，这表明越南粮食生产的结构优化，大米质量在提升。与此相反，菲律宾成为越南大米的第一大出口市场，2020 年菲律宾从越南进口大米 220 万吨，进口额 10.6 亿美元，同比分别增长 4% 和 19.3%。1980 年菲律宾每公顷耕地的水稻产量为 2 210 千克，高于越南，但是到了 2019 年，菲律宾每公顷水稻产量为 4 044 千克，低于越南近 1 800 千克（图 13-1）。菲律宾曾是"农业绿色革命"的策源地之一，近几十年的水稻生产发展反而落后于越南了，值得反思。

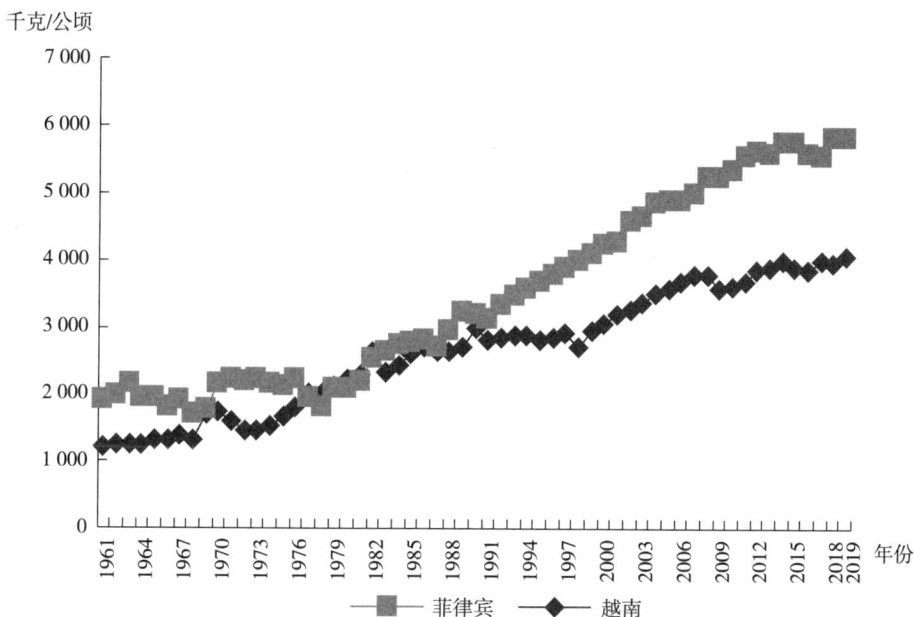

图 13-1 菲律宾和越南的水稻单产比较

菲律宾和越南在水稻生产方面的发展差异与农业投入的差异有关。菲律宾除了在灌溉系统投入方面相对滞后之外，还面临资金、人才、技术研发和推广体系投入不足等问题。由于个体农户的经营规模小，收入有限，不能支撑高昂的投入成本，无法采购优良种子，如果政府不加扶持或遭遇不稳定气候的影响，农业生产很有可能陷入低增长循环陷阱。与此相对应，越南政府在 1986 年施行革新开放政策，将土地使用权提升到 70 年，除了在水利设施和灌溉工程方面做改进，还为农户提供贷款、化肥、种苗、技术等支持，有力地促进了农业生产的增长。2019 年越南的水稻播种面积提升到 740 万公顷，湄公河三角洲、红河三角洲、中部沿海地区以及山区都建立了高效的灌溉系统，不同地区生产不同种类、不同品质的产品。

三、农业运营的组织能力有待提升

农业的发展需要建立起有效的产业价值链，借助于价值链各个环节的力量共同推动农业发展，建立起国际竞争优势。在东盟国家，农业的价值链还未建立起来，包括良种、水利基础设施、农业机械、种植和加工技术、仓储运输服务、市场信息与营销服务等未能形成一个完整的价值链。

造成这一问题的原因就是东盟国家的市场组织能力较为薄弱，未有企业构建起生产者（专业大户、家庭农场、专业合作社、农业企业）、加工者、品牌运营以及各种中间商（包括仓储物流企业、分销商、代理商和零售商等）之间的有效联系，农业资源未得到有效组织与整合。

与此对应，欧美国家的一些企业建立起全球价值链，将不同地域的优势资源整合，大大提升了竞争力。例如，美国的嘉吉公司领导众多企业建立起一体化的全球产业链，嘉吉公司通过农业供应链管理，在农产品的生产、加工、流通等各个链条上，分享生产技术、市场信息，加强风险管理、运输物流管理、产品保证和市场营销管理技术，利用先进的软硬件设施和信息化技术，改善每个环节的效率，从而提升整个供应链的价值。ADM 公司、邦吉公司、路易达孚国际公司也建立了农场、中转库、港口出口的粮食供应链。只有领头企业能够联合生产者、农产品协会、信贷公司、中间市场的批发商、零售商、代理商、加工商、储运商等，才能有效整合资源，解决从农业资料、采购、提供信息、融资与销售等多方面遇到的问题，实现整个产业链的最大价值。目前，在东盟国家中，泰国的正大集团、新加坡的金光集团等在少数产品领域建立了产业价值链，获得全球影响力。未来东盟国家的农业持续发展还需要大企业继续整合力量，形成高效的价值链。

四、农业风险综合管理能力有待提升

东盟国家的农业生产经常遭受到气候变化的影响。例如，菲律宾经常会受到台风、热带风暴的影响，平均每年至少 20 次热带气旋经过菲律宾，其中一些会发展成为台风。气候变化带来的影响不仅仅是频繁的台风，还有洪涝、泥石流、土壤退化、海平面上升、海岸线盐碱化等，这些自然灾害造成的损失主要集中在农业领域，农业和渔业生产受到很大负面影响，农民的收入也下降。2013 年的台风"海燕"造成了菲律宾 6 300 人死亡，经济损失超过 36.4 亿美元，有 60 万公顷农作物受损，粮食减产 100 万吨以上。与菲律宾相似，印度尼西亚、越南等也频繁受到自然灾害的影响。每年的 11 月至次年 4 月是印度尼西亚的雨季，也是洪涝灾害的高发期，爪哇岛的水稻生产会因此受到影响。在旱季，严重的干旱也会使得水稻种植面积大幅下降。越南也是遭受气候变化影响较为严重的国家之一。2017 年，根据越南政府报告，自然灾害每年给越南造成近 13 亿美元的经济损失，占国内生产总值的 1％。2020 年第 18 号台风"莫拉菲"（Molave）在越南中部地区登陆，台风引发的洪水和泥石流灾害导致 200 多人死亡，2 万公顷农作物和水产养殖受损。

在东盟国家，越南在应对自然灾害的风险管理能力相对其他国家较强，越南政府非常重视自然灾害风险管理及农业抵御能力的提升，从多个方面加强农业风险管理。例如，2018 年越南政府发布了关于农业的第 58/2018/ND‑CP 号法令，给予从事农作物种植（水稻、橡胶、胡椒、腰果、咖啡、水果、树木、蔬菜等）、牲畜（水牛、奶牛、猪和家禽）和水产养殖的个体以及企业最高 90％的保险费补贴。保险支持的事件类型包括自然灾害、动物疾病和植物病虫害（由国家主管机构确定）。

东盟国家需要加强农业风险综合管理能力。首先，加大基础设施方面的投入，例如水库、堤坝、护坡和河道等建设，完善这些农业设施就能在一定程度上减轻台风、洪涝等带来的负面影响。其次，提高自然灾害预警预报和评估能力，包括早期预警系统建设、预警信息分享机制等。第三，还要为风险管理提供一定的资金支持，提升自然灾害的风险识别、评估能力，以及制定相应的风险应对计划等。第四，要加强有关防灾的管理执行能力。越南建有相对完善的防灾管理体制，除了越南政府直接参与自然灾害应对，还设立中央防灾指导委员会、国家应对自然灾害与搜救委员会等机构，并设有灾后重建机制。

五、农业生产率增速缓慢

对于东盟国家而言，农业发展受到多个因素的影响。首先，农业生产率提升缓慢。在过去的十年里，菲律宾的农业全要素生产率（TFP）仅以每年0.4％的速度增长；农业产出的增长速率为1.2％，远低于世界平均水平，也是东盟国家较低的增长率（OECD，2017）。频繁的自然灾害、农业土地资源处于紧张状态加上较低的劳动生产率导致农民收入过低，造成城乡收入差距扩大，部分农村劳动力人口向城市迁移，农业增长乏力。2018年，菲律宾共有618.1万人口处于"多维贫困"状态（"多维贫困"指数包括营养、新生儿死亡率、受教育年数、受教育率、烹饪燃料、卫生条件、饮用水、电力、住房等），占总人口的比例为5.8％，高于印度尼西亚（3.6％）、越南（4.9％）、泰国（0.8％），低于老挝（23.1％）、柬埔寨（37.2％）和缅甸（38.3％）[①]。其次，土地集中在少部分人群中也阻碍了粮食生产的发展。由于经济作物具有更高的附加值，种植园主更愿意将土地资源用于种植香蕉等经济作物，导致粮食生产的耕地减少。另外，自1988年以来，菲律宾近10万公顷的农田不再生产粮食，转变为住宅、商业、工业和其他非农业用途。在印度尼西亚，农业就业人口在总劳动力中的比例从2005年的42.5％下降到2017年的29.7％，劳动力下降也在一定程度上导致农业生产率增长缓慢。

提升农业生产率一般有两条途径：一是依靠科技力量，采用高质量的种子和生产技术，二是土地资源整合。菲律宾和印度尼西亚都面临土地资源整合的困境，菲律宾的土地改革实施了三十多年，仍未有效完成。农业技术革新相对容易开展，但是也依赖于政府的投入和扶持。近年来，印度尼西亚在作物品种研发、生产管理、机械化生产等方面加大了投入，农业生产有了较大改进。

第三节　东盟农业发展对中国的启示

经过几十年发展，东盟国家已发展成为全球重要的农产品生产中心之一。泰国、越南等不仅解决了粮食自给问题，而且每年出口数百亿美元的农产品到其他国家。这一成绩的取得不仅与其独特的地理位置、丰富的自然资源有关，也与政府、企业、金融机构、农业合作社以及广大农户的共同努力相关。在政

---

① 菲律宾"多维贫困"人口占比5.8％.驻菲律宾共和国大使馆经济商务处.2020-08-27.http://ph.mofcom.gov.cn/article/jmxw/202008/20200802996033.shtml.

府的大力推动下，东盟国家的农业产业结构得到优化，在特定农产品领域建立起国际声誉，为农业的可持续发展奠定了基础。

一、东盟农业发展对中国农业宏观管理的启示

首先，需要重视农业结构调整，通过农业产业结构优化来促进农业的可持续发展。例如，泰国、越南等的农业生产已经不再满足于产量的增加，而是重视农产品的质量提升，通过产品创优来获得更大的增加值和国际竞争力。2020年年底越南政府总理阮春福在政府工作会议上表示越南将发展成为全球第15个农业大国之一，政府将致力于实现经济增长数量、质量和经济结构调整相统一，将越南转变为拥有现代化且高效率农产品加工工业的农业强国。历届泰国政府也高度重视农业创收、农村发展和农民收入问题，并确立了向有机农业、智慧农业转型的战略。农业发展的战略转型为它们建立长期的国际竞争优势奠定了基础。

当前全球化发展和科技进步有可能改变世界农业格局，只有积极进行农业生产的结构调整才能适应更激烈的竞争。首先，《区域全面经济伙伴关系协定》（RCEP）等自由贸易协定的签订开放了农业生产和贸易领域，也会带来更激烈的市场竞争。其次，AI（人工智能）技术的发展和应用也可能改变农业生产方式，率先进行生产变革的国家会在特定领域脱颖而出。第三，随着人们对生活质量、食品安全的重视，高品质农产品会更受欢迎。第四，可持续发展农业、绿色农业、环境友好型农业越来越重要，无论消费者还是供应商都更看重产品质量、生产的规范性以及对环境的影响，这也给农业生产提出了更高的要求。从东盟国家的农业发展经验来看，中国农业也应积极进行结构调整，无论是产品结构、生产方式和经营领域都应优化，以适应全球的需求变化。

其次，充分发挥主观能动性，组织多方力量共同打造中国特色农业，在全球农业市场确立中国优势。随着 RCEP 等自由贸易体系的构建，各国的农业发展面临很大竞争压力，只有形成自身特色优势才能形成市场优势，站稳脚跟，获得持续性发展。特色农业的建立既依赖于各国先天的自然资源与地理优势，也依赖于各国的后天努力。组织能力以及把握技术变革带来的机遇的能力也会决定特色优势的形成。中国不仅地域广阔，特色农产品众多，还拥有庞大

的农产品消费市场，在农业技术开发与应用以及农业机械制造等领域拥有强大的力量，最重要的是一大批中国农业企业崛起，它们的经营管理能力日益提升，将这些有利因素结合，就能打造中国农业的特色优势。东盟国家可以划分为两类：一类是资源组织能力较弱的国家，它们的农业特色优势的形成主要是被动地利用自然资源与地理优势；另一类是资源组织能力较强的国家，例如新加坡、马来西亚、泰国和越南，它们的农业发展不是被动地利用先天优势，而是主动将先天优势与技术力量、组织力量结合，不断打造农业领域的新优势。例如，在特色花卉产业发展、都市农业发展、特色水果发展、有机稻米发展以及木材加工、水产养殖等领域，东盟国家都形成了一定的国际优势。中国需要学习和借鉴它们的发展经验，做好宏观调控和指导，将多方面资源结合，打造一条中国特色农业发展道路。

二、东盟农业发展对中国农业企业转型升级的启示

首先，积极进行产业投资的区域布局与价值链布局，从宏观上做好各类资源的整合利用。市场开放带来了更大自由空间，也促使企业寻求互补性资源，通过产业链协同来增强自身竞争优势。中国农业企业可以积极"走出去"，将自身的资金优势、技术优势、制造优势与管理组织经验与国外的资源优势结合，通过协同发展来促进企业的转型升级。企业通过并购、合作与合资等形式与各种存在资源依赖关系的上下游组织进行协调与整合，有效地提升企业绩效，发展壮大企业。

其次，由粗放式发展积极向精细化、质量化发展转变。未来中国农业企业必然会面临更多的国际竞争，如何在国际竞争中立足，确立企业优势？中国企业需要转变模式，通过技术力量、组织管理优化来提升效率，扩大有效供给。围绕降成本、提质量、增效益不断改进经营管理，通过提升生产率来获得国际竞争优势。外延的扩展能够扩大企业的经营规模，但是经营效率的提升有赖于企业精耕细作，打造特色产品与竞争优势。泰国企业在发展莉莉香米方面提供了很多启示，即使面对中国、印度等水稻种植大国，泰国依然能够确立本土大米产品的国际声誉，也说明了在特定产品领域开展精耕细作所形成的巨大市场潜力。

第三，积极向绿色农业、有机农业、智慧农业方向发展，企业运营方式与

产品管理也积极向国际标准靠拢，尽量符合国际要求。未来的市场竞争必然是开放竞争，而开放竞争意味着更高的要求和标准。中国企业应积极参与构建农产品可追溯标准体系，推进农业全程标准化生产，尽管短时期内转变增加一定成本，但是只有转变才能赢得更大的发展空间。企业经营管理者也需要有前瞻意识，在运营方向上积极朝绿色农业、科技农业、外向型农业发展。

参考文献

References

曹俐. 2020. 农村小额信贷的法律完善路径探析［J］. 现代商贸工业（23）.

曹明尧. 2019. 农业金融理论的更迭与外国农业金融机构的转型［J］. 吉林农业（21）.

曾丽萍. 2015. 老挝农业发展的金融支持研究［D］. 南宁：广西大学.

陈浩. 2019. 柬埔寨经济现代化进程研究（1953—2015）［D］. 昆明：云南师范大学.

陈静. 2018. 广西农业对外合作快速发展［J］. 农业工程（6）.

陈良敏，吕玲丽. 2012. 基于政策视角的泰国有机农业发展分析［J］. 东南亚纵横（12）.

陈文. 2003. 越南的环境管理及保护［J］. 东南亚（2）.

崔德强，谢欣. 2008. 印度尼西亚小额信贷模式及借鉴［J］. 银行家（4）.

戴菲，赵文睿，陈宏. 2019. 探索垂直农业与都市景观结合的方式——新加坡垂直农场的研究与启迪［J］. 城市建筑（8）.

方芸. 2005. 老挝农业发展现状及前景［J］. 经济问题（1）.

冯璐，吴春梅，李立池. 2010. 柬埔寨农业研究体系概况［J］. 东南亚纵横（1）.

葛书院. 2015. 马来西亚合作社：农民和贫民的好帮手［J］. 中国合作经济（2）.

龚锡强. 2014. 泰国大米典押政策失败教训深刻［J］. 中国粮食经济（12）.

韩俊，罗丹，程郁. 2005. 小额信贷发展的国际经验［J］. 经济要参（6）.

撖晓宇，赵霞. 2018. 中国对东盟国家的农业投资特点与问题分析［J］. 世界农业（8）.

黄丙志. 2011. 新加坡国际贸易中心转型及其贸易发展与便利化政策研究［J］. 经济师（3）.

孔志坚，寸佳苣. 2018. 老挝粮食安全及相关政策［J］. 云南农业大学学报（社会科学）（4）.

孔志坚. 2010. 缅甸的粮食安全及相关政策［J］. 东南亚南亚研究（4）.

黎氏娥. 2017. 越南革新开放以来的生态问题研究［D］. 大连：东北财经大学.

李超民. 2006. 菲律宾农作物保险的经验与启示［J］. 中国农业会计（6）.

李斐，杨枝煌. 2016. 中国—东盟农业合作提升战略［J］. 国际经济合作（10）.

李伟丰，等. 2008. 东盟国家出入境动植物检疫法律法规及管理现状［J］. 检验检疫科学（1）.

李有江，杨傲宁. 2015. 泰国的农业合作社及其发展经验［J］. 东南亚南亚研究（3）.

李裕荣，等. 2007. 泰国有机农业的发展及现状［J］. 贵州农业科学（4）.

242

李子玲，李文红，郑慧芳 . 2016. 泰国农业的技术和教育发展特点与启示 ［J］. 大学教育 （7）.

梁廷海 . 2014. 越南农业保险政策的研究 ［D］. 南宁：广西师范大学 .

刘颖，周圆，韩莉 . 2011. 农业区域特色景观资源的规划理论研究 ［J］. 山东林业科技 （5）.

刘志颐，王锐 . 2018. "同饮一江水"的澜湄农业合作 ［J］. 中国投资 （3）.

柳岸林 . 2005. 中国与东盟农业合作的现状和对策 ［J］. 亚非纵横 （4）.

龙步清 . 2008. 都市农业观光园区建设 ［M］. 兰州：甘肃科学技术出版社 .

龙飞 . 2013. 老挝有机咖啡发展战略研究 ［D］. 南宁：广西师范大学 .

卢泽回 . 2014. 经济转型背景下印度尼西亚农业结构演变研究 ［J］. 生产力研究 （4）.

吕玲丽，邓覃宇 . 2019. "一带一路"背景下中国—东盟农业技术合作调研报告 ［J］. 世界农业 （3）.

马明欢 . 2015. 中国与东盟国家农业贸易技术性贸易壁垒法律制度研究 ［D］. 昆明：云南大学 .

马铮 . 2015. 泰国大笔资金支持农民购买农机 ［J］. 农机市场 （11）.

梅霞 . 2017. 东盟一体化进程中东盟主要国家对华贸易政策研究 ［D］. 昆明：云南大学 .

农业部农业贸易促进中心 . 2017. 越南粮食安全规划支持大米产业发展 ［J］. 世界农业 （2）.

赛颂潘 . 2016. 老挝农村生态环境保护问题研究 ［D］. 南宁：广西民族大学 .

沈红芳 . 2018. 菲律宾杜特尔特政府的政治经济改革研究 ［J］. 南洋问题研究 （3）.

汤汇 . 2007. 泰国农业合作社现状及其对我国的启示 ［J］. 安徽农学通报 （21）.

唐仕华 . 2000. 菲律宾加大力度发展天然橡胶业 ［J］. 世界热带农业信息 （8）.

田广峰 . 2018. 中国企业在东南亚投资的环境分析与战略研究 ［M］. 北京：中国商业出版社 .

田力 . 1994. 缅甸实行新的自然保护法 ［J］. 农业环境与发展 （4）.

汪佳滨 . 2019. 印度尼西亚热带农业科技概况 ［J］. 世界热带农业信息 （10）.

王常雄 . 2018. 新加坡都市现代农业发展的启示 ［N］. 东方城乡报，01 - 30.

王劲松，杨光，刘志颐 . 2014. 中国面向东盟地区推动农业"走出去"的现状、问题及政策建议 ——以中国云南省为例 ［J］. 世界农业 （11）.

王小民 . 2000. 马来西亚加强环境保护的一些措施 ［J］. 经济问题 （3）.

文双雅，高志强 . 2018. 菲律宾农业基本状况及政策 ［J］. 农业工程 （7）.

吴崇伯 . 2017. 印度尼西亚佐科政府的粮食自给与粮食安全政策分析 ［J］. 创新 （6）.

许灿光，等 . 2017. 泰国农业合作社现状及其对开展农产品对外贸易的研究 ［J］. 世界农业 （10）.

闫森 . 2004. 印度尼西亚关税政策的新调整 ［J］. 东南亚 （4）.

扬子江 . 2011. 菲律宾发展天然橡胶种植业 ［J］. 世界橡胶工业 （4）.

姚壬元 . 2009. 菲律宾农作物保险的发展及启示 ［J］. 江苏科技信息 （学术研究）（8）.

姚燕 . 2019. 菲律宾农业支持政策及效应分析 ［D］. 福州：福建农林大学 .

尹昌斌，尹婷婷，崔艺凡 . 2015. 泰国有机农业的发展与经验借鉴 ［J］. 世界农业 （7）.

尹豪，等 . 2015. 民营企业在东盟农业市场的投资行为和特征研究 ［J］. 云南财经大学学报
（3）.

于丽红，兰庆高 . 2007. 菲律宾农村金融发展：政策与启示 ［J］. 农业经济问题 （10）.

赵瑾 . 2014. 2010 年以来缅甸的改革：成就、挑战与展望 ［J］. 印度洋经济体研究 （6）.

赵紫涵 . 2013. 浅析印度尼西亚《环境管理法》及其借鉴意义 ［J］. 沈阳工程学院学报 （社会科
学版）（1）.

钟钰，等 . 2014. 泰国大米价格支持政策实践及启示 ［J］. 农业经济问题 （10）.

周英虎 . 2016. 借鉴泰老经验发展绿色农业 ［N］. 广西日报，04 - 15.

朱津辉 . 2018. 柬埔寨"四角战略"研究 ［D］. 厦门：厦门大学。

朱月季，胡晨，李佳莲 . 2018. "一带一路"倡议下中国与东盟国家农业技术合作模式研究
［J］. 世界农业 （9）.

Albert P. Aquino，Princess Alma B. Ani and Meliza A. Festejo. 2014. Achieving Sustainable and
Inclusive Green Growth：Recent Major Agricultural Policies in the Philippines ［C］. Interna-
tional Workshop on Collection of Relevant Agricultural Policy Information and Its Practical
Use.

Ambarawati，I.，Wijaya，I.，Budiasa，I. 2018. Risk Mitigation for Rice Production Through
Agricultural Insurance：Farmer's Perspectives ［J］. Jurnal Manajemen dan Agribisnis，15
（2）.

Budi I. Setiawan，Armansyah H. Tambunan，Wawan Hermawan，Desrial，and Gardjito. 2006.
Agricultural Engineering Education in Indonesia ［R］. Working papers.

Bunyasiri，I.，Sirisupluxana，P. 2018，The Possibility of Implementing the Area Yield Index
Rice Insurance Product in Thailand ［C］. SCC - 76 Meeting，April 5 - 7，Kansas City，Mis-
souri.

Fadhliani，Z.，Luckstead，J.，Wailes，E. 2019. The impacts of multiperil crop insurance on In-
donesian rice farmers and production ［J］. Agricultural Economics，50 （1）.

Feder，Gershon，et al. 2004. Sending Farmers Back to School：The Impact of Farmer Field
Schools in Indonesia ［J］. Review of Agricultural Economics，26 （1）.

Khin Mar Cho. 2013. Background Paper No. 5 Current Situation and Future Opportunities in Agri-
cultural Education ［C］. Research and Extension in Myanmar

Lopulisa，C.，Rismaneswati，Ramlan A.，et al. 2018. The emerging roles of agricultural insur-
ance and farmers cooperatives on sustainable rice productions in Indonesia ［J］. IOP Conference
Series Earth and Environmental Science，157 （1）.

Mutaqin，D.，Usami K. 2019. Small holder Farmers' Willingness to Pay for Agricultural Produc-
tion Cost Insurance in Rural West Java，Indonesia：A Contingent Valuation Method （CVM）

Approach [J]. Risks (7).

OECD. 2017. Building Food Security and Managing Risk in Southeast Asia [R]. OECD Publishing, Paris, https://dx. doi. org/10. 1787/9789264272392 - en.

OECD. 2018. Agricultural Policies in Emerging Economies [R].

OECD. 2019. Agricultural Policies in Emerging Economies [R].

OECD. 2020. Agricultural Policies in Emerging Economies [R].

OECD. 2015. Agricultural Policies in Viet Nam [R].

OECD. 2019. Agricultural Policy Monitoring and Evaluation [R].

Ricks, J. 2018. Politics and the Price of Rice in Thailand: Public Choice, Institutional Change and Rural Subsidies [J]. Journal of Contemporary Asia, 10 (1): 1 - 24.

Riduan, Manik. 2016. Juridical Urgency Study of Agricultural Insurance in Indonesia [J]. International Journal of Recent Scientific Research, 7 (8).

Shweta, S. , Nitin T. 2016. Assessing the Challenges in Successful Implementation and Adoption of Crop Insurance in Thailand [J]. Sustainability, 8 (12).

Sinha, S. , Tripathi N. K. 2014. Assessment of crop insurance international practices, policies and technologies as risk mitigation tools in India and Thailand [J]. International Journal of Advanced Research, 2 (9): 769 - 789.

Sirimane, S. , Srivastava S, Kim S E, et al. 2015. Building Resilience to Droughts: Scaling up Weather Insurance in China, India, and Thailand [C]. 7th World Water Forum.

Tahlim Sudaryanto. 2014. The Frame of Agricultural Policy and recent Major Agricultural Policies in Indonesia [R]. International Workshop on Collection of Relevant Agricultural Policy Information and Its Practical Use.

Traimongkolkul, Pongpan &. Tanpichai, Prasong. 2005. The Lessons Learned and The Present Prospects: A Critical Review of Agricultural Education in Thailand [J]. Journal of International Agricultural and Extension Education. 12 (3).

World Bank. 2015. Cambodian Agriculture in Transition: Opportunities and Risks [R]. Agriculture Global Practice East Asia and Pacific Region.

World Bank, Lao Biodiversity: A Priority for Resilient Green Growth [R]. Washington, 2020.

World Bank. 2020. Myanmar Country Forest Note [R].

Zamora, Oscar. 2014. Challenges and Opportunities for Sustainable Agricultural Education in the Philippines and in the ASEAN Region [J]. Journal of Developments in Sustainable Agriculture (9): 29 - 40.

附录：中国与东盟成员签署的协定

国家	协议名称	时间	与农业相关内容
印度尼西亚	中国和印度尼西亚关于未来双边合作方向的联合声明	2000.5	加强在农业、畜牧业、农业机械以及农产品加工等方面的互利合作，商谈签署《农业合作谅解备忘录》。根据两国《林业合作备忘录》，加强林业的交流与合作。为加强渔业合作，双方主管部门可直接对话，并就渔业合作达成一项互利协议或安排的可能性进行探讨
	中国和印度尼西亚关于加强两国全面战略伙伴关系的联合声明	2015.3	中方将鼓励企业扩大进口印度尼西亚产品，为印度尼西亚企业来华举办贸促活动提供便利。双方同意用好中国—印度尼西亚农业联委会机制作用，加强在杂交水稻种植、经济作物开发、农业技术交流、动物疫病防控、食品安全等领域合作，探讨建立农业合作产业园区和水稻合作生产园区。加强两国检验检疫合作，促进两国农产品贸易顺利发展
	中国政府和印度尼西亚政府联合声明	2018.5	双方同意续签农业合作谅解备忘录，早日召开农业合作联委会以加强农业互利合作
柬埔寨	中国和柬埔寨关于双边合作框架的联合声明	2000.11	双方同意根据两国的相关法律法规为进一步促进中柬经贸合作创造有利条件和良好环境。双方同意适时建立两国经贸联合工作委员会
	中国和柬埔寨联合声明	2016.1	双方将加强对双边经贸合作的统筹规划，进一步提升经贸合作规模和水平，采取措施扩大双边贸易规模，努力实现2017年双边贸易额50亿美元目标。双方同意进一步扩大农业、海洋、科技、教育、文化、卫生、旅游、民间交往等领域交流与合作
	中柬两国联合新闻公报	2019.1	双方同意深化农业、林业、渔业、科技、环境保护、数字基础设施以及城镇化等领域的全方位合作。适时召开农业合作指导委员会第二次会议，共同编制柬埔寨现代农业发展规划，加强水稻育种科技和农产品深加工技术合作。启动实施柬埔寨珍贵树种繁育中心项目。加强两国青年科学家交流、科研平台建设、技术转移等合作。共同推进中柬环境合作中心的设立工作

（续）

国家	协议名称	时间	与农业相关内容
老挝	中国和老挝关于双边合作的联合声明	2000.11	积极探索扩大双边贸易的新途径，进一步采取有效措施，拓展两国边境贸易。继续鼓励和支持双方企业进行双向投资。加强在劳务工程承包领域的合作。进一步加强两国农林合作，在农林资源开发、农林技术和农林机械、农林产品加工、病虫害防治与监测、环境保护等方面开展互利合作
	2012—2013年中国—老挝农业合作工作计划	2012.9	双方同意合作共建中国—老挝合作农作物优良品种试验站
	中国与老挝联合声明、关于编制共同推进"一带一路"建设合作规划纲要的谅解备忘录、关于确认并共同推动产能与投资合作重点项目的协议	2016.5	加强农业交流，继续开展人才培训合作，推进无公害农产品贸易合作。继续加强双方在动植物检验检疫、跨境动植物疫病防控、农作物育种、农业机械、生物质能源研发等领域合作
	关于共同推进中老经济走廊建设的谅解备忘录、关于共同建设中老现代化农业产业合作示范园区的谅解备忘录	2017.11	以多个多双边农渔业合作备忘录、协议和协定为指导，以双边农业工作组和联合会机制为保障，中老两国农业合作呈现出援助与投资、园区项目与单个项目相互促进、共同发展的稳定局面
缅甸	中国和缅甸关于未来双边关系合作框架文件的联合声明	2000.6	积极推动两国农业和渔业合作，充分利用两国自然资源丰富、互补性强的优势，鼓励和支持两国有关企业和部门在农业技术、农产品加工、动物疾病防治与监测、海洋捕捞、水产养殖等领域开展互利合作。加强两国林业合作，鼓励双方在边境森林防火、森林经营管理、资源开发、野生动物保护、森林工业开发、林产品加工、林业机械、生态旅游、林业教育和培训等方面开展合作
	中国农业部与缅甸农业与灌溉部关于加强农业合作的谅解备忘录	2014.9	建立双边农业合作机制，研究制定农业合作计划，重点在农业技术示范推广、跨境动植物疫病联合防控、能力建设、农业投资和农产品贸易等领域加强合作
	中国和缅甸联合新闻公报	2017.4	双方将继续发挥好经贸联合委员会、农业合作委员会、电力合作委员会等政府间合作机制作用，加强经贸、农业、电力、交通、产能等各领域互利合作，促进共同发展，惠及两国民众
	中国和缅甸联合声明	2020.1	双方同意，继续发挥好中缅经贸和技术联委会、农业合作委员会等政府间务实合作机制作用，继续深化经贸、农林、产能、投资、金融等领域务实合作，以加强优势互补，促进共同发展，惠及两国民众

（续）

国家	协议名称	时间	与农业相关内容
马来西亚	中国政府和马来西亚政府关于未来双边合作框架的联合声明	1999.5	双方同意消除贸易和投资障碍以提供良好的市场环境；提高有关贸易法规的透明度；通过更频繁的信息交流来鼓励和支持双向投资的增长；促进投资以及合作到第三国共同投资；鼓励双方工商部门发挥更积极的作用
	中国政府和马来西亚政府联合声明	2018.8	双方将继续加强基础设施、产能、农渔业等领域合作，积极拓展电子商务、互联网经济以及科技、创新等领域合作，并将启动商签双边跨境电子商务合作谅解备忘录，为中小企业提供机遇
菲律宾	中国与菲律宾联合声明	2016.1	双方承诺将通过开展《关于加强双边贸易、投资和经济合作的谅解备忘录》框架下的活动发挥互补优势，不断促进贸易、投资和经济合作，加强两国在优先领域的经济关系。双方承诺扩大在农业科技和基础设施、农业贸易、灌溉、适应和减缓气候变化、遵循动植物卫生标准等领域的合作。双方同意加强在动植物检验检疫方面的合作，菲方欢迎中方宣布恢复相关菲律宾企业对华出口香蕉、菠萝许可，将继续进口符合中方标准的设施包装的热蒸处理芒果。双方愿共同努力，推动双方在优质杂交水稻种子、农业基础设施、农业机械、进一步发挥中菲农技中心作用及其他同意的领域的合作。中方承诺支持菲方遵照国内法律提升粮食生产能力、培训农业技术人员、发展农渔业和能力建设的努力
	中国政府和菲律宾政府联合声明	2017.11	双方同意实施好《中菲经贸合作六年发展规划》，在基础设施、产能与投资、经贸、农业、民生发展、社会人文等重点领域推进合作，共同编制和落实《中菲工业园区合作规划》。双方同意加强农渔业合作。中国愿意支持菲律宾发展科技驱动型农业，提高粮食生产能力，并为菲律宾农渔业发展提供资金和技术支持
新加坡	中国和新加坡自由贸易协定	2008.1	两国将在中国—东盟自贸区《货物贸易协议》的基础上，加快货物贸易自由化进程。根据《协定》规定，新加坡将从 2009 年 1 月 1 日起，取消所有自中国进口产品的关税；中国将在 2012 年 1 月 1 日前取消 97.1% 自新进口产品的关税，其中 87.5% 的产品从《协定》生效时起即实现零关税
	中国和新加坡关于建立与时俱进的全方位合作伙伴关系的联合声明	2015.11	中国和新加坡同意启动中新自贸协定升级谈判，并力争于 2016 年内结束谈判。推进农业及食品安全交流与合作，共同加强现代农业管理人才培训，加强质检领域合作，拓展在品质管理、进出口食品安全等方面的务实合作

（续）

国家	协议名称	时间	与农业相关内容
泰国	中泰关于21世纪合作计划的联合声明	1999.2	双方将推动和扩大工艺和技术交流，以提高农产品的质量、生产水平和附加值，并使检验条例和程序标准化，以促进双向进口
	中泰果蔬零关税协议	2003.6	中泰两国从2003年10月1日起，在中国—东盟自由贸易区框架下提前实现中泰之间蔬菜和水果产品进出口的零关税。协议共涉及188项商品，其中蔬菜产品为食用蔬菜和木薯等植物块茎共108项，水果产品为苹果、柑橘、龙眼、荔枝等食用水果及坚果等80项，从30%左右的关税下调为零
越南	中国和越南关于新世纪全面合作的联合声明	2000.12	充分发挥两国政府经济贸易合作委员会在加强两国经贸关系和投资合作方面的作用。积极推动两国农、林、渔业的互利合作，鼓励和支持两国有关企业和部门在农作物、家畜家禽良种培育、农林产品加工、农业机械制造、海洋捕捞、水产养殖等方面加强交流和合作
	中越联合声明	2013.6	双方同意加强经济发展战略协调，落实好《中越2012—2016年经贸合作五年发展规划》及重点合作项目清单，进一步推进农业和渔业、交通运输、能源、矿业、制造业和配套工业、服务业合作以及"两廊一圈"区域合作。双方将用好双边经贸合委会机制，落实好《中国商务部和越南工贸部农产品贸易领域合作谅解备忘录》；双方同意继续深化农业合作，完善农业双边合作机制，加强农业科技交流与农业领域能力建设，推广包括杂交水稻在内的优质高产农作物品种，促进农产品加工与贸易发展，重点推进跨境动植物疫病防控、进出口食品安全体系建设，提高预警能力和信息共享水平

资料来源：中国—东盟自由贸易区. http://www.cafta.org.cn/.

图书在版编目（CIP）数据

东盟农业 / 刘毅群主编 . —北京：中国农业出版
社，2021.12
（当代世界农业丛书）
ISBN 978-7-109-28292-6

Ⅰ.①东… Ⅱ.①刘… Ⅲ.①农业经济－概况－东南
亚国家联盟 Ⅳ.①F333

中国版本图书馆 CIP 数据核字（2021）第 100534 号

东盟农业
DONGMENG NONGYE

中国农业出版社出版
地址：北京市朝阳区麦子店街 18 号楼
邮编：100125
出版人：陈邦勋
策划统筹：胡乐鸣 苑 荣 赵 刚 徐 晖 张丽四 闫保荣
责任编辑：赵 刚
版式设计：王 晨 责任校对：周丽芳
印刷：北京通州皇家印刷厂
版次：2021 年 12 月第 1 版
印次：2021 年 12 月北京第 1 次印刷
发行：新华书店北京发行所
开本：787mm×1092mm 1/16
印张：16.5
字数：235 千字
定价：88.00 元
